Torsten J. Schuster • Wir sind alle kleine Funktürme

Torsten J. Schuster

Wir sind alle kleine Funktürme

Ein Inspirationsprogramm

Bibliografische Information der Deutschen Nationalbibliothek
Die Deutsche Nationalbibliothek verzeichnet diese Publikation in der
Deutschen Nationalbibliografie; detaillierte bibliografische Daten sind im
Internet über http://dnb.d-nb.de abrufbar.

1. Aufl. 2012
ISBN 978-3-942128-15-5
© Copyright 2011 by CORONA, Hamburg
Alle Rechte vorbehalten
Satz und Layout: CORONA, Hamburg
Lektorat: DK Agentur / Dietlind Koch-Fecke
Umschlagbild: Torsten J. Schuster

Inhalt

Gewidmet meiner geliebten Tatjana, meinem ganz persönlichen Engel. Ohne dich wäre dieses Buch niemals entstanden.

Einführung

Gleich zu Beginn möchte ich Ihnen meinen herzlichsten Glückwunsch aussprechen: Mit dem Kauf dieses Buches haben Sie bewiesen, dass Sie über eine elementare Grundvoraussetzung verfügen, die Botschaften des vorliegendenden Werkes auch zu verinnerlichen: Intuition. Irgendeine Eingebung hat Sie zu ihm geführt; irgendein Gefühl hat Ihnen gesagt, dass dieses Buch Sie im Leben weiterbringen wird. Und das ist gut so. Sie werden feststellen, dass Intuition hier noch mehrfach eine Rolle spielen wird. Intuition ist von entscheidender Bedeutung, wenn Sie ein erfüllter, erfahrener, erfolgreicher Mensch werden möchten.

Bis vor einigen Jahren hätte ich jeden für verrückt erklärt, der mir prophezeit hätte, dass ich mal ein im weitesten Sinne esoterisches Buch schreiben werde. Esoterik war für mich ein abgehobener, übersinnlicher – unsinniger Hokuspokus. Ich war das, was man einen »Kopfmenschen« nennt, und ziemlich fest davon überzeugt, dass der Kopf die »Regierung« ist. Glücklicherweise habe ich irgendwann begriffen: Der Kopf ist *nicht* die »Regierung«. Er ist höchstens der Regierungssprecher. Und wie wir aus gewöhnlich gut unterrichteten Kreisen wissen, ist der Regierungssprecher immer so ziemlich der Letzte, der was erfährt. Jeder kennt dieses Gefühl:

Der Verstand sagt einem etwas, aber der Bauch sagt was ganz anderes. Und wenn Sie erlauben, Ihr Leben vor absolut ehrlichen Augen noch mal ablaufen zu lassen, werden Sie zugeben: Der Bauch hatte immer recht! Ihr Gefühl ist Ihre Führung, denn es weiß mehr als Ihr Verstand.

Vor einigen Jahren passierte dann etwas – nun ja – denkwürdiges: Ich kam immer häufiger mit der These der Esoteriker in Berührung, dass Gedanken Realität erschaffen. Gedanken haben Schöpferkraft! Wenn wir auf eine bestimmte Weise denken (wie, das werde ich in den folgenden Kapiteln ausführlich erläutern), können wir unsere Lebenswirklichkeit signifikant zum Positiven verändern. Oder auch zum Negativen, wenn wir in unserem Denken etwas falsch machen . . .

Meine erste Reaktion danach war: hhhmmm – eigentlich nix Neues. Wenn ich mein Leben Revue passieren lasse, habe ich haargenau diese Beobachtung wiederholt gemacht. Genau genommen habe ich immer nach dieser Masche gelebt – unbewusst, ohne darüber nachzudenken. Ich bin der beste Beweis dafür, dass ebendiese »Masche« funktioniert. Als Schüler war ich ein Saisonarbeiter; meine Versetzung war mehrfach nach menschlichem Ermessen eigentlich unmöglich. Ich, ein Sitzenbleiber – mein Gott, was hätte das zu Hause für ein Theater gegeben! Katastrophe! Ich erinnere mich noch sehr gut daran, wie ich mir damals in meinen Gedanken intensiv ausmalte, was für ein Gefühl der Befreiung es wäre, wenn unter meinem Zeugnis stünde: »Versetzt in die nächste Klasse.« Welch eine Erleichterung, wenn das Katastrophenszenario, um nicht zu sagen, die Tracht Prügel und der Hausarrest ausbleiben würden. Was soll ich Ihnen sagen – diese Gedanken sind alle wahr geworden. Jedes Mal. Ich bin, ohne zu »parken« durch die Schule gerauscht und habe sogar ein respektables Abitur hingelegt.

Und so ging es immer weiter. Schon als fünfjähriger Junge hatte ich meiner Mutter gesagt: »Ich will Radiosprecher werden.« Das Ziel stand glasklar vor meinen Augen. Und ich hab es nach bestandenem Abitur tatsächlich gemacht. Oder ein anderes Beispiel: Als Teenager las ich den Roman »Der Stoff, aus dem die Träume sind« von Johannes Mario Simmel. Hauptfigur: ein Journalist, ein Star-Schreiber, ein großer Serien-Autor bei einer Illustrierten. Prompt beschloss ich: Das will ich auch! Ich malte mir in den schillerndsten Farben aus, wie ich durch die Welt reise und spannende Geschichten recherchiere. Mit sechzehn schrieb ich meine ersten bescheidenen Artikelchen für unsere kleine Lokalzeitung. Und heute darf ich in aller Bescheidenheit sagen: Jeder Chefredakteur in der deutschen Frisör- und Arztpraxen-Presse kennt meinen Namen, weil er schon Beiträge von mir gedruckt hat.

Ebenso beschloss ich irgendwann, dass ich zum Fernsehen wollte. In meinem Kopf-Kino sah ich mich in den Studios – vor und auch hinter der Kamera. Auch das ist mir geglückt; ich gehörte Mitte der Achtzigerjahre zu dem kleinen, feinen Dream-Team, das in Luxemburg dem RTL-Fernsehen in die Kinderschuhe geholfen hat. Ebenso beschloss ich irgendwann, dass ich einen ganz bestimmten Typ Frau an meiner Seite haben wollte. Ich hatte ein klares Bild im Kopf, wie sie sein sollte. Nun gut, bis das was wurde, dauerte etwas länger, aber über einige Umwege – oder sagen wir besser: Erfahrungen – hat es funktioniert. Meine heutige Frau entspricht bis ins Detail dem Idealbild, das ich damals vor meinem geistigen Auge hatte. Ich bin stolz, dass sie bei mir ist; ich liebe sie mehr als alles andere.

All das ging mir durch den Kopf, als ich immer häufiger mit diesem esoterischen Gedankengut konfrontiert wurde. Keine Frage: Die »Masche« funktioniert. Alles, was ich mir in meiner Gedankenwelt zurechtgezimmert hatte, ist samt und sonders wahr geworden. Als meine Frau mir dann aber sagte, das alles habe mit Quantenphysik zu tun, schüttelte ich verständnislos den Kopf. Das gehörte für mich nun doch in den Grenzbereich des Kabarettistischen.

Aber irgendwie war meine journalistische Neugierde geweckt. Ich wollte wissen, was nun wirklich dahintersteckt. Ich wollte wissen: Warum funktioniert das? Und *wie* funktioniert das? Ich begann also zu recherchieren. Und fand mich ziemlich zügig im Kybalion wieder, bei den »Hermetischen Gesetzen«, die etwa 100 bis 300 n. Chr. vermutlich in Griechenland verfasst wurden. Das Ganze liest sich ein bisschen abgehoben. Aber bei genauerem Hinsehen wird klar, wie lebensnah es doch ist. Die »Hermetischen Gesetze« beschreiben einige Prinzipien des Daseins. Und witzigerweise ist die heutige Forschung dabei, mittels hochmoderner technischer Methoden zu beweisen, was die alten weisen Herren längst wussten.

Meine Recherchen führten mich weiter in die Gehirnforschung; sie führten mich in die Psychologie – und ja, auch in die Quantenphysik und in die Biophysik. Insbesondere die Biophysiker standen lange vor einem Rätsel: Nur schlappe fünf Prozent unserer DNA dienen der Vererbung. Aber was ist mit den übrigen fünfundneunzig Prozent? Mangels einer besseren Erklärung sprach die Wissenschaft lange von »DNA-Müll«. Vor einigen Jahren begann sich diese Auffassung zu ändern: Die Forschung hat mittlerweile herausgefunden, dass diese fünfundneunzig Prozent wie eine Sende- und Empfangseinheit aufgebaut sind – eine in jedem Menschen eingebaute Power-Antenne. Wir sind alle kleine Funktürme – stets und ständig auf Sendung. In Kommunikation mit der Außenwelt, mit dem Universum. Ein Kommunikationsprozess, der zum größten Teil unbewusst abläuft, unbemerkt – den wir aber sehr wohl bewusst beeinflussen, und damit unsere eigene Realität erschaffen.

Je tiefer ich in diese Welt vordrang, desto mehr war ich überzeugt, dass Esoterik alles andere als ein abgehobener, übersinnlicher und unsinniger Hokuspokus ist. Wenn man – was ich in diesem Buch tue – Spiritualität in einen Kontext setzt mit hochaktueller Wissenschaft und Forschung, kommt man unweigerlich dahinter, dass Esoterik und Spiritualität mit mathematischer Genauigkeit Naturgesetzen folgen. Wenn Sie sich dessen bewusst werden und wenn Sie sich Ihrer selbst bewusst werden, Ihrer eigenen inneren Kraft, Ihrer eigenen »Sendeleistung«, dann können Sie gar nicht anders als glücklich, erfolgreich, gesund und – ja, auch reich zu werden.

Um Ihnen den Weg dorthin zu zeigen, schrieb ich dieses Buch. In der nun folgenden einundzwanzigtägigen Reise in Ihr Innerstes werden Sie viel über sich selbst erfahren. Ich bin sicher, Sie werden einige Ihrer Denk- und Verhaltensmuster überprüfen, ändern, sich selbst quasi neu erfinden. Und wenn Sie jetzt in diesem Augenblick darüber nachdenken, wie Sie das mit dem Ändern wohl anstellen sollen, hat Ihr Gehirn schon angefangen, in neuen Abläufen zu arbeiten.

Dieses Buch dreht sich darum, Ihnen andere Einsichten zu vermitteln – und einige Techniken, die Sie anwenden können, um Ihr Denken, Fühlen, Handeln und Aussenden auf Erfolg zu programmieren. Sie – und *nur* Sie! – sind der Programmdirektor Ihres Lebens! Eine hübsche Metapher, fällt mir gerade auf. Tatsächlich ist es wie beim Fernsehen oder Radio: Auf die Einstellung kommt es an. Mit wenig Aufwand am Knopf gedreht, und schon läuft ein anderes Programm. Unüberhörbar. Unübersehbar.

Immer wieder vernimmt man den – Pardon! – saublöden Spruch: »Das Leben ist kein Wunschkonzert.« Falsch! Das Leben ist sehr wohl ein Wunschkonzert! Wir haben die Wahl – in jeder Sekunde, jeden Tag, pausenlos. Wir können sehr wohl wählen, welches Programm in unserem Leben ablaufen soll. Alles, was wir dafür lernen müssen, ist, unsere Power-Antenne korrekt auszurichten, damit Sie die richtigen Gedanken ins Universum schicken.

Mein Ziel ist, dass Sie nach der Lektüre dieses Buchs bewusster mit Ihrem Leben und vor allem mit Ihrem Denken umgehen. Mein Ziel ist, dass Sie vieles mit anderen Augen sehen und Ihrem Lebensprogramm damit eine entscheidende Wende zum Besseren geben. Mein Ziel ist, dass Sie lernen, mit Ihrer ganz persönlichen Power-Antenne richtig umzugehen. Egal, welchen Traum Sie haben – Sie können ihn verwirklichen. Dazu müssen Sie Ihr Denken und Ihr Unterbewusstsein umprogrammieren. Dazu müssen Sie Ihre Power-Antenne so ausrichten, dass Sie die idealen Informationen in die Welt abstrahlen und die gewünschten Antworten und Reaktionen bekommen. Denn die Definition von Irrsinn ist, immer das Gleiche zu machen und zu erwarten, dass es irgendwann anders ausgeht. Erfolg dagegen ist, ein nicht funktionierendes Gedankenmuster, eine nicht funktionierende »Programmstruktur« zu verstehen – und dann den Mut zu haben, das Althergebrachte zu durchbrechen. Wenn Sie also neue, bessere Ergebnisse in Ihrem Leben erzielen wollen, müssen Sie Ihre Gedankenmuster umbauen, die Sie über Ihre Power-Antenne ausstrahlen. Nicht immer ganz einfach, aber die Mühe wert!

Mein Ziel ist auch, dass Sie mit diesem Buch etwas in der Hand halten, das sich in der Praxis sofort anwenden lässt. Dazu ist es notwendig, dass Sie Ihren Horizont etwas erweitern und sich auf Dinge einlassen, die Sie bis jetzt vielleicht für unmöglich halten. Wenn Sie das erreicht haben, werden Sie nicht mehr denken können wie zuvor – und dann wird Ihr Leben eine Qualität erhalten, die Sie sich nicht hätten träumen lassen. Wenn Sie dieses Buch zu Ende gelesen haben, werden Sie nicht mehr derselbe Mensch sein wie zuvor. Das ist keine Warnung, eher eine Verheißung!

Damit das Wissen, das ich in den folgenden einundzwanzig Tagen vor Ihnen ausbreite, Ihnen auch nützt, ist ganz entscheidend, dass

Sie danach handeln. Nicht einfach das Buch nach der Lektüre ins Regal stellen, und das war's dann. Das Handeln ist viel wichtiger als das Wissen. Es geht um die Anwendung, weniger um die Theorie. Ich schlage Ihnen daher jeden Tag eine mentale Übung vor, die Ihnen hilft, Ihre Power-Antenne zu justieren, das neue Wissen umzusetzen und in Ihrem Unterbewusstsein zu verankern.

Natürlich werden diese einundzwanzig Tage nicht reichen, bestehende Denkmuster komplett umzubauen. Sie reichen höchstens, Ihnen häppchenweise die Methodik auseinanderzusetzen. Nach diesen einundzwanzig Tagen fängt der Spaß erst richtig an. Dann wird es wichtig, das neue Wissen immer wieder anzuwenden – sozusagen als endlose Wiederholungsschleifen – und immer besser darin zu werden.

Daher kann ich Ihnen nur empfehlen, während der nächsten einundzwanzig Tage Notizen zu machen, Tagebuch zu führen, wenn Sie so wollen. Kaufen Sie sich ruhig ein schönes Tagebuch, irgendetwas Apartes, das eine gewisse Wertigkeit hat. In ein paar Tagen werde ich Ihnen erklären, warum das so bedeutsam ist. Jedenfalls werde ich Ihnen häufig Anregungen und Denkanstöße geben und werde Sie ermuntern, in Ihren Gedankenabläufen zu kramen. Schreiben Sie sich auf, was Ihnen dabei alles durch den Kopf geht. Schreiben ist wie Therapie: Schreiben zwingt Sie, Ordnung in Ihre Gedanken zu bringen. Eine Art seelischer Hygiene. Und: Indem Sie Ihre Gedanken zu Papier bringen, verfestigen Sie sie. Indem Sie sich die Mühe machen, sie aufzuschreiben, bringen Sie Ihrem Unterbewusstsein den nötigen Respekt entgegen – und es beginnt, besser mit Ihnen, mit Ihrem »Tagesbewusstsein«, zusammenzuarbeiten.

Ach ja, eines noch, bevor es losgeht: Zu einem nicht ganz unerheblichen Teil schrieb ich dieses Buch auch für mich selbst. Die

Erkenntnisse, die ich bei meinen jahrelangen Studien erlangt habe, sind so umwerfend, so faszinierend, so begeisternd, dass ich eine ganze Weile gebraucht habe, um Ordnung in all das Wissen zu bringen. Und um das zu bewerkstelligen, ist es das Beste, es aufzuschreiben. Ganz davon abgesehen, dass diese Erkenntnisse mein eigenes Leben auf so brillante Weise umgekrempelt haben, dass ich das erworbene Wissen unmöglich für mich behalten kann. Ich bin von Grund auf davon überzeugt, dass sich – sofern Sie den Weg, den ich Ihnen in den nächsten einundzwanzig Tagen aufzeige, konsequent mitgehen – Ihr Leben revolutionieren wird. Ich darf schon jetzt um Verständnis bitten für den Enthusiasmus, den ich beim Schreiben an den Tag lege. Und auch um Verständnis dafür, dass ich manche Inhalte wiederhole – einfach weil sie faszinierend und elementar sind und weil ich hier und da eine Wiederholung in einem anderen Kontext für notwendig halte.

So, und nun wünsche ich Ihnen von Herzen, dass Sie sich auf das Abenteuer einlassen – auf diese dreiwöchige Reise in Ihr Innerstes. Ich wünsche Ihnen dabei gute Unterhaltung. Und wenn Sie sich bei der Lektüre nicht nur gut unterhalten fühlen, sondern auch mitarbeiten, brauche ich Ihnen den Erfolg nicht zu wünschen – er wird sich ganz automatisch einstellen.

Tag 1
Glücksbewusstsein

»Der Teufel scheißt immer auf den größten Haufen«, sagt der Volksmund. Oder vornehmer ausgedrückt: »Wer hat, dem wird gegeben.« Schon die Bibel sagt: »Glaubt nur, dass das, worum ihr bittet, euch schon gegeben ist, und ihr werdet es erhalten.« Und der größte Reichtum ist – in Ihnen! Sie wissen das bloß noch nicht . . .

Mit dem Kauf dieses Buches haben Sie sich indirekt selbst eingestanden, dass etwas in Ihrem Leben unvollkommen ist. Dass Sie ein freudvolleres führen möchten. Wenn ich aber freudig leben möchte, ist der erste Schritt, mir klarzumachen, dass ich bereits jetzt allen Grund zur Freude habe. Dass diese schon in mir ist. Wollen trennt mich vom Gewollten. Wenn ich mich aber darauf besinne, dass ich das, was ich anstrebe, bereits in mir habe, fällt mir das Gewünschte ganz von allein zu. Machen Sie sich bewusst, dass Sie ein Teil der Natur sind. Und da Natur vollkommen ist und voller Fülle, so sind auch Sie vollkommen und voller Fülle. Und Sie haben allen Grund, dafür dankbar zu sein! Glücklich zu sein!

Das ist der erste Schritt auf unserer gemeinsamen Reise in Ihr Innerstes: Versetzen Sie sich in den Zustand der Dankbarkeit!

15

Machen Sie sich klar, wofür Sie Grund haben, glücklich und dankbar zu sein. Auch wenn Sie nicht sonderlich wohlhabend sind – immerhin hatten Sie die Mittel, dieses Buch zu erwerben. Und da Sie interessiert mitarbeiten werden – davon gehe ich einfach mal aus – wird dieses Werk für Sie von unschätzbarem Wert sein. Also schon wieder ein guter Grund, glücklich und dankbar zu sein . . .

Ach, Sie haben dieses Buch gar nicht gekauft, sondern geschenkt bekommen? Großartig, ein weiterer Grund für Dankbarkeit.

Machen Sie sich klar, dass Sie am Leben sind! Machen Sie sich klar, dass Sie – hoffentlich – gesund und munter sind. Freuen Sie sich darüber, dass Sie auch heute Morgen wieder so aufgestanden sind. Fühlen Sie Dankbarkeit für eine kleine liebevolle Geste – von wem auch immer sie kommen mag. Listen Sie mal in Gedanken Kleinigkeiten auf, über die Sie sich freuen können und für die Sie dankbar sind. Und nach den Kleinigkeiten vergessen Sie bitte die »Großigkeit« nicht: Das Leben ist ein Geschenk!

Meine Frau führte – kurz nachdem wir uns kennengelernt hatten – ein kleines Ritual ein: Immer wenn ich sie für ein paar Tage verlassen musste, weil eine Geschäftsreise anstand, gab sie mir zum Abschied eine Dose mit Süßigkeiten. Eine ganz kleine nur, so klein, dass sie in meine Jackentasche passte. Ich war derart gerührt, dass ich die ersten Male Tränen in den Augen hatte. Meine Frau hat dieses Ritual bis heute beibehalten, und ich bin jedes Mal immer noch gerührt über diese einfache liebevolle Geste. Rituale verbinden, und wenn sie mir zum Abschied diese kleine Dose gibt, weiß ich, dass zwischen uns alles okay ist. Und allein das erfüllt mich mit großer Dankbarkeit. Mit großen Glücksgefühlen.

Apropos Männlein und Weiblein – das führt uns zu einem wichtigen Gedanken: Überall auf der Welt, auf jeder Ebene des Lebens, sogar in winzigsten Atomen verbinden sich männliche und weibliche Energien, um Manifestationen hervorzurufen. Jeder Mensch, jedes Ding, jede Situation enthält sowohl männliche als auch weibliche Energien. In Atomen verbinden sich männliche und weibliche Energien, um Materie zu bilden. Tatsächlich vereinen sich männliche und weibliche Energien *immer* miteinander und erzeugen Schöpfungen. Die männliche Energie projiziert sich gern hinaus in die Welt; die weibliche dagegen ist eher empfänglich und anziehend. Die weibliche Energie in jedem von uns erzeugt neue Ideen, die die männliche dann handelnd umsetzt. Wenn weibliche und männliche Energien in uns gut austariert sind und sich miteinander verbinden, ergänzen sie einander perfekt. Zusammen können diese beiden Energien bewirken, dass sich wundervolle Ideen verwirklichen.

Auch Telepathie und andere psychische Phänomene lassen sich durch das Prinzip der Geschlechtlichkeit erklären. Telepathie entsteht, wenn ein Gedanke von einer Person ausgesendet (eine männliche Handlung) und von einer anderen Person empfangen wird (eine weibliche Handlung). Man kann telepathische Fähigkeiten entwickeln, indem man Empfänglichkeit übt. Zum Beispiel, indem man andere um Hilfe bittet und diese Hilfe als Geschenk dankbar annimmt. Und ganz bewusst auch das ganze Leben als Geschenk dankbar annimmt.

Menschen, die psychisch blockiert sind und wenig dazu neigen, etwas anzunehmen (»Ich hab das nicht verdient!«), sind oft großzügige Geber. Der größte Teil der Menschen, die bei den vorweihnachtlich gehäuft auftretenden Spendenaktionen im Fernsehen Geld überweisen, sind Leute, die selber nicht allzu viel haben, weil sie sich meist selber nicht erlauben, etwas anzunehmen. Dadurch entsteht in ihrer männlichen Energie ein Ungleichgewicht. Diese Menschen können sich schwer entspannen. Der Zustand der Entspanntheit ist aber ganz elementar, um zum Beispiel Intuition wahrzunehmen. Fortlaufend werden Sie noch viel darüber lesen, wie Information in Form von Intuition zu Ihnen kommt.

Ich liefere Ihnen jetzt mal einen klitzekleinen Vorgeschmack auf das, was ich Ihnen in den nächsten Tagen ausführlich und in allen Einzelheiten darlegen werde – schon mal so zum Einstimmen:

Angenommen, Sie haben einen stark ausgeprägten Wunsch – sagen wir: Ihr Traumauto. Diesen funken Sie mithilfe Ihrer Power-Antenne ins Universum. Dann bedeutet das natürlich längst nicht, dass Ihr Traumauto wie von Geisterhand morgen vor der Tür steht. Wenn Ihre Wunschenergie (oder sagen wir: die Sendeleistung Ihrer Power-Antenne) stark genug ist, wird Folgendes passieren: Auf wundersame Weise bekommen Sie Informationen, Eingebungen, was zu tun ist; sie werden zu den richtigen Menschen und Situationen geführt und tun genau das Richtige, was dazu führt, dass Sie sich eines Tages tatsächlich das Traumauto leisten können. Über ein kosmisches Hintergrundfeld (ein laienhafter Begriff; was das genau ist und wie es funktioniert, auch dazu bald mehr) bekommen Sie – höchstwahrscheinlich von völlig unvermuteter Seite – einen oder mehrere Hilfs-Anstupser, damit Sie in die richtige Richtung gehen. Um diese Hilfs-Anstupser wahrzunehmen, ist zweierlei wichtig: Zum einen sollten Sie einfach offen sein für die Möglichkeit, dass es so sein könnte; mit der Naivität eines Kindes. Zum anderen ist ganz wichtig, dass Sie sich gut fühlen, dass Sie – wie man so sagt – gut drauf sind. Wenn Sie zweifeln, störrisch oder angespannt sind, werden Sie diese kleinen Impulse aus der Bauchgegend kaum wahrnehmen. Und damit auch nicht die, die das Universum Ihnen geben möchte.

Bauchgegend ist ein gutes Stichwort: Garantiert können auch Sie sich an Situationen erinnern, in denen Sie mit dem Kopf irgendwas entschieden haben, obwohl da so ein seltsames Bauchgefühl war und sagte: »Lass die Finger davon.« Und am Ende hatte das merkwürdige Bauchgefühl recht. Es hat in solchen Situationen eigentlich immer recht! Aber wie kann das sein, dass der Bauch schlauer ist als der Verstand?

Mit unserer linken, logischen, bewussten Gehirnhälfte nehmen wir pro Sekunde etwa sieben Eindrücke wahr – Geräusche, Gerüche etc. Mit unserer rechten, bildhaften, unbewussten Gehirnhälfte sind es etwa zehntausend Eindrücke. Die Bilder, die die rechte Gehirnhälfte einsammelt, werden in unserem Unterbewusstsein, im »Bauchgefühl«, abgespeichert. In der Konsequenz bedeutet dies: Das Verhältnis von dem, was wir bewusst sehen und verstehen, zu dem, was unser Unterbewusstsein, unser »Bauchgefühl«, unsere »innere Stimme« weiß, liegt bei etwa 7:10 000. Bisschen peinliches Ergebnis – vor allem für Menschen, die sich immer freudestrahlend als Kopfmenschen oder Verstandesmenschen bezeichnen. Deren Informationsfluss ist relativ langsam, weshalb sie das Ergebnis auch »denken« und in erklärende Worte fassen können. Die Intuition ist um ein Vielfaches schneller: In der Zeit, in der Sie bewusst bis zehn zählen, hat Ihre Intuition bis weit über fünfhunderttausend gezählt. Während Sie gerade erst beginnen, über ein Problem nachzudenken, hat Ihre Intuition die Lösung schon längst und teilt sie Ihnen auch mit. Ärgerlich, dass Sie sie womöglich nicht hören können, weil Ihr Verstand dazu noch viel zu beschäftigt ist – ohne zu einer brauchbaren Lösung zu kommen. Verbissenes Nachdenken hält Sie oftmals davon ab, Ihre Intuition, Ihre Gefühlsbotschaft zu hören und zu verstehen. Die große »Erleuchtung« nach dem Motto »Warum bin ich nicht schon früher darauf gekommen?« ereilt Sie erst dann, wenn Sie aufgehört haben, sich in das jeweilige Problem zu verbeißen. Plötzlich haben Sie das Gefühl, dass eine unbekannte Macht von außen Ihnen hilft. Auf einmal öffnen sich wie durch ein Wunder immer neue Türen. Wie sagte schon Albert Einstein:

»Der intuitive Geist ist ein heiliges Geschenk und der rationale Geist ein treuer Diener. Wir haben eine Gesellschaft erschaffen, die den Diener ehrt und das Geschenk vergessen hat.«

Wie wahr, Herr Einstein!

Und was, wenn Ihre Intuition Ihnen zum anstehenden Problem gar nichts sagt? Das könnte bedeuten: nicht der richtige Zeitpunkt für eine Entscheidung! Und dass es allemal besser ist, diese zu vertagen, bis Sie klare Gefühle zu dem jeweiligen Problem empfangen.

Noch mal – weil es so wichtig ist für all das, was in den nächsten Tagen auf Sie zukommt: Sich großartig anzustrengen, sich Stress machen, es erzwingen wollen, macht keinen Sinn, weil Sie den Fluss Ihrer inneren Energien damit hemmen, was bedeutet: Sie hemmen den Informationsfluss, den Fluss Ihrer Intuition, Ihrer inneren Stimme oder auch des »reinen Geistes«. Einer meiner Lieblingssätze lautet: Das Glück kommt zu dem, der warten kann. Etwas erzwingen wollen, sich anstrengen, ein konzentriertes »Erstreben« sind Ausdruck männlicher Energie. Aber um die Signale aus dem Universum wahrzunehmen, bedarf es der empfangenden weiblichen Energie. Ein Übermaß daran ist wiederum auch eher nachteilig: Es führt meist zu einer eher passiven Persönlichkeit, die dem Leben lieber zuschaut, anstatt selber Gedanken und Ideen beizutragen. Sowohl für die psychische Entwicklung als auch für spirituelles Wachstum ist es am gesündesten, in einem Gleichgewicht beider Kräfte zu leben: Je mehr ich mir erlaube anzunehmen, desto mehr kann ich anderen weitergeben.

Deshalb: Üben Sie täglich, zu geben und zu nehmen. Erfreuen Sie sich an beidem – am Nehmen wie am Geben. Was wird die Konsequenz daraus sein? Sie werden bald spüren, dass Sie innerlich ausgeglichen und entspannt sind. Dass Sie beginnen, in sich zu ruhen. Ein Gefühl, für das Sie allen Grund haben, dankbar zu sein! Dankbarkeit gibt uns immer das Empfinden, dass wir in Harmonie leben.

Um die Kraft und die Magie der Dankbarkeit zu verstehen, ist es das Beste, sie selbst zu erfahren. Ich schlage vor, Sie schreiben jetzt eine Liste mit hundert Dingen, Erfahrungen, Erlebnissen, Gegebenheiten, für die Sie dankbar sind. Ich versichere Ihnen: Wenn Sie jeden Tag Dankbarkeit praktizieren, wird es nicht lange dauern, bis diese zu Ihrem ganz normalen Lebensgefühl gehört. Und wenn das passiert, haben Sie schon eines der größten Geheimnisse des Lebens gelüftet.

Der Zustand der Dankbarkeit hat unmittelbare Auswirkungen auf unseren Gesundheitszustand. Wenn man sich den funktionellen Gehirn-Scan eines Menschen ansieht, der dankbar ist, sieht man, dass der gesamte unbewusste Teil des Gehirns angeschaltet ist, der übrigens etwa zweihunderttausendmal so leistungsfähig ist wie der bewusste Teil, was bedeutet, dass Geist und Körper perfekt zusammenarbeiten. Diese Menschen fühlen sich exakt so, wie sie denken, und das rekonditioniert den Körper. Nur durch den Akt der Dankbarkeit! Bei dankbaren Menschen gibt es keine Blockade zwischen Verstand und Unterbewusstsein. Auf dem Gehirn-Scan eines Menschen, der nur seine Probleme durchgeht, sieht man dagegen, dass der unbewusste Teil des Gehirns abgeschaltet ist. Das bedeutet, dieser Mensch ist von seinem Unterbewusstsein, von seinem höheren Geist getrennt. Heißt also in der Konsequenz:

> Am besten nur noch über Dinge sprechen, über Dinge nachdenken, die ich mir wünsche, die ich liebe!

Wenn Geist und Körper zusammenarbeiten, wenn sie dasselbe wollen, wenn Denken und Handeln, Absicht und Verhalten miteinander agieren, dann haben wir das gesamte Universum hinter uns.

Vielleicht – was ich nicht hoffen möchte – gehören Sie zu den Menschen, die frustriert sind und keinen Grund für Dankbarkeit sehen. In diesem Fall möchte ich Sie auf ein Gesetz des Lebens aufmerksam machen: Die Welt ist genau so, wie Sie sie sehen. Und auch das ganze Leben ist genau so, wie Sie es sehen. Ein Gleichnis aus Indien veranschaulicht das:

Ein Hund geht in den Tempel der tausend Spiegel. Als er eintritt, blicken ihm tausend andere Hunde entgegen. Der Hund erschrickt, fletscht die Zähne und knurrt. Tausend Hunde schauen ihn mit gefletschten Zähnen und knurrend an. Der Hund verlässt den Tempel – mit der Gewissheit: Die Welt ist voller böser Hunde.

Kurz darauf kommt ein anderer Hund in den Tempel der tausend Spiegel. Tausend andere Hunde schauen ihm entgegen. Als er sie erblickt, freut er sich und wedelt mit dem Schwanz. Tausend Hunde wedeln freudig zurück. Der Hund verlässt den Tempel – mit der Überzeugung: Die Welt ist voller netter, freundlicher Hunde.

So und nicht anders funktioniert das Leben. Also entscheiden Sie selbst, welche Art Hund Sie sein möchten. Entscheiden Sie selbst, wie das Leben auf Sie reagieren soll. Und entscheiden Sie so, dass Sie für das Ergebnis dankbar sein können!

Wie Sie Ihre Power-Antenne optimal ausrichten

Senden Sie Dankbarkeit aus! Gehen Sie jeden Morgen beim Zähneputzen in Gedanken durch, wofür Sie Grund haben, dankbar zu sein. Bedanken Sie sich für Ihre elektrische Zahnbürste. Bedanken Sie sich dafür, dass sie fließendes warmes Wasser haben (was in vielen Ländern nicht selbstverständlich ist!). Sie sind auch heute wieder gesund aufgestanden (was auch nicht selbstverständlich ist), Sie dürfen zur Arbeit gehen, Sie sind neben einem geliebten Menschen aufgewacht . . . und so weiter und so fort.

Ich selber praktiziere dieses Ritual jeden Morgen. Nur die zwei Minuten Zähneputzen reichen nicht, um in Gedanken alles durchzugehen, wofür ich dankbar bin. Jeden Tag fällt mir was Neues ein. Das Schöne dabei ist: Dankbarkeit macht sofort gute Laune. Und wenn auch Sie genauer hinsehen, werden Sie mir zustimmen: Gut gelaunte Menschen bringen es schneller zu was im Leben! Sie tun sich dabei leichter.

Und das Zweite ist: Dankbaren Menschen wird in aller Regel gern noch mehr gegeben. Menschen, die nicht nur ein gelangweiltes »Danke« nuscheln, sondern ihre Freude tatsächlich ausstrahlen, sind in Resonanz mit ihrem Vergnügen, und die Folge ist, dass man ihnen liebend gern mehr vom Gewünschten gibt. Deshalb: Machen Sie sich jeden Tag bewusst, dass Sie allen Grund zu Freude haben – und sagen von Herzen DANKE!

Ohne Dankbarkeit kann man nicht viel Macht ausüben, weil es Dankbarkeit ist, die einen mit der Macht verbindet.

Wallace D. Wattles, Autor der Neugeistbewegung

Tag 2
Wahres Selbst-Bewusstsein
Die unbegrenzte Kraft des Universums

Heute beginnen Sie zu lernen, wie Sie aus dem Nichts etwas erschaffen können – indem Sie allein mit der Kraft Ihrer Power-Antenne die richtigen Gedanken aussenden. An dieser Stelle ist es wichtig, zu verstehen, wie »Tagesbewusstsein« und »Unterbewusstsein« zusammenarbeiten. Das Unterbewusstsein ist die Bühne für die entscheidenden mentalen Vorgänge in uns. Biologisch sitzt es im Solarplexus hinter dem Magen. Vielleicht verstehen Sie jetzt, weshalb Sie bei manchen Vorgängen in Ihrem Leben so ein komisches Gefühl in der Magengegend haben, denn über Ihr Unterbewusstsein sind Sie mit dem Universum verbunden.

Über das Unterbewusstsein empfangen wir Nachrichten aus dem Universum: Es inspiriert uns, warnt uns, gibt uns Intuition. Gleichzeitig senden wir über das Unterbewusstsein auch unsere Überzeugungen und Wünsche ins Universum. Nach allen anwendbaren physikalischen Gesetzen ist die Sendeleistung unendlich. Auch Ihr Körper, Ihre Gedanken und Ihre Gefühle sind Formen von Energie,

24

die über Ihre Power-Antenne ausgesandt wird und auf andere Formen von Energie einwirkt. Jeder Mensch, der zu Ihnen kommt – egal ob auf privater oder beruflicher Ebene – wurde zu achtzig Prozent durch die Signale Ihrer Power-Antenne angezogen und nur zu zwanzig Prozent von äußerlichen Faktoren.

Wie unsere Gedanken und Gefühle, Überzeugungen und Wünsche die Materie beeinflussen, verdeutlichte Dr. Masaru Emoto, Präsident des Allgemeinen Forschungsinstituts Japan, in einer beeindruckenden Versuchsreihe: Dr. Emoto und auch einige andere Wissenschaftler wiesen nach, dass jeder Gedanke, jedes Gefühl schwingt und damit auch Materie in Schwingung versetzt. Emoto fotografierte gefrorenes Wasser unter einem Dunkelfeldmikroskop, um die energetische Struktur der Kristalle zu erforschen. Ein Kristall von destilliertem Wasser hat gewöhnlich eine vollkommen chaotische, verworrene Struktur. Emoto klebte auf die Reagenzgläser mit den Wasserkristallen verschiedene Wörter und beobachtete, wie sich die Struktur der Kristalle über Nacht veränderte. Das Ergebnis war schlichtweg phänomenal:

> Klebten positive Worte wie Liebe, Glück, Dank, Sicherheit, Freiheit auf den Reagenzgläsern, verwandelten sich die vorher chaotisch strukturierten Kristalle zu harmonisch weich geformten Sternen! Klebten negativ besetzte Worte wie Dummkopf, Hass, Pech, Krankheit etc. auf den Reagenzgläsern, wurde die Struktur noch verworrener und chaotischer.

Bei den Versuchen spielte es übrigens keine Rolle, in welcher Sprache die Worte auf den Reagenzgläsern klebten. Und: Die Wasserkristalle verformten sich auch dann zu sympathisch anmutenden Sternen, wenn man sie mit klassischer Musik beschallte.

Wassermoleküle reagieren also auf Gedanken und Gefühle, Worte und Bilder. Wenn man sich nun noch vor Augen führt, dass wir zu etwa achtzig Prozent aus Wasser bestehen, erkennen wir, was positive oder negative Worte, Gefühle und Bilder in unserem Körper bewirken. Ganz ähnlich verhält es sich mit unserem Unterbewusstsein: Es arbeitet wie die Wasserkristalle nur auf Anweisung. Damit sich unsere Wünsche erfüllen, ist es zwingend notwendig, dass das »Tagesbewusstsein« das Unterbewusstsein mit den richtigen Gedanken und Gefühlen, Worten und Bildern füttert, um darauf zu trainieren, die richtigen Überzeugungen und Wünsche ins Universum abzustrahlen. Mein Lieblingsmotto zu diesem Thema: Wir reiten auf dem Rücken eines Riesen, und alles, was wir lernen müssen, ist, in sein Ohr zu flüstern.

Sicher haben Sie inzwischen erkannt, wie wichtig es ist, zu verstehen, was das Universum eigentlich ist. Und der »universelle Geist«, von dem in den nächsten Tagen noch häufig die Rede sein wird.

Wie schon die Bibel ausführt, wurden wir »nach dem Bilde Gottes erschaffen«. Wenn das so ist, erscheint es nur sinnvoll, dass wir auch über schöpferische Macht und göttliche Fähigkeiten verfügen. Der Sinn unseres Lebens besteht unter anderem darin, diese Fähigkeiten in liebevolles, positives Handeln umzusetzen. Und ähnlich wie beim Muskelaufbau stärken sich auch unsere magischen, schöpferischen Fähigkeiten durch Anwendung und Übung.

Das erste hermetische Gesetz, das wir im Kybalion vorfinden, ist das »Prinzip der Geistigkeit«: – »Das All ist Geist, das Universum ist geistig.« Das bedeutet in letzter Konsequenz: Geistige Transmutation ist die Kunst, die Gegebenheiten im Außen, im Universum, der Kraft des Geistes, der Kraft unserer Gedanken entsprechend zu verwandeln. Geistige Verwandlung ist tatsächlich die Magie, von der die Weisen der alten Zeiten schon in ihren mystischen Schriften sprachen. Schade nur, dass sie uns so wenig Praktikables darüber hinterlassen haben.

Alles, was im Universum ist (also auch wir selbst), ist dem Kybalion nach reiner Geist. Dieser Geist durchdringt unseren Körper, unser Haus, unser Büro, unser Auto, einfach alles. Es gibt keinen Ort, an dem nicht reiner Geist ist. Und alles, was im Universum ist, verändert sich ständig. Auch in unseren Gedanken verändert sich alles ständig. Dieses Prinzip können wir dafür verwenden, alles Mögliche in unserem Leben neu zu gestalten. Da wir in unserem Geist unser eigenes Universum erschaffen können, können wir die Inhalte unseres Universums einfach ändern, indem wir in unserem Geist unser Wünschen und Wollen ändern. Jeder menschliche Geist erzeugt geistige Schöpfung. Wir können die Materie kontrollieren, indem wir eine höhere Kraft, nämlich unseren Geist anwenden. In der materiellen Welt ist die Macht der Gedanken die größte Naturkraft überhaupt! Deshalb haben wir mit unserem Geist, mit unseren Gedanken, das stärkste Mittel in der Hand, um aus den individuellen täglichen Lebensumständen das Beste zu machen. Unsere Fähigkeiten in dieser Hinsicht zu vervollkommnen, ist der wahre Sinn des Lebens. Es gibt dabei nichts zu fürchten. Wir alle sind im unendlichen Geist des Universums aufgehoben. Wir können also ruhig bleiben und uns sicher fühlen.

Na gut, bevor das alles zu philosophisch und abgehoben wird, lassen Sie es mich auf eine andere Ebene heben. Ich sagte ja im Vorwort schon: Das, was die alten weisen Herren, die das Kybalion verfasst haben, damals schon wussten, beginnt die moderne Wissenschaft mittlerweile nachzuweisen.

Quantenphysiker wie etwa der renommierte Prof. Dr. Hans-Peter Dürr (bis Herbst 1997 Direktor am Max-Planck-Institut für Physik) vertreten die Auffassung, dass Materie nichts anderes ist als verdichtete Information und damit letztlich ein Gedanke – Bewusstsein. Das Sofa, auf dem Sie gerade sitzen, während Sie dieses Buch lesen, besteht aus einer astronomisch großen Zahl von Atomen, die alle in dem Bewusstsein leben, gemeinsam ein Sofa zu sein. Da im Universum aber alles veränderbar ist, könnten dieselben Atome theoretisch auch das Notebook bilden, auf dem ich gerade schreibe. Ohne Ausnahme eine Frage des Bewusstseins.

Überdies sind die Quantenphysiker inzwischen der Auffassung, dass – betrachtet man das Universum auf subatomarer Ebene – alles miteinander verwoben und letztlich in sich eins ist. Es gibt keine Trennung zwischen mir, Ihnen, der Luft, die wir atmen, oder dem Notebook, auf dem ich schreibe. Prof. Dr. Hans-Peter Dürr sagt es mit diesem knappen Sätzchen: »Es gibt nur das All-Eine.« Das bedeutet, dass es keinen Gott außerhalb der Schöpfung gibt. Prof. Dürr weiter: »Das Interessante dabei ist, dass die Schöpfung selber die Fähigkeit der Neuschöpfung hat. In jedem Moment wird die Welt aufs Neue so geschaffen, wie sie im nächsten Augenblick sein wird. Und wer ist der Schöpfer? Wir alle! Alles ist mit allem verbunden.«

Und wenn wir unterstellen, dass jedes Atom dem Wesen nach ein Gedanke ist, verdichtete Information, und dass alles mit allem verbunden ist – dann heißt dies, ich als Mensch (der ich ja Teil dieser gigantischen »Solidargemeinschaft« bin) vermag von allen Informationen zu profitieren. Ich kann teilhaben an unendlicher Weisheit! Die Physiker nennen das »Quantenteleportation« oder auch »Global Scaling«: – Ich kann teilhaben an jedweder Information im gesamten Universum.

Wenn wir diese physikalischen Erkenntnisse ernst nehmen und verinnerlichen, erklären sich plötzlich Phänomene, die wir bislang für unglaublich hielten. Hellseherei beispielsweise – nichts anderes als angewandte Quantenphysik! Keine Frage, viele der sogenannten Hellseher und Kartenleger sind Scharlatane. Aber ich kenne mittlerweile einige, die tatsächlich die Gabe haben, sich die erstaunlichsten Informationen aus dem Universum abzurufen, die Signale richtig zu deuten und daraus treffsichere Voraussagen zu erschließen. Oder nehmen Sie die Buchreihe »Bestellungen beim Universum« der inzwischen leider verstorbenen Autorin Bärbel Moor. Haha! Selten so gelacht . . . Beim Universum bestellen wie aus einem Versandhauskatalog? Sobald man sich allerdings unvoreingenommen und ernsthaft mit der Methode beschäftigt, erkennt man, was Bärbel Moor meinte:

> Wer beim Universum bestellt, tut im Grunde nichts anderes als sich dort Informationen abzurufen.

Lassen Sie es mich so erklären: Früher, als ich noch weit davon entfernt war, mich mit derartigen Dingen zu befassen, wusste ich dennoch bereits tief in mir drin von diesen Vorgängen. Ich habe es damals im Gespräch mit Freunden und Kollegen oft so formuliert:

> »Wenn du einen sehr starken Wunsch, eine Vision im Kopf hast, trägt dein Unterbewusstsein dich dorthin.«

Erklären konnte ich das nicht. Aber instinktiv wusste ich: Es ist einfach so.

Jahre später hatte ich plötzlich die Vision im Kopf: Ich wollte ein eigenes Hotel besitzen. Ich bin als Journalist viel durch die Welt gereist, habe fast immer in guten Hotels gewohnt, aber in jedem noch so tollen Fünf-Sterne-Haus gab es etwas, das mir nicht gefiel. Irgendwann war ich an dem Punkt, an dem ich sagte: Ich möchte mal mein eigenes Hotel haben, in dem alles so ist, wie ich als Gast es mir wünsche. Ich hatte nicht den Schimmer einer Ahnung, wie ich das anstellen sollte und woher ich das Geld dafür nehmen sollte. Aber die Vision war fortan in meinem Kopf.

Was in den darauffolgenden Jahren passierte, erscheint mir noch heute wie ein Wunder. Ich war schon immer ein Mensch, der sehr bewusst auf sein »Bauchgefühl« hört und seiner Intuition folgt. Und sie führte mich zu den richtigen Menschen, Situationen und Umständen, die in der Summe dafür sorgten, dass ich im Jahr 2006 tatsächlich ein kleines, feines Landhotel auf Mallorca eröffnen konnte. Inzwischen habe ich es leider nicht mehr. Ich war wohl wie die vielen Lottogewinner, die Jahre später von ihrem Gewinn nichts mehr übrig haben. Manchmal ist man einfach nicht in der Lage, sein Glück festzuhalten. Aber das ist eine andere Geschichte. Immerhin: Meine Vision hatte sich erfüllt.

Diese Geschichte, und das von mir persönlich erlebte Wissen erklärten, was Bärbel Moor mit ihren »Bestellungen beim Universum« meint: Im Grunde bestelle ich mir bei der All-Einheit die richtigen Informationen, Intuitionen, die nötig sind, um meine Ziele zu erreichen und meine Wünsche zu erfüllen. Und sei es nur die Information, wann und wie ich wo auftauchen muss, um sprichwörtlich zur richtigen Zeit am richtigen Ort zu sein, an dem gerade das geboten wird, was ich zur Erlangung meiner Ziele brauche.

Diese physikalisch bewiesene All-Einheit ist übrigens auch noch in anderer Hinsicht eine schlichtweg geniale Angelegenheit: Sie löst den wohl größten Irrtum der Weltreligionen auf. Wenn es nämlich so ist, dass Gott uns »nach seinem Bilde erschaffen« hat, dann hat jeder Mensch einen göttlichen Aspekt in sich – und göttlich-magische Schöpferkraft. Ich meine, der große Irrtum der Weltreligionen besteht darin, Gott als eine von uns getrennte »Persönlichkeit« zu konstruieren, die Angst schürt und nur darauf lauert, uns für diverse Sünden büßen zu lassen. Etwa achtzig Prozent aller Kriege der Weltgeschichte waren und sind Glaubenskriege – verursacht durch diesen gigantischen Irrtum, dass es Gott, Allah oder wen auch immer gibt, den ich anbeten und verehren muss und den ich um seine Gnade ersuchen muss. Dem ich nachgeben und gefallen muss. Und von dem ich hoffentlich am Ende meines Lebens belohnt werde. Aber das ist nicht Gott, das ist Blasphemie! Damit haben die Kirchen in der Welt viel Schaden angerichtet – bei unterdrückten Völkern, bei Frauen, auch am World Trade Center in New York. Kein Wunder, dass kaum noch jemand an den alten Mann mit weißem Haar glaubt (na ja, vielleicht gerade noch George Clooney in der Kaffeereklame). Instinktiv fühlen die Menschen, dass an der allgemein gültigen Auffassung der Kirchen was nicht stimmen kann. Sie fühlen, dass das, was die Kirchen predigen, nicht wirklich etwas mit ihnen zu tun hat.

Gleichzeitig finden wir aber zumindest in der christlichen Religion den Inbegriff großer Wissenschaft. Noch nie waren Forscher näher dran an der Erklärung, warum für Jesus ein Senfkorn größer war als das himmlische Königreich. Die einzige Wissenschaft, auf die dieses Gleichnis passt, ist die Quantenphysik, die uns sagt: »Es gibt nur das All-Eine.« Was bedeutet: Gott ist nicht von uns getrennt, sondern in jedem Senfkorn, in jedem Atom – und in jedem von uns. Gott steckt auch im universellen Geist, der alles schöpft. Der universelle Geist ist also in jedem von uns. Was uns zu der Schlussfolgerung führt: Wir alle sind geboren, um Schöpfer zu sein. Schöpfer unserer eigenen Realität. Wir können alles erschaffen. Die Frage ist nur: Was möchten Sie erschaffen?

Wie Sie Ihre Power-Antenne optimal ausrichten

Im süddeutschen Raum begrüßen sich die Menschen meist mit einem herzhaften »Grüß Gott!« Was die wenigsten wissen: Das ist die Kurzform von »Ich grüße das Göttliche in dir!«

Ich möchte Sie bitten, in nächster Zeit allen Leuten, denen Sie begegnen (wirklich allen, auch denen, die Sie nicht ausstehen können!) in die Augen zu schauen. Bekanntlich sind die Augen der Spiegel der Seele. Entdecken Sie durch den Blick in die Augen des anderen den göttlichen Aspekt in ihm. Und denken Sie im Stillen: »Ich grüße das Göttliche in dir.« Praktizieren Sie das in den nächsten Wochen so intensiv und bewusst wie möglich. Ganz konsequent!

Aber wundern Sie sich bloß nicht, warum die Menschen Ihnen plötzlich ganz anders begegnen. Warum auf einmal alle so freundlich zu Ihnen sind. Und Ihnen Türen öffnen. Menschen, die über ihre Power-Antenne diese »Ich grüße das Göttliche in dir«-Botschaft ausstrahlen – das sind genau die, denen man nachsagt, sie hätten »das gewisse Etwas«. Und das sind auch in aller Regel diejenigen, deren Wünsche als erstes erfüllt werden – und die am Ende des Tages am erfülltesten und erfolgreichsten sind.

Wenn Sie die Geheimnisse des Universums entdecken wollen, dann denken Sie in Kategorien von Energie, Frequenz und Schwingung.

Nikola Tesla, Erfinder des Radios und des Wechselstroms

Tag 3
Ausstrahlung eines Gewinners
Wie Sie Ihre energetische Signatur verändern

Gedanken voller Kraft, Zuversicht, Hoffnung und Mut wirken sich augenblicklich auf den Solarplexus aus. Solarplexus bedeutet übersetzt »Sonnengeflecht«. Und tatsächlich ist er eine Kraftquelle wie die Sonne. Wenn Sie ihn mit positiven Gedanken füttern, strahlt er positive Energie auf jeden Körperteil ab (was sich augenblicklich auf Ihren Gesundheitszustand auswirkt!). Menschen mit positiv aktivem Solarplexus haben eine ganz besondere Aura. In ihrer Gegenwart fühlen sich andere, denen es nicht so gut geht, auf der Stelle wohl.

Gestern haben wir gesehen, dass wir mit der Kraft positiver Gedanken und Gefühle wie Liebe, Dankbarkeit, Hoffnung, Zufriedenheit Wasserkristalle zu Sternen formen können. In einigen Tagen werde ich Ihnen erläutern, dass unsere DNA durch gute Gedanken positiv beeinflusst wird – sogar DNA, die sechshundert Kilometer von der Person entfernt war, die die positiven Gedanken ausgesandt hat. So weit reicht die Sendeleistung der Power-Antenne! Nach physikalischen Gesetzen ist diese Kraft sogar unendlich. Das Schöne daran ist: Sie müssen sich diese Kraft nicht erst aneignen. Sie schlummert bereits in Ihnen. Sie brauchen sie nur zu aktivieren.

Unser heutiges Denken beraubt die Menschen häufig der Notwendigkeit eines Verantwortungsgefühls: Unser Leben ist schlecht, weil die Umstände schlecht sind. Wir haben immer weniger Geld übrig, weil alles teurer wird. Und so weiter und so fort. Wenn man die Quantenmechanik aber ernst nimmt, erlegt sie jedem Einzelnen von uns die Verantwortung voll auf. Sie sagt: Die Umwelt ist eine Erweiterung unseres Geistes. Wenn ich also etwas in meinem Geist verändere, wird sich auch in meiner Umwelt etwas verändern. Was in mir ist, produziert die externen Ereignisse in meiner Welt. Wenn ich an Dinge denke, mache ich die Realität konkreter als sie ist. Ich bin Gott! Ich bin hier, um Schöpfer zu sein! Ich schaffe im wahrsten Sinne des Wortes meine eigene Realität. Jeder von uns entscheidet in jeder Sekunde für sich selbst.

Die resultierende Erkenntnis eröffnet uns ganz neue Möglichkeiten, in dieser Welt zu leben. Sie bringt frischen Wind in unser Dasein und macht es erfreulicher: Der wirkliche Trick ist, nicht Spielfigur zu sein, sondern Spieler. Ursache zu sein statt Wirkung.

Ganz sicher hat der Mensch also Einfluss auf seine Realitätswelt. Jeder Einzelne von uns beeinflusst die Realität, die wir sehen. Selbst, wenn wir es verleugnen und Opfer spielen – wir alle tun es!

Die meisten beeinflussen Realität allerdings nicht auf eine beständige und nennenswerte Weise, weil sie einfach nicht glauben, dass sie dies können. Sie formulieren höchstens eine Absicht und radieren sie im Geiste dann wieder aus, weil sie denken: Das ist albern, funktioniert sowieso nicht.

Nichts daran ist albern! Wenn Sie komplett akzeptieren, dass Sie über glühende Kohlen laufen können – geht das dann? Aber sicher! Entscheidend ist, dass Sie wirklich restlos davon überzeugt sind, dass es möglich ist.

Restlos ist dabei das Zauberwort. Lange Zeit war »positives Denken« in aller Munde. Aber das allein reicht nicht, um Realität zu formen. Der Knackpunkt dabei ist nämlich, dass man seine negativen Überzeugungen mit ein paar positiven Gedanken überdeckt. »Positives Denken« ist somit nicht mehr als eine notdürftige Verschleierung unseres negativen Denkens.

Aber wie eliminieren wir dann unser negatives Denken? Gott, ja – damit verbringen zum Beispiel Zen-Mönche nachgerade ihr ganzes Leben in Meditation und kriegen es trotzdem nicht hundertprozentig hin. Aber vom Grundsatz her ist es wie mit einer Suchtkrankheit – negatives Denken ist im Grunde auch eine Sucht. Ein Alkoholiker etwa kann erst von seiner Sucht geheilt werden, sobald er selber akzeptiert, dass er Alkoholiker ist. Man muss seine Krankheit annehmen, seinen Frieden mit ihr machen, sie quasi umarmen, um sie heilen zu können. Denken Sie an den weisen Satz von Buddha: »Das Böse ist das nicht entwickelte Gute.« Folgerichtig ist es für uns wichtig, zu akzeptieren:

> »Ja, ich bin ein in weiten Teilen negativ denkender Mensch. Aber ich liebe mich trotzdem.«

Wenn wir auf diese Weise quasi unseren Frieden mit dem negativen Denken gemacht haben, sind wir in der Lage, es loszulassen und uns keinen Stress mehr damit zu machen. Und dann können Sie darangehen, Ihr Denken zu ändern – und zwar nach demselben Prinzip, wie Sie es erschaffen haben.

Negative Glaubenssätze sind ein Ergebnis Ihrer Erziehung und Ihrer Erfahrung. Wenn Ihre Eltern Ihnen lange genug eingeredet haben: »Du bist zu allem fähig und zu nichts zu gebrauchen«, dann haben Sie das irgendwann geglaubt. Wenn Ihre Lebenserfahrung Ihnen lange genug eingetrichtert hat: »Du gibst permanent mehr Geld aus, als du einnimmst; folglich ist dein Konto pausenlos in den Miesen«, dann glauben Sie das, und im Ergebnis produzieren Sie immer wieder diese Realität. Ihre Gedanken, die Ihres Umfelds, Ihre Aussagen und der Film, der in Ihrem Inneren ständig abläuft, Ihr innerer Dialog – all das zusammen hat Ihre Überzeugungen und Ihre Verhaltensweisen generiert. Und auf dieselbe Weise können Sie sie auch ändern: Nähren Sie Ihren Geist ab sofort nur noch mit positiven Gedanken und Aussagen.

Ersetzen Sie beispielsweise den Glaubenssatz »Du bist zu allem fähig und zu nichts zu gebrauchen«
durch:
• »Ich verhundertfache den Wert meiner Persönlichkeit.«
Oder durch:
• »Was ich wirklich will, bekomme ich auch!«
Oder durch:
• »Ich beweise Ausdauer, bis ich alles erreicht habe, was ich mir wünsche.«

Den Glaubenssatz »Ich habe immer nur Miese auf dem Konto« ersetzen Sie durch:
• »Ich kreiere mehr Geld, als ich ausgebe.«

Sprechen Sie sich diese Formeln mehrmals täglich laut vor – gleich morgens nach dem Aufwachen und abends beim Zubettgehen und möglichst auch tagsüber zwischendurch – wann immer Sie die Muße dafür haben. Wichtig: Stellen Sie sich die Zustände, die Sie mit den positiven Sätzen verbinden, mit all Ihren Sinnen vor, bauen Sie ein mentales Bild davon vor Ihrem geistigen Auge auf. Das Gehirn denkt in Bildern! Und nehmen Sie die dazugehörigen Gerüche wahr, fühlen Sie im Geiste die verschiedenen Materialien und Oberflächen und denken Sie an die Empfindungen, an die Eindrücke und Emotionen, die diese Formeln in Ihnen wecken. Sie werden feststellen: Je länger, je konzentrierter, je konsequenter Sie Ihren Geist mit den positiven Vorstellungen füttern, desto nachhaltiger gehen diese Glaubenssätze in Ihr Unterbewusstsein über. Es mag naiv klingen, aber das Allerbeste, das Sie tun können, ist: alles gut finden – egal wie schlecht es auch ist. Irgendwann gibt das Leben auf und liefert Ihnen nur noch Gutes.

Wenn wir schon bei Suchtkrankheiten sind: Ganz ähnlich funktioniert das mit dummen Angewohnheiten, die Sie abstellen wollen. Und mit allem anderen Negativen, das Sie aus Ihrem Leben verbannen möchten. Fokussieren Sie Ihre Gedanken auf das, was Sie wirklich wollen. Und dann visualisieren Sie vor Ihrem geistigen Auge, wie Ihr Leben ohne dumme Angewohnheit aussieht, ohne das Negative, das Sie eliminieren möchten. Stellen Sie sich vor, wie Sie dann leben – in so vielen Szenen, wie Ihnen nur einfallen. Das Negative, das Sie belastet, muss in diesen komplett fehlen. Stellen Sie sich vor, wie glücklich und frei Sie sich dann fühlen. Schließen Sie die Augen und lassen Sie immer wieder diesen Film in Ihrem Kopfkino ablaufen:

• Wie glücklich bin ich?
• Wie stolz bin ich?
• Wie hüpft mein Herz?
• Wie dankbar bin ich?

> Stellen Sie diese Gefühle in sich her, ganz als sei das Gewünsch-
> te schon eingetroffen. Wenn Sie diese Methode konsequent
> und konzentriert anwenden, garantiere ich Ihnen: Das Ge-
> wünschte *wird* eintreffen!

Das ist ganz simpel Quantenphysik in Aktion!

Diese Denkweise ermöglicht uns, nicht länger in einer festgelegten
Realität fest zu hängen. Denn wenn wir mithilfe unseres Bewusstseins Realität erschaffen können, ergibt sich daraus auch die Möglichkeit, unsere Lebenswirklichkeit zu verändern, sie besser und
glücklicher zu machen.

Je tiefer man in dieses Mysterium eindringt, desto mehr stellt
sich heraus, dass jeder Mensch sich seine eigene Wahrheit selbst
kreiert. Man kann das beispielsweise gut bei wissenschaftlichen For-
schungsreihen beobachten: Ein Wissenschaftler, der einen Versuch
startet und glaubt, dass das Ergebnis so und so ist, wird höchst-
wahrschein-lich auch den Beweis bekommen, dass es so und so ist.

Oder ziehen wir es auf eine viel banalere Ebene – mit einem
Beispiel, das jeder kennt. Menschen, die sagen:»Ich stehe im Supermarkt immer in der falschen Schlange an der Kasse. Immer in
der, wo's am langsamsten geht.« Wer so denkt, wird sich tatsächlich
jedes Mal hier wiederfinden. Während ich in der Schlange stehe, in
der es ratzfatz geht – weil ich das in meinem Denken einfach so
vorweggenommen habe.

Anderes Beispiel: Ich kenne eine Frau, die ihre Reisen vornehmlich
mit dem Auto macht, weil sie felsenfest davon überzeugt ist, dass
die Deutsche Bahn nix taugt – obwohl sie mit der Bahn noch nie
schlechte Erfahrungen gemacht hat. Kürzlich musste sie gezwun-

genermaßen für eine Fahrt quer durch Deutschland die Bahn nutzen. Auf dieser Reise ist alles, aber auch wirklich alles schiefgegangen, was man sich nur vorstellen kann. Es gipfelte darin, dass in dem Nachtzug, den sie benutzte, kein Platz für sie war und der Schaffner sie im Fahrradabteil »parkte«. Und beim Umsteigen in Fulda wurde sie nachts um zwei auch noch von der Polizei einer entwürdigenden Personenkontrolle unterzogen. Das ist das, was man eine »sich selbst erfüllende Prophezeiung« nennt. Ich hingegen mache fast all meine Geschäftsreisen mit der Bahn (ein großer Teil dieses Buches ist in diversen ICEs entstanden), ich mag die Bahn – und folglich mache ich auch fast ausschließlich positive Erfahrungen auf meinen Reisen.

Das ist jetzt eine gute Gelegenheit für Sie, mal zu überprüfen, wo Ihnen solche Dinge passieren. Begebenheiten, bei denen Sie sagen: »Warum eigentlich immer ich? Warum passiert immer mir das? Und warum immer wieder?« – Worauf fokussieren Sie Ihre Konzentration und Ihre Gedanken? Und dann können Sie sich darauf konzentrieren, diese Prozesse umzukehren, die negativen, sich selbst erfüllenden Prophezeiungen umzudrehen in positive – und dann erleben, dass Ihnen auch die positiven Dinge widerfahren!

Sie werden dazu ein wenig Fantasie brauchen. Wenn Sie eine sich selbst erfüllende Prophezeiung loswerden wollen, dann ersetzen Sie die alten Erinnerungen und Gefühle durch neue Gedanken und neue freudige Gefühle. Tun Sie das immer und immer wieder – so lange, bis Sie fühlen, dass sich Ihre negativen Empfindungen zu dem jeweiligen Thema aufgelöst haben.

Ich möchte Ihnen nahelegen, achtsam auf Ihr Leben zu schauen. Achtsam zu überlegen: Warum geschieht mir das jetzt? Das, was Ihnen passiert, hat immer eine Ursache. Bewusstseinsforscher sprechen hier gern von »Synchronizität«. Der Mental-Trainer Roy Martina nennt es »Sofort-Karma«: Was Sie in Ihrem Geist verursachen, wird teilweise prompt geliefert. Das können die berühmten Parkplätze sein, die man sich laut der verstorbenen Autorin Bärbel Mohr beim Universum bestellen kann. Es können aber auch gescheiterte Projekte in Ihrem Beruf sein. Womöglich hatten Sie Angst vor einem Scheitern. Und das, wovor Sie sich fürchten, wird Ihnen ebenso prompt geliefert. Die Ursache für das, was Ihnen widerfährt, haben Sie meist selbst gesetzt.

Also nehmen Sie sich die Zeit, sich ab und an mal neben sich zu stellen; betrachten Sie sich selber. Aber seien Sie dabei bitte ehrlich zu sich selbst! Der weise Goethe sagte einmal:

> »Du bist der Schauspieler deines Lebens. Du bist aber auch der Regisseur deines Lebens. Du bist der Bühnenbildner deines Lebens. Du bist der Kostümbildner deines Lebens. Und: Du bist auch der Zuschauer deines Lebens.«

Deshalb: Begeben Sie sich gelegentlich mal aus Ihrem Leben heraus in den Zuschauerraum und sehen Sie sich an, was auf der Bühne Ihres Lebens vonstatten geht. Ich bin sicher: Dabei werden Sie eine Menge über sich selbst erfahren.

Dass Sie ehrlich zu sich selber sind, ist absolut elementar, weil Ihre Power-Antenne absolut authentisch ist. Sie strahlt Ihre Gefühle aus. Wenn Sie etwas denken, in sich aber das Gegenteil fühlen, wird letztendlich das geschehen, was Sie empfinden. Menschen, die Sie in Ihr Leben ziehen, werden zwar kurzfristig auf das reagieren, was Sie sagen. Auf längere Sicht werden sie aber spüren, was Sie wirklich fühlen, und das wirkt dann wie ein Programm im Unterbewusstsein derjenigen, die in Ihr Leben getreten sind.

In der Bewusstseinswissenschaft geht man davon aus, dass alles, was mein Bewusstsein erreicht und was ich als akzeptabel, als Wahrheit annehme, in meinem eigenen Bewusstsein tatsächlich zur Realität wird. Wenn ich beispielsweise zutiefst an einen Engel glaube, der mich beschützt, dann habe ich mir diesen durch meine Gedanken erschaffen; und er wird mich tatsächlich beschützen. Manche Menschen haben einen Talisman, oftmals ganz simpel einen Stein, den sie an einer Kette um den Hals tragen. Wenn ich meine gesamte Bewusstseinsenergie darauf konzentriere, dass dieser Stein mich beschützt, dann ist er tatsächlich in der Lage, mich zu schützen. Wenn ich den Stein aber einem anderen Menschen gebe, hat er überhaupt keine Wertigkeit mehr. Es sei denn, dieser andere glaubt auch daran. Ich empfehle aber: Jeder sollte sich lieber seinen eigenen Stein suchen.

Oder nehmen Sie die Schweizer, die Wilhelm Tell als großen Nationalhelden feiern: Er hat sie befreit, er hat ihnen Eigenständigkeit verliehen. Bloß: Wilhelm Tell hat nie gelebt! Aber in dem Moment, in dem ich ihn sozusagen als allegorisches Bild setze für Freiheit, Brüderlichkeit, für schweizerisches Nationalgefühl, hauche ich ihm Leben ein und setze seine Kräfte frei. Auch hier sind Gedanken Kräfte, die das Leben formen und schöner machen. Der Glaube versetzt nun mal Berge. Sogar die in der Schweiz . . .

Innerhalb der All-Einheit gibt es buchstäblich verschiedene Welten: die makroskopische Welt, die Welt unserer Zellen, die Welt unserer Atome. Alles ganz verschiedene Welten mit eigener Sprache und eigener Physik. Jede dieser Welten ist völlig anders, aber sie ergänzen einander – weil ich meine Atome bin. Aber ich bin auch meine Zelle. Ich bin auch meine makroskopische Physiognomie. Das ist alles wahr. Es gibt ganz einfach nur verschiedene Ebenen der Wahrheit. Die tiefste Ebene der Wahrheit, die von

Wissenschaft und Philosophie gleichermaßen entdeckt wurde, ist die fundamentale Wahrheit der Einheit:

> Auf der tiefsten subnuklearen Ebene unserer Realität sind du und ich eins.

Dass alles eins ist und – auch auf große Distanzen – miteinander verbunden, zeigte ein spannendes Experiment. Man legte ein Stück Käse in ein Labyrinth und schickte Ratten hinein. Das Experiment wurde in mehreren Städten rund um die Welt in immer der gleichen Versuchsanordnung, aber mit den jeweils einheimischen Ratten durchgeführt. Man schickte die Tiere immer an derselben Stelle in das Labyrinth.

Als eine gewisse kritische Masse jener Nager erreicht war und die Ratten in Europa den Weg zum Käse herausgefunden hatten, mussten auch die in Übersee nicht mehr lange suchen: Blitzschnell und ohne Umwege gelangten sie zum Käse. Es war, als hätten die Ratten in Europa des Rätsels Lösung zu den Artgenossen in Asien gefunkt.

Welche Schlussfolgerung können wir nun aus dieser Denkweise ziehen? Der amerikanische Gehirnforscher Dr. Joe Dispenza nutzt diese Kernidee für eine ganz eigene Art, seine persönliche Lebenswirklichkeit zu verändern: »Es ist erwiesen, dass unser Gehirn einen spirituellen Teil hat, zu dem wir alle Zugang haben. Diese Tatsache müssen wir nur akzeptieren und dann was daraus machen. Wenn ich morgens aufwache, erschaffe ich meinen Tag bewusst nach meinen Wünschen. Manchmal, wenn ich im Geiste alles durchgehe, was ich heute erledigen will, dauert es eine Weile, bis ich an den Punkt komme, an dem ich das Gefühl habe, dass ich tatsächlich meinen Tag im Geiste schon vorweggenommen habe. Aber wenn ich meinen Tag auf diese Weise erschaffen habe, dann passieren kleine, unerklärliche, unvorhergesehene Dinge, die mich dem Erreichen meiner Tagesziele näherbringen. Und dann weiß ich, dass sie das Ergebnis meiner Schöpfung sind. Da kommt beispielsweise ein freundlicher Telefonanruf, der mir eine Lösung für mein Problem eröffnet. Oder ich begegne Personen, die mich weiterbringen. Das mögen andere Menschen Zufälle nennen – ich nenne es eher »Hilfe durch das Quantenfeld«. Je länger man sich mit dieser Methode beschäftigt, desto mehr baut man in seinem Gehirn ein Neuronetz auf, das dazu führt, dass ich akzeptiere, dass das möglich ist. Es gibt mir die Fähigkeit und den Anreiz, es am nächsten Tag wieder zu tun.«

Wie Sie Ihre Power-Antenne optimal ausrichten

Machen Sie sich einen Sport daraus, jeden Tag mindestens einem Menschen etwas Gutes tun und ihn mindestens zum Lächeln zu bringen. Möglichst einen Unbekannten. Und machen Sie es so, dass er gar nicht weiß, von wem er das Gute bekommen hat. Was bedeutet: Sie tun etwas Gutes, ohne eine Gegenleistung zu erwarten. Bitten Sie beispielsweise den Kellner im Restaurant, der Dame zwei Tische weiter auf Ihre Kosten ein Glas Wein zu servieren, ihr aber nicht zu sagen, wer der freundliche Spender ist. So ganz nebenbei bringen Sie damit auch noch den Kellner zum Lächeln. Oder bezahlen Sie einem Kind, das in der Schlange vor der Kinokasse hinter Ihnen steht, eine Eintrittskarte. Damit bewirken Sie zweierlei: Sie zeigen Wertschätzung und setzen damit eine Welle der Positivität in Bewegung. Denn wenn die beglückte Person nicht weiß, wer ihr so viel Gutes hat widerfahren lassen, und sich nicht bei Ihnen bedanken kann, wird sie im besten Falle das Bedürfnis haben, einem anderen Menschen etwas Gutes zu tun. Und zum Zweiten übermitteln Sie Ihrem Unterbewusstsein die Nachricht: »Es geht mir so gut, dass ich anderen von meinem Glück etwas weitergeben kann, und dafür bin ich dankbar.« Ihr Unterbewusstsein wird diese Botschaft per Power-Antenne ins Universum senden – und gemäß dem Gesetz der Anziehung noch mehr Gutes in Ihr Leben ziehen.

Weiten Sie auf jeden Menschen, egal wie unbedeutend der Kontakt ist, alle Fürsorge, alles Verständnis und alle Liebe aus, die Sie aufbringen können, und tun Sie es ohne Gedanken an eine Gegenleistung. Ihr Leben wird nicht mehr dasselbe sein.

Og Mandino, Autor

Tag 4
Das Gesetz der Fülle

Der universelle Geist spendet Leben, Liebe und paradiesische Schönheit. Und zwar in Hülle und Fülle! Er geht damit nahezu verschwenderisch um. Das finden Sie bereits auf Ihrem Balkon, im Garten, im Wald, im Gebirge, am Bach oder dem See und in freier Natur. Doch wenn sich Ihnen die Möglichkeit bietet, unternehmen Sie eine Reise in den afrikanischen Busch oder in den thailändischen Dschungel. Schauen Sie sich dort einfach mal intensiv Pflanzen und Tiere an. Nehmen Sie ursprüngliche Natur ganzheitlich wahr: Wenn Sie einmal die Blüten- und Farbenpracht im Dschungel erlebt haben, wenn Sie gesehen haben, wie bunte Papageien frei durch den Urwald fliegen – dann verstehen Sie ein bisschen von dem, wie das Leben gemeint ist. Es ist Leben in der Fülle. Auch Sie sind dazu bestimmt, ein Leben in Fülle zu führen.

Gedanken an Armut, Not, Sorgen, Krankheit etc. sind vollkommen überflüssig. Im Gegenteil: Sie sind in höchstem Maße destruktiv. Da Denken ein schöpferischer Prozess ist, erzeugt das Denken an Mangel noch mehr Mangel. Bestes Beispiel: die Krux mit Hartz IV. Das ist nichts anderes als Mangelverwaltung und wird deshalb immer mehr Mangel hervorbringen. Bis zu dem Tag, an dem uns unser wunderschönes Sozialsystem unweigerlich in den Staatsbankrott führen wird, weil unentwegt Geld ausgegeben wird, das wir nicht haben. Aber das nur nebenbei . . .

Es geht an diesem vierten Tag darum, zu verstehen und zu verinnerlichen, dass unser Leben als eines in Fülle gemeint ist. Um das zu erreichen, muss das Denken gestärkt und von Negativität gereinigt werden.

Unlängst habe ich eine interessante Meinungserhebung gelesen: »Die zehn wichtigsten Wünsche der Deutschen«. Auf Platz eins: »Soziale Sicherheit«. Erst auf Platz sechs: »Reichtum und Wohlstand«. Ein Ergebnis, das mich einigermaßen erschüttert. Ich behaupte: Wäre es umgekehrt, hätten wir weitaus weniger Hartz-IV-Empfänger. Der Wunsch nach sozialer Sicherheit ist nichts anderes als Mangeldenken: Angst vor Arbeitslosigkeit und finanziellem Abstieg. Wer so denkt, wird sich mit ziemlicher Sicherheit irgendwann tatsächlich auf der Abstiegsleiter wiederfinden. In dem Film »The Secret« gibt es die wunderschöne Szene, in der ein junger Mann fein sorgfältig sein Fahrrad an einen Laternenmast kettet – aus Angst, der Drahtesel könnte gestohlen werden. Als er wiederkommt, hängt nur noch das Vorderrad traurig an dem Laternenpfahl. Wenn Sie sich in Ihrem Umfeld genauer umschauen, endecken Sie Menschen, von denen man sagt: »Der zieht das Unglück irgendwie magisch an.« Und wenn Sie noch genauer hinschauen, werden Sie feststellen, dass es ausnahmslos solche sind, die sich mit Sorgen und Ängsten plagen.

> Nach der Liebe ist Angst die stärkste Kraft in unserer Gefühlswelt.

Falls Sie in dem Programm, das Ihre Power-Antenne abstrahlt, einen »Virus« vermuten, ist es mit ziemlicher Sicherheit eine Form von Angst. Das ist nicht weiter schlimm; entscheidend ist lediglich Ihr Umgang damit. Für einen Menschen, der sich weiterentwickeln will, ist dieses Gefühl sogar sehr nützlich. Angst ist ein perfekter Hinweis darauf, wo im Programm Ihrer Power-Antenne etwas schiefläuft. Angst ist wie ein Finger, der auf einen Fehler im Programm hindeutet. Auf den, der die Ursache für unerwünschte Ereignisse in Ihrem Leben ist. Und sobald Sie den Fehler kennen, können Sie ihn ausbessern.

Die Frage ist: Wie befreit man sich von Negativität, von Sorgen und Ängsten? Zunächst, indem man sich ihrer bewusst wird. Und ihrer Funktionsweise.

• Was befürchten Sie am meisten?
• Was glauben Sie was früher oder später ganz bestimmt passieren wird?
• Und nun fragen Sie sich mal ebenso ehrlich wie kritisch: Stimmt das ganz sicher?
• Oder sind diese Befürchtungen nur ein Produkt Ihrer Fantasie?
• Vielleicht beruhen sie auch nur auf Vorurteilen?
• Ist es wirklich wichtig für Ihr Leben, das, wovor Sie Angst haben, abzulehnen?
• Vielleicht könnten Sie ja auch *mit* dem, wovor Sie sich ängstigen, ganz gut leben?
• Und wollen Sie diese Befürchtungen wirklich in die Ausstrahlung Ihrer Power-Antenne hineindenken?

Machen Sie sich noch einmal die Geschichte mit dem Menschen bewusst, der sein Fahrrad ankettet und am Ende des Tages nur noch den Vorderreifen hat. Der entscheidende Punkt ist: Mit dem Angst-Programm auf Ihrer Power-Antenne ziehen Sie mit größter Wahrscheinlichkeit genau das an, wovor Sie sich fürchten, und müssen sich immer wieder dagegen zur Wehr setzen. Also meinen Sie nicht auch, es ist besser, die Angst einfach loszulassen? Sich keinen Kopf mehr darüber zu machen?

Beobachten Sie nicht auch, dass Menschen, die sich kaum mit etwas belasten, viel leichter durchs Leben kommen? Die gelten zwar oft als »oberflächlich« und »gedankenlos«. Aber schauen Sie sich die wirklich erfolgreichen Zeitgenossen an, und suchen sich dann die Menschen, die mit eigener Hände Arbeit Millionäre geworden sind: Ich jedenfalls kenne keinen einzigen, der sich mit einer ängstlichen, gramvollen, gedankenverlorenen Haltung selber im Weg steht. Es sind samt und sonders positive Zeitgenossen, die leichtfüßig und voller Tatendrang das tun, was sie lieben.

Wenn Sie sich also unsicher sind, wie Sie sich angesichts Ihrer Ängste entscheiden und/oder handeln sollen, wenn Sie Sorgen und andere unschöne Gedanken in ihr Gegenteil umwandeln wollen, dann stellen Sie sich eine klitzekleine Frage: Was würde Liebe jetzt tun? Was würde die Liebe zu meinem Partner jetzt tun? Was würde die Liebe zu meiner Arbeit jetzt tun? Was würde die Liebe zum Leben jetzt tun?

Stellen Sie sich diese Frage und horchen in sich hinein. Fühlen Sie, was sich in Ihnen tut!

- Würde die Liebe wollen, dass Sie sich selbst das antun, worum es in Ihrem Thema gerade geht?
- Würde Liebe wollen, dass Sie so viele unschöne Gefühle in sich erzeugen?
- Würde Liebe wollen, dass Sie sich immer wieder selbst wehtun?

- Würde Liebe zum Beispiel wollen, dass Sie einer Arbeit nachgehen, an der Sie keine Freude haben?

Machen Sie sich klar:

> Je mehr Sie bleiben lassen von dem, was nicht gut und liebevoll zu Ihnen ist, desto mehr werden Sie finden, wonach Sie suchen.

Ein zuverlässiges Mittel gegen Angst ist: Entscheiden Sie sich, ab sofort ein kraftvoller, mutiger Mensch zu sein! Treffen Sie ohne Wenn und Aber diese Entscheidung. Denn Ihre Klarheit bestimmt die kraftvolle Ausstrahlung Ihrer Power-Antenne!

Auf meinen Reisen durch Afrika bin ich zu einem großen Verehrer Nelson Mandelas geworden, des ersten farbigen Präsidenten Südafrikas. In seiner Antrittsrede sagte er etwas, das gut zu unserem Thema des heutigen Tages passt:

»Unsere größte Angst ist nicht, unzulänglich zu sein. Unsere größte Angst ist, grenzenlos mächtig zu sein. Unser Licht, nicht unsere Dunkelheit ängstigt uns am meisten. Wir fragen uns: Wer bin ich denn, dass ich so brillant sein soll? Aber wer bist du, es nicht zu sein? Du bist ein Kind Gottes. Es dient der Welt nicht, wenn du dich kleinmachst. Sich kleinzumachen, nur damit sich andere um dich herum nicht unsicher fühlen, hat nichts Erleuchtetes. Wir wurden geboren, um die Herrlichkeit Gottes, der in uns ist, zu manifestieren. Er ist nicht nur in einigen von uns, er ist in jedem Einzelnen. Und wenn wir unser Licht scheinen lassen, geben wir damit unbewusst anderen die Erlaubnis, es auch zu tun. Wenn wir von unserer eigenen Angst befreit sind, befreit unsere Gegenwart automatisch die anderen.«

Auch wenn sich das in Ihren Ohren vielleicht (noch) zu salbungsvoll anhört: Ich möchte, dass Sie sich am Ende dieses Buches als ein »Erleuchteter« fühlen. Im wahrsten Wortsinn: Ich strebe an, dass Ihnen bei der Lektüre die sprichwörtliche »Erleuchtung« kommt. Ich strebe an, dass Sie das Geheimnis des Lebens verstehen lernen. Und aufhören, sich selber kleinzumachen. Je mehr Sie erkennen, welch wundervolles Werkzeug Ihre Power-Antenne und deren Ausstrahlung sind, desto mehr werden Sie kraftvoll und bewusst Ihre Gegenwart und Zukunft gestalten. Der Wunsch, seine Persönlichkeit auszuprägen und weiterzuentwickeln, ist ebenso progressiv wie der nach Reichtum und Wohlstand und der in Fülle zu leben – absolut in Einklang mit dem universellen Geist.

Auf meinem Schreibtisch steht seit Jahren eine Orchidee. Ich bewundere voller Demut, wie der universelle Geist diese Pflanze immer wieder aufs Neue erblühen lässt – prächtig und farbenfroh. Genauso ist Ihr Leben vorgesehen: prächtig und farbenfroh. Also lassen Sie es gefälligst erblühen, anstatt sich in Sorgen und Ängsten zu ergehen. Erheben Sie sich über Beschränkungen!

Wie Sie Ihre Power-Antenne optimal ausrichten

Wenn Ihr Leben noch nicht so freudvoll verläuft, wie Sie sich das wünschen, dann deshalb, weil Sie sich noch nicht wirklich darum bemüht haben. Dafür wird's jetzt Zeit! Schreiben Sie folgenden Satz auf ein Stück Papier:

»Ich kann sein, was immer ich sein will!«

Hängen Sie sich dieses Papier irgendwo hin, wo sie es häufig sehen. Malen Sie sich von jetzt an jeden Tag möglichst präzise aus, was, wer und wie Sie gern sein möchten. Welche Art zu leben streben Sie an? Vervollkommnen Sie dieses Bild vor Ihrem geistigen Auge stets und ständig – bis es perfekt ist!

Es ist so, dass Sie ein behütetes Leben führen dürfen und immer vor allem Schaden bewahrt bleiben. Es ist so, dass Sie zu einer positiven Kraft werden, wodurch Umstände von Wohlstand und Harmonie zu Ihnen herangezogen werden.

Charles F. Haanel, Autor der Neugeistbewegung

Tag 5
Das Geheimnis der guten Laune

Wir haben erkannt, dass negatives Denken noch mehr Negatives in unserem Leben erzeugt. Und ebenso gilt der Umkehrschluss: Wenn ich mich wohlfühle, wenn ich gute Laune habe, generiere ich noch mehr Positives in meinem Leben.

Nun kann man sich fragen: Wie schaffe ich es, permanent gute Laune zu haben? Letztlich ist das reine Trainingssache. Erinnern Sie sich an unser Dankbarkeitsritual vom ersten Tag. Wenn Sie das jeden Morgen praktizieren, garantiere ich Ihnen, dass Sie fortwährend besser gelaunt in den Tag starten.

Und dann gibt es noch einen einfachen Trick: Beobachten Sie mal Kinder. Sie kommen von Natur aus ganz entspannt zur Welt. Und entsprechend verhalten sie sich. Die Mutter, die mit ihrem Säugling zum Baby-Schwimmen geht, kann mit ansehen, wie ihr Kleines binnen Sekunden beginnt zu schwimmen. Das Baby weiß nicht, dass Wasser lebensgefährlich sein kann. Es weiß ebenso wenig, dass es nicht schwimmen kann – es tut's einfach! Erst viel später übertragen sich Ängste und destruktive Verhaltensweisen auf den Nachwuchs; die Kinder kopieren sie – und gelangen so zu negativen Verhaltensmustern und Glaubenssätzen, mit denen sie später ihrem eigenen Glück im Wege stehen.

Mein Lieblingstier ist die Hummel. Eine »handelsübliche« Hummel hat ein Eigengewicht von 1,2 Gramm und eine Flügelfläche von 0,7 Quadratzentimetern. Nach allen bislang bekannten aerodynamischen Gesetzmäßigkeiten ist es vollkommen unmöglich, bei diesem Verhältnis zu fliegen. Aber die Hummel weiß das nicht – und fliegt einfach.

Und ich verrate Ihnen einen weiteren Trick, wie Sie gute Laune in sich erzeugen können: Leben Sie für den Augenblick! Hören Sie auf, über Vergangenes zu grübeln, das nicht so gut gelaufen ist. Hören Sie auf, sich über die Zukunft Gedanken zu machen. Leben ist das, was *jetzt* ist. Und nun fühlen Sie in sich hinein. Schauen Sie nach, wie Sie sich fühlen – *jetzt*, in *diesem* Augenblick. Sie werden eine erstaunliche Entdeckung machen, und ein Lachen wird in Ihr Gesicht treten: *Jetzt*, in *diesem* Augenblick, sind Sie glücklich! Sie empfinden das Leben als Geschenk! Und je mehr Sie *Jetzt* lieben und genießen, was Sie haben – denn das ist das Einzige, das Sie tatsächlich haben! – desto mehr Glück werden Sie verspüren und über Ihre Powerantenne ausstrahlen. Und desto mehr Gutes werden Sie in Ihr Leben ziehen!

Eine fundamentale Lebensweisheit habe ich von meinem Finanzberater gelernt. Wir unterhielten uns über kurzfristige und langfristige Geldanlagen. Und er sagte:

> »Kurzfristig ist das, was jetzt ist. Langfristig sind wir alle tot.«

Boing!!! Ich schwöre Ihnen: Wenn Sie diesen Grundsatz verinnerlicht haben, gehen Sie sehr viel unbeschwerter durchs Leben.

Beobachten Sie mal Menschen, die kreativ arbeiten. Ich habe zum Beispiel neulich restlos begeistert dem Geiger David Garrett zugeschaut. Wie versunken er in seine Musik war. Er hat nur für diesen Augenblick gelebt, in dem er ein unglaublich schönes Stück spielte. Er hat vollkommen im Jetzt gelebt – und diese Innigkeit, diese Begeisterung überträgt sich auf den Zuhörer. Und: Genauso können Sie auf Ihre Umgebung wirken und zum Beispiel auf die Menschen, mit denen Sie arbeiten – indem Sie jeden Augenblick Ihres Lebens lieben!

Hören Sie auf alle Fälle auf, sich in unangenehmen Erinnerungen aus der Vergangenheit zu suhlen. Jeder von uns kennt zum Beispiel Menschen, die penetrant ihre Kriegserinnerungen erzählen. Indem sie das tun, erzeugen sie fortwährend negative Gefühle, für die es im Jetzt keinen Grund gibt. Schlimmer noch: Sie programmieren ihre Power-Antenne darauf, mit ihrer Ausstrahlung immer mehr negative Erlebnisse anzuziehen. Das blockiert sie für Neues. Was schade ist – denn das Leben beginnt in jedem Moment neu.

In jedem einzelnen Augenblick habe ich die Chance, meine Lebensumstände zu verbessern.

Also ist es doch besser, zu erkennen, dass negative Erlebnisse nichts weiter sind als Erinnerungen. Ich kann sie lassen, wo sie sind, und mein Leben ab jetzt neu denken.

Wenn Sie sich einmal dazu durchgerungen haben, für den Augenblick zu leben, werden Sie das Dasein immer mehr als Geschenk erfahren und dankbar dafür sein. Sie werden herausfinden, was heute, jetzt und hier die Geschenke des Lebens für Sie sind. Sie werden es lieben. Und – ganz sicher: Sie werden sich selber lieben! Und genau deshalb werden Sie aufhören, Dinge zu tun, mit denen Sie sich selbst verletzen. Je mehr Sie sich selber lieben, desto präsenter wird dieses Programm auf Ihrer Power-Antenne. Und umso mehr Menschen werden Sie anziehen, die sich auch selber lieben und sich deshalb in Ihrer Gesellschaft wohlfühlen.

Wer sich mag – um nicht zu sagen: wer sich selber liebt – der hört ganz automatisch auch die Stimme der Intuition, die ihm den Weg zum Erfolg weist. Um zu einem erfüllten, erfahrenen, erfolgreichen Menschen zu werden, ist es hilfreich, sich in eine optimale Grundstimmung zu versetzen. Dazu wiederum ist es von Nutzen, sich bei allem, was Sie tun, zu fragen: Ist es liebevoll mir selbst gegenüber, das jetzt zu tun? Gibt mir das, was ich tue, wirklich ein Empfinden von Freiheit, Sicherheit, Frieden und Ruhe? Denn letzlich ist es dieses Gefühl, das wir immer anstreben: sich gut mit sich selber zu fühlen! Einfach nett zu sich selber zu sein!

Es gibt so einige Möglichkeiten, die eigene Grundstimmung und damit auch die persönliche Energie auf ein höheres Level zu heben. Fragen Sie sich jeden Abend beim Schlafengehen:

Was war das Geschenk dieses Tages?

Vielleicht empfinden Sie es ja schon als Geschenk, dass Sie in einer weichen Bettwäsche einschlafen dürfen. Vielleicht empfinden Sie es als Geschenk, dass Sie an einem Computer arbeiten und nicht irgendwo an einem Fließband Müll sortieren müssen. Vielleicht empfinden Sie es als Geschenk, dass Sie dieses Buch lesen und dadurch Anregungen bekommen, die Ihr Leben aufwerten. Vielleicht empfinden Sie es als Geschenk, dass Sie innerlich zunehmend unabhängig und frei sind.

Sie spüren: Wenn Sie gut zu sich selber sind, dann sind Sie es zunehmend auch für andere. Das ist eine schöne Erfahrung und ein Geschenk. Und weil Sie ein gut erzogener Mensch sind, bedanken Sie sich tunlichst für all die Geschenke. Ja, empfinden Sie ganz bewusst Dankbarkeit! Schauen Sie nicht mehr auf den Mangel, sondern erkennen Sie, wie viel Wunderbares Sie schon in Ihrem Leben haben!

Sich der schönen Dinge bewusst zu sein, die Sie hier und jetzt haben, ist eine ganz wichtige Übung. Wenn Sie nämlich immer nur das Schlechte sehen, laufen Sie Gefahr, dass Sie sich daran gewöhnen und automatisch immer wieder die düsteren Gelegenheiten wählen anstatt die lichtvollen – weil Ihr Innerstes sich der eigenen miesen Stimmung näher fühlt. Widmen Sie sich ganz bewusst der Lebensverschönerung! Tun Sie Dinge, die Ihr eigenes Leben und/ oder das ihrer Mitmenschen verbessern. Fühlen Sie in sich hinein, wie sich Ihr Energieniveau anhebt.

Je mehr Sie so leben, desto mehr werden Sie merken, dass sich Konflikte einfach auflösen. Sie erkennen, dass Sie es gar nicht nötig haben, sich überhaupt auf Konflikte einzulassen. Wenn Ihnen ein Mensch querkommt, denken Sie im Stillen: »Ich muss nicht jeden Quatsch kommentieren« – und wenden sich einfach ab. Wenn Sie sich selber lieben und nett zu sich sind, dann sind Sie deutlich weniger verletzbar. Sie klammern nicht mehr, weil Sie die Abhängigkeit von einem anderen Menschen oder von Materiellem durch Selbstliebe auflösen. Sie tun Dinge, die Ihnen Spaß bringen und Sie erfüllen, und machen die erstaunliche Feststellung, dass Ihnen immer mehr Gutes zufließt. Und je mehr Sie diese Liebe zu sich selbst ausstrahlen, desto mehr registrieren Sie, dass auch die Menschen in Ihrem Umfeld viel freundlicher mit Ihnen umgehen. Das hat mit den Spiegelneuronen im Gehirn zu tun – dazu übermorgen mehr. Aber beobachten Sie mal, wie Menschen auf Sie reagieren, sobald Sie sich bewusst selber lieben und nett zu sich sind. Schauen Sie, wie die Welt um Sie herum sich verändert.

Vielleicht gehören auch Sie zu der Sorte Menschen, deren Eltern versucht haben, ihnen den Egoismus auszutreiben. Mein Vater hat zu mir damals immer gesagt: »Nur der Esel denkt zuerst an sich selbst.« Es dauerte eine Weile, bis ich diesen Glaubenssatz wieder aus meinem Gehirn eliminiert hatte. Wahr ist: Sich für sich selbst und das eigene Lebensglück zu entscheiden, sich selbst an die erste Stelle zu setzen, ist weder egoistisch noch verantwortungslos. Die Liebe zu sich selber, zum eigenen Leben ist das beste Geschenk, das Sie sich machen können. Denn je mehr Sie sich erlauben anzunehmen, desto mehr können Sie ihren Mitmenschen weitergeben. Und: Indem Sie sich dafür entscheiden, sich selbst an die erste Stelle zu setzen, geben Sie indirekt anderen die Erlaubnis, es auch zu tun. Zyniker sagen: »Wenn jeder an sich selbst denkt, ist an jeden gedacht.« Wahr ist: Je mehr Menschen sich erlauben anzunehmen, desto mehr können sie an andere weitergeben. Dieser Denkansatz ist schlichtweg ein Multiplikator!

Ganz elementar ist, sich immer wieder in den Zustand der völligen Entspanntheit zu versetzen. Denn wenn Sie entspannt sind, ist es absolut unmöglich, negativ zu denken.

Dafür habe ich zum Beispiel immer eine brennende Kerze auf dem Schreibtisch stehen und praktiziere diese nachfolgende Power-Übung vor schwierigen Telefonaten, bei denen ich befürchte, auf Ablehnung zu stoßen. Diese Ängste löse ich auf, indem ich mich in den Zustand absoluter Entspannung versetze.

Wie Sie Ihre Power-Antenne optimal ausrichten

Versetzen Sie sich in vollkommene Entspannung – mittels einer Kerze und eigenen Atems. Zünden Sie sie an, setzen Sie sich bequem hin und schauen Sie in die Flamme. Gehen Sie mit Ihrem Blick tief hinein in die Flamme, nehmen Sie sie konzentriert wahr. Achten Sie jetzt auf Ihren Atem. Beeinflussen Sie ihn nicht, verändern Sie ihn nicht, beobachten Sie einfach nur, wie Sie ein- und ausatmen. Sie werden in die Versuchung kommen, die Augen zu schließen. Lassen Sie es einfach geschehen. Beobachten Sie ganz konzentriert weiter Ihren Atem. Jetzt merken Sie: Sie sind ganz bei sich selber. Weit davon entfernt, auf alles andere zu achten. Sie sind entspannt. Lassen Sie im Zustand der Entspannung alle Ängste, Sorgen, Probleme, Ärger etc. bewusst los. Fühlen Sie, wie sich Ihr Leben anfühlt, wenn es keine negativen Dinge mehr gibt. Wichtig: Wiederholen Sie diese Übung möglichst täglich, vielleicht sogar mehrmals.

Ich erinnere: Im Zustand der Entspannung ist es unmöglich, negativ zu denken. Wenn Sie diese Übung mehrmals täglich durchführen, sagen Sie Ihrem Unterbewusstsein, dass Sie ganz entspannt und gut drauf sind. Je häufiger Sie das tun, desto mehr wird gute Laune zu einer verinnerlichten Gewohnheit. Verinnerlichen heißt: etwas in Ihrem Unterbewusstsein so fest zu verankern, dass es im wahrsten Wortsinn unterbewusst abläuft. Sie müssen sich nicht mehr anstrengen, gute Laune zu haben; es ist ein Automatismus geworden. Und für alles, was Sie in diesen einundzwanzig Tagen lernen, ist absolut elementar, dass Sie sich gut fühlen!

Durch Ihre Fähigkeit, zu denken und zu fühlen, beherrschen Sie die Schöpfung.

Neville Godard, Autor der Neugeistbewegung

Tag 6
Energie folgt Aufmerksamkeit

Jeden Tag haben wir die Wahl. Die Wahl, was wir mit unseren Gedanken erschaffen wollen. Jede Form, die die Materie annimmt, ist nichts anderes als der Ausdruck eines zuvor existierenden Gedankens. Folglich kommt es darauf an, stets und ständig weise zu entscheiden, welchen Gedanken wir unsere Aufmerksamkeit widmen wollen. Denn je mehr Aufmerksamkeit wir einem Gedanken schenken, desto größer die Wahrscheinlichkeit, dass er sich in Materie manifestiert.

Das Leben bringt uns die Dinge, die wir durch unsere eigenen Gedankenprozesse kreiert haben – sei es bewusst oder unbewusst. Es bringt uns die Dinge, die uns »zu eigen« sind. Die, von denen wir in unserer Gedankenwelt bereits Besitz ergriffen haben.

Wenn ich nichts oder nur wenig vom Leben erwarte, werde ich auch nur wenig bekommen. Meine Eltern haben sich vergeblich abgemüht, mich zu einem bescheidenen Menschen zu erziehen. »Du bist zu anspruchsvoll« – das war ein Lieblingssatz meines Vaters. Schon während meiner Ausbildung lief ich in piekfeinen Anzügen durch die Firma – eine Visualisierung dessen, wo ich hin wollte.

Wie eine sich selbst erfüllende Prophezeiung. Heute behaupte ich: Diese frühe Neigung, vom Leben viel zu erwarten, hat mich zu einem gut situierten Menschen gemacht. Alles, was sich in unserem Leben materialisiert und manifestiert, hängt einzig und allein davon ab, welchen mentalen Bauplan wir vom Dasein haben.

> Wie sieht Ihr ganz persönlicher Bauplan vom Leben aus?

Wenn Sie jetzt lange nachdenken müssen, deutet das darauf hin, dass Sie sich bisher noch nicht mit dieser Frage befasst haben. Und das bedeutet wiederum, dass Sie Ihrem Leben bislang viel zu wenig Aufmerksamkeit geschenkt haben. Dass Sie auf das Leben nur reagieren. Sie nehmen halt, was gerade kommt. Wahr ist aber, dass wir exakt in dem Augenblick beginnen, unsere Lebenswirklichkeit verantwortlich zu gestalten, in dem wir aufhören, nur auf das Dasein zu reagieren. Wenn Sie bislang auch der Fraktion angehörten, die sagt, das Leben sei kein Wunschkonzert, dann ändern Sie dieses Denken auf der Stelle! Denn das Gegenteil ist richtig:

> Ihr Denken ist nicht die Auswirkung, sondern die Ursache all dessen, was in Ihrem Leben geschieht.

Schon Henry Ford hat erkannt, dass sich eine Sache wie von selbst entwickelt, wenn man nur ständig daran denkt. Also schenken Sie Ihrem Leben ab sofort mehr Aufmerksamkeit! Machen Sie Ihren Erfolg darin unvermeidbar, indem Sie Ihr Lebensziel klar definieren – und entwickeln Sie durch klares, auf das Ziel gerichtetes Denken das Bewusstsein eines Erfolgreichen!

Beginnen Sie damit, dass Sie in Ihrem Innersten nachschauen: Was für Sehnsüchte habe ich? Was bedeutet mir wirklich etwas? Wo habe ich gerade eine Leere in meinem Leben? Welche Gefühle möchte ich noch erleben? Wenn Sehnsüchte unerfüllt geblieben sind, ist das ein deutlicher Fingerzeig darauf, dass bestimmte Ängste die Erfüllung verhindert haben. Schauen Sie in sich nach: Welche Ängste schleppe ich mit mir herum? Welches innere Programm läuft unbeaufsichtigt als Endlosschleife auf meiner Power-Antenne?

Bei vielen Menschen ist dieses unbewusst ablaufende Endlosschleifen-Programm ein Gefühl von Mangel. Sie fühlen, dass ihnen etwas fehlt, und dieses Mangel-Programm auf der Antenne sorgt dafür, dass es ihnen weiterhin fehlen wird. Sie empfinden Unzufriedenheit, Traurigkeit, Resignation. Ärgern Sie sich nicht über diese Gefühle, sondern nehmen Sie sie dankbar an! Warum? Weil das Leben Ihnen damit quasi einen freundlich gemeinten Tritt in den Hintern gibt. Unzufriedenheit hat den Sinn, in Ihnen die Sehnsucht nach Handeln zu erzeugen.

> Das Leben sagt Ihnen: Tu endlich was, um deine Lebenswirklichkeit zu verbessern!

Sehnsucht ist das Gefühl, etwas verändern zu wollen. Sehnsucht fordert Sie auf: Schau mal, fühl mal, wie dein Leben sein kann! Fühl mal die Fülle! Fühl mal den Raum in dir, in dem diese Fülle stattfinden könnte. Du hast den Platz dafür in dir! Und im Grunde genommen ist das Ersehnte schon längst da. Es entspricht dir; sonst hättest du diese Sehnsucht nicht. Mental nimmst du es bereits für dich in Besitz. Aber nun musst du auch **handeln!** Sei bereit, dein Leben wirklich zu verändern. Sei flexibel! Liebe dich selbst so sehr, dass du wirklich etwas tust, das dich dem Erwünschten näherbringt.

Machen Sie sich klar: Wie genau sieht die Art zu leben aus, die Sie sich wünschen? Erschaffen Sie davon im Geiste eine glasklare Vision und schreiben Sie sie in Ihr Tagebuch! Spüren Sie, fühlen

Sie in Gedanken schon mal, wie sich diese Art zu leben anfühlt. Sie werden nicht das bekommen, was Ihnen »fehlt«, sondern das, was Sie schon als Ahnung in sich spüren. Sie erhalten das, was zu Ihnen gehört – das, was in Ihnen die Gewissheit erzeugt: Ich bin bereits auf dem Weg zu meinem Ziel. Und ich habe in meinem Innersten den Raum dafür, das Gewünschte zu empfangen. Ich habe den Platz dafür. Also lade ich das Gewünschte zu mir ein.

Wie Sie Ihre Power-Antenne optimal ausrichten

Gönnen Sie sich ein paar Minuten Ruhe, setzen Sie sich bequem hin und beobachten Sie Ihre Gedanken. Greifen Sie einen auf, der Ihnen im Moment durch den Kopf schießt. Nehmen wir an, Sie denken gerade: »Mist, mein Geld reicht diesen Monat mal wieder nicht.« Ein unangenehmer Gedanke, keine Frage. Nun nehmen Sie diesen Gedanken und bauen ihn so um, dass er angenehm wird.

Zum Beispiel können Sie sich sagen: »Das Leben sorgt für mich. Es macht mir Spaß, mehr Geld zu generieren als ich brauche. In diesen einundzwanzig Tagen lerne ich, optimal mit meinem Geld umzugehen.« Oder so ähnlich.

Nun nehmen Sie den nächsten Gedanken und bauen ihn so lange um, bis Sie ihn in Ihrem Leben willkommen heißen können. Schreiben Sie die ausgearbeiteten Gedanken in Ihr Tagebuch. Und formulieren Sie die neuen Gedanken in der Jetzt-Zeit, nicht in der Zukunft.

Bei ständiger Wiederholung der entsprechenden Gedankenmuster geben Sie Ihrem Unterbewusstsein damit das Signal, dass die guten Dinge schon passiert sind. Gemäß dem Gesetz der Anziehung ziehen Sie so noch mehr gute Dinge in Ihr Leben.

Ich bin nach wie vor entschlossen, heiter und glücklich zu sein – egal in welcher Lage. Denn ich habe aus Erfahrung gelernt, dass der größte Teil unseres Glücks oder Unglücks von unserem Naturell abhängt und nicht von den Umständen.

Martha Washington, Ehefrau von George Washington,
dem ersten Präsidenten der USA

Tag 7
Der Trick mit der Visualisierung

Großartig – die erste von drei Wochen ist geschafft! Zur Belohnung verrate ich Ihnen am heutigen Sonntag (für mich ist jeden Tag Sonntag!) einen Trick: den Trick mit der Visualisierung. Sie können alles in Ihrem Leben erschaffen, indem Sie es sich vorstellen. Das Traumauto, die Villa, Reisen im Privatjet – wenn sie es sich vorstellen können, dann sind Sie in der Lage es zu verwirklichen. So, wie ein Ski-Rennläufer vor dem Start im Geiste jede einzelne Kurve durchgeht und sich nach dem siegreichen Zieleinlauf jubeln sieht, so können Sie auch alles andere verwirklichen, indem Sie es mental vorwegnehmen, es im Geiste für sich mit Besitz belegen.

Eine amerikanische Studie mit Profi-Basketballspielern zeigt eindrucksvoll die Wirkung unserer mentalen Kräfte: Sie wurden in drei Gruppen aufgeteilt. Die erste Gruppe übte tagelang in der Halle, Körbe zu werfen. Die zweite Gruppe machte es sich genauso lange in Liegestühlen am Pool bequem und stellte sich nur vor, sie würde einen Korb nach dem anderen werfen. Die dritte Gruppe trainierte die Hälfte der Zeit real in der Halle und die andere Hälfte mental im Liegestuhl. Was glauben Sie wohl, welche Spieler sich nach dieser Trainingsperiode am meisten verbessert hatten? Ganz klar die zweite Gruppe, die nur im Liegestuhl »trainiert« hatte. Die Spieler waren die einzigen, die plötzlich immer den Korb trafen, jedes Mal! Die Feinmotorik hatte sich in dieser Gruppe am stärksten verbessert – und die Torsicherheit somit auch.

Anderes Beispiel: Man bat ein paar Studenten, über vier Wochen hinweg jeden Tag eine Stunde lang an einer Sprungfeder zu ziehen. Nach vier Wochen hatten diese Studenten in dem Arm, mit dem sie gezogen hatten, durch das ständige Wiederholen dieser Aktivität einen dreißigprozentigen Zuwachs an Muskelkraft. Einer zweiten Gruppe Studenten sagte man: Kommen Sie vier Wochen lang jeden Tag für eine Stunde ins Labor und stellen Sie sich einfach nur vor, Sie würden an der Sprungfeder ziehen. Sie dürfen die Feder aber keinesfalls anfassen! Nach vier Wochen zeigten diese Studenten einen zweiundzwanzigprozentigen Zuwachs an Muskelkraft. Allein durch einen rein mentalen Vorgang!

Die moderne Gehirnphysiologie erklärt, warum das so ist: Die Intelligenz in unserem Unterbewusstsein ist etwa zweihunderttausendmal so groß wie die Intelligenz in unserem bewussten Verstand. Das Unterbewusste versteht aber Visualisierungen, Sinnesbilder viel besser als zum Beispiel Worte. Wenn wir uns unsere Ziele also bildlich vorstellen, kann uns das Unterbewusstsein optimal unterstützen. Wenn wir es mit einem möglichst plastischen, mentalen Zielbild füttern, liefert es uns im Gegenzug Ideen, Intuition, wie wir unsere Ziele tatsächlich erreichen können.

Also noch mal: Den Wunsch mental vorwegnehmen, das Gewünschte im Geiste schon für sich in Besitz nehmen. Aber wie geht das? Ganz einfach – und doch ist es so schwer. In der Umsetzung jedenfalls. Es erfordert Übung. Und das perfekte Verständnis eines ganz einfach klingenden Grundsatzes: Das Leben macht dir alles nach! Auch und vor allem das, was in Ihrer Gedankenwelt vor sich geht. »Wie man in den Wald hineinruft, so schallt es heraus«, sagt der Volksmund. Anders ausgedrückt: Das Leben reagiert wie das Echo. Oder wie die Resonanz in einem Konzertsaal. Je lauter ich in den Wald oder gegen den Berg rufe, je harmonischer ich im Konzertsaal musiziere – dementsprechend ist das, was zurückkommt. Je mächtiger die Wellenbrecher gegen eine Felsküste donnern, desto kräftiger ist die Welle, die zurückschlägt.

Oder ein anderes Bild: Manche Menschen haben auf ihrem Schreibtisch Newton's Cradle stehen, dieses berühmte Kugelstoßpendel. In einem Metallgestänge hängen mehrere Kugeln an Nylonschnüren in einer Reihe. Je stärker die erste Kugel schwingt, desto stärker schwingt die Kugel auf der anderen Seite nach. Wenn Sie zum Beispiel zwei Kugeln gegen die dritte fallen lassen, wird die gleiche Anzahl auf der gegenüberliegenden Seite wie von Geisterhand abgestoßen, während die mittlere Kugel stillsteht. Genau das ist die Physik des Lebens: Gleiches erzeugt Gleiches. Und genauso funktioniert es mit Ihren Gedanken, Visionen und Wünschen.

Das führt uns zum »Prinzip der Schwingung«, das die Hermetiker schon im Kybalion beschreiben.

> Je höher wir schwingen, desto höherwertiger ist das, was wir zurückbekommen.

Alles, was sich im Universum befindet, ist ständig in Bewegung. Nichts ruht, alles schwingt. Das Universum schwingt ständig auf einer sehr hohen Frequenz, während die materielle Welt aus niedrig schwingenden Atomen besteht. Gefühle wie Sorgen, Ängste, Mangel sind sehr niedrig schwingende Gefühle; die Liebe hingegen ist das am höchsten schwingende Gefühl. Dieses Prinzip gibt uns die großartige Möglichkeit, die Schwingungen unserer Gedanken, Gefühle und unseres Willens auf eine höhere Frequenz anzuheben. Jeder Gedanke, jedes Gefühl und jeder geistige Zustand schwingt auf einer anderen Frequenz, ähnlich wie Töne in der Musik. Und genauso, wie man absichtsvoll mit einem Musikinstrument oder seiner Singstimme einen bestimmten Ton zu erzeugen vermag, kann man sich auch entscheiden, Gedanken, Emotionen oder geistige Zustände auf einer bestimmten Schwingung zu halten. Die Schwingungen meiner Gedanken und Gefühle ziehen dann Erfahrungen an, die ähnlich schwingen. Wenn ich bessere Erfahrungen machen will, muss ich meine Gedanken und Gefühle anheben. Das Prinzip der Schwingung erklärt, dass wir unseren Geist auf jede beliebige Schwingungsrate erheben können und damit die vollkommene Kontrolle über unsere geistige Verfassung, unsere Stimmungen und Erfahrungen haben. Wir können auch die Stimmung der Menschen in unserer Umgebung anheben, indem wir positive Gedanken denken und ausstrahlen.

Das tägliche Leben ist voller Beispiele für das Prinzip der Schwingung. Töne ändern ihre Frequenz, Farben, das Licht, der elektrische Strom tun das ebenso. Es kann kein Zufall sein, dass viele der großen Naturwissenschaftler und Physiker – wie etwa Isaac Newton oder Nikola Tesla, der Erfinder des Wechselstroms – spirituelle Menschen waren. Sie alle wussten und wissen, dass das Prinzip der Schwingung nicht nur auf ihren Sektor der Physik anwendbar ist, sondern dass das ganze Leben – und damit auch unser Denken und Fühlen und die Ergebnisse, die wir damit erzielen – auf physikalischen Naturgesetzen beruhen.

Töne können so hohe Schwingungen erreichen, dass das menschliche Ohr sie nicht mehr wahrnehmen kann. Dasselbe gilt etwa auch für ultraviolettes Licht, das unser Auge nicht sehen kann.

Ähnlich verhält es sich mit Gedanken und Gefühlen. Versuchen Sie mal Folgendes: Wenn Sie sich mit einem Menschen treffen, von dem Sie wissen, dass er eigentlich ein unfreundlicher Muffelkopf ist, setzen Sie ein vollkommen neutrales Gesicht auf. Nicht unfreundlich, aber auch nicht übermäßig nett. Gleichzeitig denken Sie konzentriert positive, wenn nicht gar liebevolle Gedanken über diesen Menschen. Und dann beobachten Sie seine Reaktion. Sie werden feststellen: Der andere begegnet Ihnen gleichsam überaus freundlich und gar nicht mehr wie ein Muffelkopf!

Die Begründung dafür liegt in der Entdeckung der Spiegelneuronen im menschlichen Gehirn: Auch wenn Sie gar nicht freundlich dreinblicken, sondern nur liebevolle Gedanken denken und ausstrahlen – Ihr Gegenüber fängt diese auf, und die Spiegelneuronen in seinem Gehirn beginnen, genau denselben liebevollen Gefühlszustand in Ihrem Gesprächpartner zu simulieren.

Unbewusst angewandt, können Sie mit dieser »Masche« große Wunder bewirken. Sie ist in ganz vielen Fällen das Erfolgsgeheimnis von Karrieremenschen. Sie senden freundliche, wenn nicht gar liebevolle Gedanken aus und verstehen es prächtig, damit andere für sich einzunehmen – weil das Gehirn des Gegenübers gar nicht anders kann, als positiv zu reagieren, sobald die Spiegelneuronen arbeiten. Absolut beispielhaft habe ich das mal bei einer Begegnung mit dem ehemaligen Bundeskanzler Gerhard Schröder erlebt. Allein die Art, wie er auf mich zukam, mir die Hand reichte und mich anschaute – von dem Moment an mochte ich ihn irgendwie. Nicht zwingend als Politiker, aber als Mensch. Er hatte es mit seiner Art, Gedanken auszusenden, geschafft, meine Spiegelneuronen in angenehmer Art und Weise zum Schwingen zu bringen. Ich habe auch Helmut Kohl getroffen; der schaffte das nicht. Aber dies ist ein anderes Thema . . .

Ich empfehle Ihnen, eine neue Gewohnheit zu entwickeln: Machen Sie jedem Menschen, der Ihnen begegnet, immer ein ehrliches Kompliment. Auch und gerade bei Menschen, die Sie eigentlich nicht mögen. Schauen Sie sich insbesondere diese genau an und richten Sie Ihre Aufmerksamkeit auf deren positive Seiten. Sagen Sie ihnen, was Sie an ihnen sympathisch oder gar bewundernswert finden. Was passiert? Sie richten Ihr Bewusstsein auf das Positive, Liebenswerte, kommen dadurch automatisch auf eine höhere Schwingungsebene und stecken selbst die Unsympathischen damit an. Ich mache mir regelmäßig einen Sport daraus, diesen Menschen quasi meine hohe Schwingungsfrequenz »aufzuzwingen«. Ich lächle den griesgrämigsten Muffelkopf derartig an und mache ihm solche Komplimente, bis ihm gleichfalls ein Lächeln ins Gesicht schleicht. Sobald Sie Ihre Aufmerksamkeit auf das richten, was Sie am anderen gut finden, sind Sie sofort auf der Hochfrequenz der Liebe und haben Ihrerseits eine sympathische Ausstrahlung. Probieren Sie es aus – Sie werden selber sehen, was Sie davon haben . . .

Die Übertragung von Gedanken und Gefühlen auf andere Menschen (und sogar auf Gegenstände – siehe Uri Gellers Löffel-Verbiegen, das man in Seminaren in der Schweiz nach wie vor erlernen kann!) funktioniert übrigens auch auf große Entfernungen. Sogar bis ans andere Ende der Welt. Aber das ist was für Fortgeschrittene; dazu in ein paar Tagen mehr. Jetzt ist es erst mal ganz wichtig, das Prinzip der Schwingung zu verstehen und zu begreifen:

> Genauso wie man einen höheren Ton produzieren kann, indem man ein Instrument dazu bringt, auf eine bestimmte Art zu schwingen, ist es auch möglich Gemütszustände und Lebensumstände nach Wunsch herzustellen. Sie können Ihren geistigen Zustand, sprich Ihre Schwingungen so erhöhen, wie Sie es wünschen.

Um das zu bewerkstelligen, kann es hilfreich sein, sich wenigstens ein Stück weit zurückzuziehen. Damit meine ich: Tun Sie, wo immer es geht, nur Dinge, die Ihnen gute Laune bereiten. Hören Sie beispielsweise auf, morgens beim Frühstück die Zeitung zu lesen. Stehen eh nur schlechte Nachrichten drin. Hören Sie auf, sich kurz vorm Schlafengehen die Spätnachrichten im Fernsehen anzuschauen. Tun Sie stattdessen Dinge, die Ihnen ein positives Lebensgefühl verschaffen: Hören Sie Ihre Lieblingsmusik, schauen Sie sich einen humoristisch hochwertigen Film an, lesen Sie Gedichte, wenn Ihnen das was gibt. Wir haben es an Tag eins schon gelernt: Um zu einem erfüllten, erfahrenen, erfolgreichen Menschen zu werden, ist es absolut förderlich, positiv drauf zu sein. Wer gute Laune hat, wer Liebe lebt und ausstrahlt, wird automatisch zu einem hoch schwingenden Menschen – und damit zu einem Gewinner.

Es geht an dieser Stelle darum, zu verstehen, dass die meisten Menschen in einem unglaublichen Irrtum verhaftet sind. Sie denken: »Es geht mir schlecht, weil die Umstände schlecht sind. Ich habe zu wenig Geld, weil alles so teuer ist. Meine Liebesbeziehungen gehen stets und ständig in die Brüche, weil ich es nicht wert bin, geliebt zu werden. Ich bin bei schlechter Gesundheit, weil die Umwelt mich krank macht.« Ich sage Ihnen: Alles Quatsch! Umgekehrt wird ein Schuh draus:

Ich selber, mein Denken und das daraus folgende Handeln sind die Ursache für jede Auswirkung in meinem Leben. Ich selber schaffe meine eigene Realität. Wenn ich Reichtum erlangen möchte, muss ich Reichtum denken. Wenn ich Liebe erleben möchte, muss ich Liebe denken. Wenn ich gesund sein möchte, muss ich Gesundheit denken. Wenn ich Fülle erlangen will, muss ich Fülle denken.

Aber warum schaffen wir eigentlich immer dieselbe Realität neu? Jeder kennt zum Beispiel Männer, die stets den gewohnten Typ Frau haben. Warum? Und warum bekommen viele Menschen immer wieder die gleichen Jobs, obwohl ihre Begabungen womöglich ganz woanders liegen? In diesem unendlichen Ozean von Möglichkeiten um uns herum – warum erschaffen wir uns immer wieder dieselben Lebensbedingungen? Ist es nicht erstaunlich, dass wir Optionen und Möglichkeit haben, deren Existenz wir uns gar nicht bewusst sind? Haben wir uns so gewöhnt an unser tägliches Leben, die Art und Weise, wie wir es gestalten, dass wir überzeugt sind, keine Kontrolle darüber zu haben? Wir sind darauf konditioniert, zu glauben, dass die äußere Welt realer ist als unsere innere Welt. Das neue Wissenschaftsmodell der Quantenphysik besagt aber genau das Gegenteil! Was in uns ist, produziert die externen Ereignisse in unserer Welt! Und wenn immer derselbe mentale Film in uns abläuft (für den womöglich unsere Eltern das Drehbuch geschrieben haben – durch das, was sie uns vorgelebt haben), dann wird natürlich auch das Endergebnis immer dasselbe sein.

Der entscheidende Punkt ist: Unser Gehirn ist der Neurowissenschaft zufolge ein Spiegel seiner Umwelt. Alle Menschen, die wir treffen, die Orte, an die wir gehen, unsere Erfahrungen und Erlebnisse sind in der neurologischen Struktur unseres Gehirns eingebrannt. Je öfter wir etwas erlebt haben, desto vertrauter ist es ihm. Das gilt leider auch für negative Dinge: Je öfter wir mit Menschen des anderen Geschlechts negative Erfahrungen gemacht haben, desto vertrauter ist uns dieser Vorgang. Und je vertrauter eine Situation ist, desto wohler fühlen wir uns damit. Das erklärt, weshalb manche Menschen irrwitzig lange brauchen, ehe sie sich beispielsweise aus einer Beziehung befreien, in der sie im Grunde unglücklich sind. Ein gutes Beispiel, das das veranschaulicht, sind auch Suchtraucher: Wenn man irgendwann, meist im Jugendalter, beginnt zu rauchen, nimmt man Substanzen auf, die der Körper gar nicht haben will und eigentlich abstößt (Husten!). Aber je länger man raucht, desto mehr gewöhnt sich das Gehirn daran. Der Dreck, den man sich auf die Lunge zieht, es wird ihm vertraut. Ein Wohlfühl-Gefühl stellt sich ein. Und das Gehirn beginnt, vorhersehbar zu reagieren: Es will immer mehr von dem Stoff, um dieses Wohlfühl-Gefühl zu erreichen, das ein Nichtraucher viel unkomplizierter und billiger ohne diese Sargnägel hat!

Nach demselben Prinzip funktioniert alles im Gehirn und im Körper: Wir erkennen bestimmte Umstände im Leben; und dies hat zur Folge, dass unser Gehirn bestimmte Schaltkreise aktiviert. Wenn wir also immer und immer wieder nur in gewohnten, vertrauten Bahnen denken, was erschaffen wir dann? – Immer nur mehr vom selben.

> Sich zu ändern heißt also, unter den gleichen Umständen anders zu denken und anders zu handeln. Die am meisten ausgeprägte Gewohnheit, die wir ablegen müssen, ist demnach die, wir selbst zu sein.

Was ohnehin schon kompliziert genug ist. Aber mit zunehmendem Alter wird es immer schwieriger. Die Neurowissenschaft und die Psychologie behaupten, dass unsere Persönlichkeit ab einem Alter von etwa fünfunddreißig Jahren aus einem begrenzten Satz von Schaltkreisen im Gehirn besteht und wir damit mehr oder weniger begrenzt sind. Wer sich bis zum Alter von fünfunddreißig Jahren nicht bewusst und gezielt von seinen Eltern abgegrenzt und begonnen hat, ein völlig anderes Leben zu führen, der wird für den Rest seines Lebens ganz wie seine Eltern sein, weil sein Gehirn deren Schaltkreise, sprich Verhaltensweisen, kopiert hat.

Wenn also unser Gehirn der Spiegel unserer Umwelt ist, dann erklärt das, weshalb viele Menschen sich als »Opfer« sehen und mehr oder weniger lethargisch und uninspiriert vor sich hin leben, ohne wirklich etwas zu erreichen. Wenn ich mich verändern will, wenn ich »etwas Besseres« sein will, wenn ich meine wahren Potenziale ausschöpfen will – dann muss **ich** die Regie übernehmen und darf sie nicht dem Leben überlassen. Ich muss Ursache werden, statt Wirkung. Muss Spieler werden, statt Figur zu sein. Ich muss mein Gehirn zwingen, anders zu funktionieren, um andere Ergebnisse zu erzielen. Ich muss es zwingen, neue Schaltkreise zu erschaffen. Muss ungewohnte Erfahrungen machen, die neue Gefühle erzeugen. Muss mir weiteres Wissen aneignen, das mein Denken ändert; und durch Denken verändere ich, wie gesagt, mein Gehirn. Sprich: Ich muss **umdenken!** Aber genau deshalb lesen Sie ja dieses Buch . . .

Es geht also darum, alte Gewohnheiten meines bisherigen Selbst abzulegen und ein neues Selbst zu erschaffen. Experimente der Gehirnforschung förderten in dieser Hinsicht erstaunliche Erkenntnisse zutage: Wenn man an Menschen Gehirn-Scans durchführt und die Probanden auffordert, sich gewisse Dinge anzusehen, sieht man bestimmte Hirnbereiche aufleuchten. Anschließend sollten die Probanden die Augen schließen und sich dasselbe Objekt vorstellen. Was passierte? Auf dem Gehirn-Scan leuchteten die gleichen Hirnbereiche auf, als wenn sich die Probanden die Dinge tatsächlich anschauten. Das Gehirn unterscheidet demnach nicht, ob ich mir etwas ansehe bzw. etwas tatsächlich erlebe oder ob ich mir das nur vorstelle. Im Gehirn feuern in beiden Fällen dieselben spezifischen Neuronennetze.

Noch ein Beispiel mehr, das Ihnen – sollten Sie männlicher Natur sein – sicherlich näher ist. Ein weiterer Beweis, wie Gedanken Realität erschaffen, dreidimensional erfahrbare Realität: Um eine Erektion zu bekommen, braucht ein Mann lediglich eine sexuelle Phantasie. Nur ein Gedanke und ein plastisches mentales Abbild davon sind erforderlich, um einen chemischen Rausch zu erzeugen, der den Körper kaskadenförmig durch eine Reihe von Drüsen durchläuft. Und Sie werden die Erfahrung gemacht haben: Eine sexuelle Phantasie, die Ihnen häufig durch den Kopf geht, erleben Sie irgendwann auch in der Realität . . . Und nichts außerhalb von Ihnen hat das verursacht – es war zuerst in Ihnen selbst!

Diese Erkenntnis ist ganz elementar für die Funktion unserer Power-Antenne. Da das Tagesbewusstsein, sprich unser bewusstes, kopfmäßiges Denken, unmittelbar das Unterbewusstsein beeinflusst, brauche ich mir nur immer und immer wieder vorzustellen, was ich mir wünsche, und überzeugend das Gefühl in mir zu erzeugen, ich hätte schon, was ich mir ersehne. Das Gehirn gibt diese Information an unser Unterbewusstsein weiter, und das Unterbewusstsein funkt sie ins Universum. Das also ist der Trick mit der Visualisierung – unter Zuhilfenahme des Prinzips der Schwingung muss ich mir ein hoch schwingendes, sprich positives, »gut gelauntes«, plastisches, total geniales mentales Abbild dessen schaffen, was ich mir wünsche. Dieses mentale Abbild muss so klar und so präsent sein, dass es stets und ständig Teil meines Denkens ist und es in mir hoch schwingende Gefühle der Liebe, des Glücks, der Dankbarkeit erzeugt. Wenn ich jetzt schon glücklich und dankbar bin für Dinge, die erst noch kommen werden, dann gehen diese Gefühle, diese inneren Bilder über in die Ausstrahlung meiner Power-Antenne. Und treten in Resonanz mit Menschen und Umständen, die mich der Erfüllung meines Wunsches näherbringen.

Häufig wird geraten, man solle – um beim Beispiel Traumauto zu bleiben – mit dem Wagen einfach eine Probefahrt machen, um ihn sich hinterher noch plastischer und lebhafter vorzustellen – inklusive des Geruchs des Leders, des Fahrgefühls und des Gefühls in diese wunderbaren Sitze zu sinken. Tatsächlich bewirken Sie dadurch eine starke Ausstrahlung Ihrer Power-Antenne – allerdings nur, wenn in Ihnen gleichzeitig das Gefühl vorherrscht, dass Sie tatsächlich auf dem Weg zu Ihrem Ziel sind. Sie müssen den Weg nicht im Detail kennen; sie *können* ihn sehr wahrscheinlich gar nicht kennen. Entscheidend ist nur, dass Sie tatsächlich eine Chance sehen, Ihr Ziel zu erreichen, und dass Sie die Möglichkeit erkennen, Ihr Wunsch könnte Ihnen erfüllt werden.

Vielleicht fragen Sie jetzt: Wenn ich so denke, bin ich dann nicht ein Träumer? Ein Wunschschlossbauer? Nicht, wenn Sie mit der Naivität eines Kindes darauf vertrauen, dass es funktioniert. Darauf bauen, dass Ihre Imagination dabei ist, anfassbare Realität zu werden. Wenn Sie das Buch zu Ende gelesen haben – mit all den wissenschaftlichen Fakten, die es noch enthält – dann werden Sie verstanden haben, dass Sie mit jedem, aber auch wirklich jedem Gedanken, den Sie aussenden, etwas auslösen, etwas verursachen. Und Sie alleine entscheiden, *was* Sie erwirken.

Aber Vorsicht: Blockieren Sie sich nicht selber dabei! Mein Lieblingssatz in diesem Zusammenhang: Wollen trennt mich vom Gewollten. Wenn Ihnen die Erfüllung Ihres Wunsches so wichtig ist, dass Sie sich dabei verkrampfen, haben Sie schon verloren. Denn zu verkrampftes, verbissenes Wollen ist Mangeldenken. Und Mangeldenken ist ein Ihrem Wunsch widersprechendes, stärkeres Gefühl. Mit Mangeldenken sind Sie auf einer sehr niedrigen Schwingung und ziehen auch nur niedrig Schwingendes an. Sagen Sie sich besser: »Das Leben ist ein Spiel. Und zwar eines, das ich bisher immer gewonnen habe.« Wichtigkeit ist eine Blockade, die Sie am Spielen hindert. Wenn es allerdings um nichts geht, geschehen die meisten Wunder!

Nun werden Sie vielleicht sagen: »Der hat gut Reden. Es *ist* nun mal von enormer Wichtigkeit, dass ich viel Geld verdiene. Sonst kann ich irgendwann meine Miete nicht mehr bezahlen. Es *ist* nun mal von enormer Wichtigkeit, dass ich einen Job finde . . . usw.« Klar, es gibt einfach Dinge im Leben, ohne die es beim besten Willen nicht geht. Trotzdem ist die Grundvoraussetzung für das Erreichen unserer Ziele, dass wir das Gefühl der Wichtigkeit auflösen. Man muss das nur lernen. Dies ist die Geschichte mit dem »Loslassen« – darauf gehe ich in den nächsten Tagen noch ausführlicher ein.

Hilfreich ist zunächst einmal, sich vor Augen zu führen, wie wichtig die Erfüllung Ihres Wunsches tatsächlich ist. Stellen Sie sich vor, Sie wären zwanzig Jahre älter und schauen auf Ihr jetziges Problem zurück. Ist es dann noch so groß wie heute? Ganz sicher nicht! Auch ich hatte vor circa dreißig Jahren mal den Punkt, an dem ich am Rande meiner Existenz stand. Aus heutiger Sicht kommt mir die Situation ziemlich lachhaft vor. In der Tat habe ich sie auch relativ lässig gelöst. Aber das wurde mir erst im Nachhinein klar. Gut möglich, dass es Ihnen mit Ihrem jetzigen Problem auch so geht: Aus der Ferne betrachtet, kommt es Ihnen lächerlich vor. Oder zumindest unbedeutend – gerechnet auf Ihre gesamte Lebensdauer.

Um es mal auf die Spitze zu treiben: Ich habe auf meinen vielen Afrika-Reisen arme Menschen gefragt, wie sie mit dem Hunger umgehen. Ist es nicht zynisch, hungernden Menschen zu empfehlen, ihren Hunger einfach loszulassen? In diesen Gesprächen habe ich erfahren, dass sie im Grunde genommen genau das tun. Die Schlauen zumindest. Die weniger Schlauen sitzen apathisch herum, jammern, bemitleiden sich selbst, spülen ihren Frust mit Alkohol runter – und befinden sich damit auf einer sehr niedrig schwingenden Frequenz. Die Schlaueren hören auf, lethargisch dazusitzen, machen Schluss mit ihrem Panikdenken. Sie lenken sich mehr ab, ziehen ihre Aufmerksamkeit vom Hunger ab, stehen auf, halten nach Gelegenheiten Ausschau und beim nächsten Spaziergang finden sie plötzlich einen Strauch mit essbaren Früchten, eine bekömmliche Wurzel oder was auch immer. Die entdecken sie aber nicht, wenn sie panisch und verkrampft sind. Panik, Angst und Sorgen nehmen einem die Kraft, die man an anderer Stelle dringend braucht! Wie lautet noch der alte Spruch: »Sorge dich nicht – lebe!« Und wenn Sie sich schon Sorgen machen, Ihr Wunsch könnte nicht in Erfüllung gehen, dann legen Sie sich einfach einen Plan B zurecht. Danach ist es nicht mehr so schlimm, wenn Sie beim Erreichen Ihres Ziels scheitern. Sie schwenken eben einfach um. Mindestens *eine* weitere Möglichkeit zu haben, nimmt Ihrem tatsächlichen Wunsch die Wichtigkeit. Und dann wundern Sie sich nicht, wenn ein Wunder geschieht. Die passieren nämlich immer dann, wenn Sie unverkrampft und gelassen sind und das Wunder gar nicht wirklich brauchen.

Befrage ich meine eigene Lebenserfahrung, kann ich bilanzieren: Auch bei mir gab es Dinge, die nicht so klappten, wie ich es mir gewünscht habe. Aber im Nachhinein betrachtet, stellte sich heraus:

- Das Gewünschte war nicht wirklich entscheidend auf dem Weg zu meinem eigentlichen Ziel.

- *Oder:* Der Zeitpunkt war nicht ideal – zu einem späteren Zeitpunkt klappte es besser.

- *Oder:* Etwas anderes klappte besser.

Vieles von dem, was im Leben nicht funktioniert, auch Wünsche, die sich nicht erfüllen, können Sie getrost als Hinweis des Universums bezeichnen – ein Hinweis auf Lebenslektionen, die noch zu lernen sind. In dem, was nicht klappt, steckt in aller Regel eine Botschaft: Da ist etwas, an dem es noch zu arbeiten gilt. Irgendein Verhaltensmuster muss sich ändern.

Wenn etwas in Ihrem Leben nicht so funktioniert, wie Sie wollen, liegt die Ursache dafür zu achtzig bis neunzig Prozent in unbewussten Blockaden in Ihrem Denken. In unsinnigen Glaubenssätzen wie: »Das schaff ich sowieso nicht.« Oder: »Ich guck lieber nicht in meine E-Mails; sind ohnehin nur schlechte Nachrichten drin.« Wenn Sie so denken, können Sie mir mit Sicherheit bestätigen: Die negativen Nachrichten, die Sie sich geradezu herbeidenken, finden sich tatsächlich in Ihrem E-Mail-Postfach. Ganz wichtig ist: Spüren Sie solche Glaubenssätze auf, die sich in Ihnen zu Automatismen entwickelt und entsprechende Verhaltensmuster generiert haben. Und dann verkehren Sie diese Glaubenssätze ins Gegenteil: »Ja, ich kann das!« Oder: »Mal sehen, welche neuen Chancen und Möglichkeiten heute wieder in meinem E-Mail-Postfach auf mich warten!«

Wenn Sie verstanden haben, dass jegliche Form von Mangel und Beschränkung, jede Form von Krankheit und sonstigem Unwohlsein lediglich die Folge falschen Denkens sind, dann haben Sie eine ganz wesentliche Wahrheit des Lebens erkannt. Eine, die wahrhaft befreiende Wirkung hat. Also seien Sie die erste Kugel in Newton's Cradle und schwingen Sie so hoch wie möglich!

Wie Sie Ihre Power-Antenne optimal ausrichten

Basteln Sie sich eine Visionstafel. Eine »Ziel-Collage«. Suchen Sie sich Fotos von Ihrem Traumauto, von Ihrem Traumhaus oder von sonst allem, das Sie sich wünschen. Kleben Sie die Bilder zu einer Collage zusammen, kreieren Sie ein Gesamtkunstwerk, bestehend aus all Ihren Wunschzielen, und hängen Sie das Ganze gut sichtbar in Ihrer Wohnung auf. Wenn es dem entspricht, was Sie tatsächlich wollen, haben Sie es damit visuell vor sich. Ich kenne Menschen, die Jahre später ihre alten Visionstafeln in irgendeiner Umzugskiste wiederfinden und erstaunt feststellen, dass alles Wirklichkeit geworden ist, was sie einstmals als Vision vor Augen hatten.

Es gibt eine innere Welt – eine Welt aus Gedanken, Gefühlen und Kraft, aus Licht und Schönheit. Und selbst wenn sie unsichtbar ist, so verfügt sie doch über mächtige Kräfte.

Charles F. Haanel, Autor der Neugeistbewegung

Tag 8
Die Kraft der Konzentration

Wenn Sie die gestrige Übung ernst nehmen, sind Sie vermutlich noch damit beschäftigt, die passenden Fotos zusammenzutragen. Heute geht es darum, zu verstehen, dass so eine Visionstafel zwar ein wichtiges Hilfsmittel ist – aber nicht mehr als das. Auch dass Sie den Veränderungen in Ihrem Leben hin zu einem erfüllten, erfahrenen, erfolgreichen Menschen mehr Aufmerksamkeit schenken, ist nur ein erster Schritt. Wichtig ist, dass Sie sich von nun an absolut darauf konzentrieren.

Am heutigen Tag acht möchte ich Ihnen verdeutlichen, wie Sie ein vollkommen präzises mentales Abbild dessen, was Sie sich wünschen, in Ihrem Kopf erzeugen und im Unterbewusstsein verankern. Sie lernen, dieses Bild ganzheitlich wahrzunehmen, regelrecht in das Bild einzutauchen. Was bedeutet: Sie müssen das, was Sie sich wünschen, nicht nur optisch vor Ihrem geistigen Auge sehen – Sie müssen sich schon so **fühlen**, als sei Ihr Wunsch bereits in Erfüllung gegangen. Sie werden merken, dass das gar nicht einfach ist. Es erfordert eine vollkommene Idealisierung dessen, was Sie sich ersehnen und ein hohes Maß an Konzentration.

Viele Menschen verschwenden ihre Zeit und ihr Leben damit, an Dinge zu denken, die sie *nicht* wollen: »Ich möchte nicht arm sein. Ich möchte *nicht* krank sein. Ich möchte *nicht*, dass meine vierte Ehe auch wieder in die Brüche geht.« Mit sehr hoher Wahrscheinlichkeit werden diese Menschen genau das in ihr Leben ziehen, was sie *nicht* wollen. Mutter Teresa hat das mal sehr schön formuliert: »Ich würde niemals zu einer Anti-Kriegs-Demonstration gehen. Zu einer Friedensdemonstration dürfen Sie mich gerne einladen.«

Verstehen Sie die geistige Haltung hinter dieser Aussage? Das Wörtchen *nicht* versteht das Universum nicht. Versuchen Sie doch mal, *nicht* an einen rosa Elefanten zu denken. Sehen Sie – ich brauche gar nicht weiterzuschreiben. Natürlich denken Sie jetzt erst recht an einen rosa Elefanten!

Um sich wirklich konzentrieren zu können, ist Meditation sehr hilfreich. Durch Meditation entspannen wir unser Gehirn, so dass dort weniger Aktivität stattfindet und es leichter wird, sich das Gewünschte bildlich vorzustellen. Das Beste ist, Meditation und Visualisierung miteinander zu verbinden. Auf diese Weise fällt es Ihnen leichter, neue Synapsen im Gehirn zu erzeugen. Genau das passiert nämlich, wenn wir visualisieren: Das Gehirn beginnt automatisch, mehr davon zu bilden – passend zu Ihrem Wunsch. Je bewusster, intensiver und häufiger Sie sich diesem Prozess des »Tagträumens« hingeben, desto eher erreichen Sie dabei etwas, das ich »unbewusste Kompetenz« nennen möchte. Unbewusste Kompetenz ist sehr wichtig, weil Sie dann nicht mehr daran denken müssen, Realität zu erschaffen. Ab einem gewissen Punkt, wenn Sie den ganzen Prozess verinnerlicht haben, läuft er quasi per Autopilot.

Ohnehin ist nicht alles über den Verstand kontrollierbar. Es gibt in jedem von uns eine andere Ebene, die mitunter stärker wirkt als der Verstand: einen göttlichen Anteil, der gelegentlich für Sie

Entscheidungen trifft, die von Ihrer Verstandesentscheidung abweicht. Sie wollen Weg A nehmen, aber der göttliche Anteil sagt: »Nein, es gibt einen besseren Weg B.« Es kommt tatsächlich vor, dass der göttliche Teil eine Blockade kreiert, die Ihnen den Weg in die eingeschlagene Richtung versperrt. Vielleicht ist der einzige Grund, weshalb Sie nicht bekommen, was Sie wollen, der, dass es nicht gut für Sie ist.

Völlige Konzentration auf das Erschaffen Ihres neuen Selbst ist auch deshalb notwendig, weil Sie mit Ihrem Tagesbewusstsein Ihr Unterbewusstsein steuern. Tatsache ist, dass Ihre Power-Antenne nicht nur das versendet, was Sie bewusst kreieren, sondern es geht viel mehr um das, was Sie unbewusst aussenden. Klingt vielleicht kompliziert, aber man kann das zu verstehen lernen.

Meine Mission im Leben ist, zu entdecken, was alles möglich ist. Für mich ist das Leben wie eine Expedition, ein Lernprozess. Es wird nie alles hundertprozentig toll sein. Nicht alles, was ich mir wünsche, wird wie von Zauberhand erscheinen. Die wahre »Lebenskunst« ist, zu lernen, wann wartet man ab und wann heißt es handeln? Wir haben gelernt:

Wollen trennt mich vom Gewollten.

Etwas erzwingen zu wollen, führt zu gar nichts. Aber heißt das nun, sich passiv oder gar lethargisch zurückzulehnen und abzuwarten? Oder sollte man nicht doch etwas für sein Glück tun? Letztlich ist es wie beim Autofahren: Wann bremsen? Wann schalten? Wann Gas geben? In der Fahrschule denken Sie über so was noch bewusst nach. Je mehr konzentrierte Fahrpraxis Sie haben, desto mehr Automatismen bilden sich heraus. Verkehrspsychologen sagen, dass sich im Schnitt nach sieben Jahren Fahrpraxis alle Automatismen gebildet haben, die man braucht, um seinen Wagen souverän durch den Verkehr zu lenken. Also erwarten Sie bitte nicht, dass Sie den Straßenkreuzer, der sich Ihr Leben nennt, von jetzt auf gleich auf neuen Kurs bringen können.

Um das zu schaffen, müssen Sie eine Menge lernen. Vor allem müssen Sie lernen, Intuition zu entwickeln. Sie müssen lernen, die innere Stimme zu hören, die zu Ihnen spricht, wenn Ihr göttlicher Anteil Ihnen etwas zu sagen hat. Wie man das macht? Relativ einfach: Seien Sie einfach netter zu sich selber! Tun Sie sich was Gutes, entspannen Sie, meditieren Sie. Meditation fördert die intensive Erfahrung der Gegenwart. Und wer die Gegenwart entspannt genießt, ist automatisch offen für die innere Stimme. Wenn Sie dagegen unentwegt gestresst durchs Leben hetzen und hecheln, überhören Sie diese Stimme.

Ehe ich mich in eingehenden Studien mit all diesen Dingen befasst habe – vor einigen Jahren also – habe ich instinktiv gesagt: »Du musst eine Vision haben, und dann trägt dein Unterbewusstsein dich dorthin.« Eine laienhafte Formulierung, aber im Grunde trifft sie den Kern der Sache. Das, was Sie wollen, muss in Ihrer Identität verankert sein. Wenn Sie es sich vorstellen können, *ist* es in Ihrer Identität – und dann können Sie es auch erhalten. Allerdings nur, wenn Sie davon überzeugt sind: »Ich bin es wert, das zu bekommen!« Eine weit verbreitete Blockade ist, dass Menschen glauben: »Ich habe es nicht verdient.« Vollkommen logisch, dass sie damit ihr eigenes Glück selber verhindern! Wenn Sie zu dieser Sorte Mensch gehören, die sich nicht würdig fühlt, das komplette Geschenkpaket zu bekommen, die ganze Fülle des Universums – dann gehen Sie noch mal zurück zu Tag vier und lesen nochmals das Kapitel vom Gesetz der Fülle. Glauben Sie allen Ernstes, Gott oder der universelle Geist oder wer auch immer die Welt erschaffen hat, diese unvorstellbare Macht will, dass Sie unglücklich sind? Mit Sicherheit nicht. Und es kann auch nicht der Sinn des Lebens sein. Der ist zweifelsfrei, glücklich zu sein und in der Fülle zu leben, so wie von der Natur vorgegeben. Es ist unabdingbar, dass Sie dies verinnerlichen – sonst wird es Ihnen niemals gelingen, Ihre Power-Antenne optimal auszurichten. Wenn Sie das nicht verinnerlichen, werden Sie all die schönen Dinge von sich schieben, die längst für Sie bestimmt sind.

Im Folgenden gehe ich davon aus, dass Sie tief in Ihrem Inneren davon überzeugt sind: »Ich bin dazu bestimmt, in Fülle zu leben.« Deshalb konzentrieren Sie sich darauf, die Dinge zu visualisieren, die Sie möchten; fühlen Sie sich so, als hätten Sie schon, was Sie sich wünschen – und dann bringen Sie das Gewünschte mit dem Gefühl der Dankbarkeit in Verbindung. Empfinden Sie Dankbarkeit, noch bevor Sie diese Dinge bekommen! Also sehen Sie das Gewünschte nicht nur vor Ihrem geistigen Auge, sondern *fühlen Sie das Glück*, das damit verbunden ist. Sie müssen Vergnügen mit der Vision assoziieren, und Sie sollten Dankbarkeit spüren. Bedanken Sie sich beim Universum, noch bevor Sie das Gewünschte bekommen haben! Danken Sie dafür, dass es nichts lieber sieht, als dass Sie in Fülle leben!

Vielleicht denken Sie jetzt: »Der wiederholt sich. Dauernd faselt er von Dankbarkeit.« Ich tue das ganz bewusst – zum einen weil Dankbarkeit ein irrsinnig schönes Gefühl ist, das gute Laune macht (nicht vergessen: Gut zu sich selber sein!) und zum anderen weil ich viele Menschen als irrwitzig undankbar empfinde. Sie haben sich so sehr an das regelmäßige Einkommen, das warme Wasser im Bad, Lebensmittel im Überfluss etc. gewöhnt, dass ihnen jegliche Dankbarkeit dafür abgeht.

Aber jetzt frag ich Sie mal etwas: Nennen Sie mir einen einzigen vernünftigen Grund, weshalb das Universum anders reagieren sollte als jeder normale Mensch! Nehmen wir an, Sie besuchen jemanden, bringen ihm ein Geschenk mit, und er sagt – mehr oder weniger gelangweilt: »Danke, das wär doch nicht nötig gewesen.« Sie besuchen einen anderen Menschen, bringen ihm ebenfalls etwas mit, und er ist völlig außer sich vor Freude: »Oh, das ist ja toll! Wunderbar!« Welchem dieser Menschen möchten Sie von Herzen gern ein Präsent nach dem anderen machen – einfach nur, weil Sie seine Reaktion erleben wollen? Sehen Sie, genauso funktioniert auch das Universum: Es macht Ihnen ein Geschenk, und Sie sagen nicht nur gelangweilt »Danke«, sondern zeigen Ihre Freude und Ihr Vergnügen über das Dargebrachte – dann gibt Ihnen das Universum liebend gern mehr!

Konzentriert und bewusst Dankbarkeit zu empfinden, ist der wichtigste Bestandteil des Lebens überhaupt. Ich empfehle Ihnen: Praktizieren Sie jeden Tag! Und zwar Dankbarkeit nicht nur für das, was Sie bekommen, sondern in erster Linie für das, was Sie schon haben! Dankbarkeit ist gleichbedeutend mit Wertschätzung dessen, was bereits ist.

Die meisten spirituellen Traditionen befassen sich mit den Auswirkungen unserer Gedanken, auch der Dankbarkeit, auf unsere Lebenswirklichkeit (bemerken Sie übrigens den gemeinsamen Wortstamm: GeDANKen und DANKbarkeit?). In fast allen spirituellen Lehren wird beschrieben, dass wir zuerst den inneren Frieden finden müssen – Frieden in unserem Körper, in unseren Gedanken und in unseren Gefühlen –, damit wir in der Welt etwas erreichen können. Zum Beispiel kann man sich das bei nordamerikanischen Indianern abgucken: Wenn sie etwas bekommen möchten, entwickeln sie immer zuerst ein Gefühl von Dankbarkeit für alles, was ist. Sie hören auf, das, was ist, als schlecht zu beurteilen. Stattdessen bedanken sie sich dafür. Vorturner, wenn Sie so wollen, ist in den Indianerstämmen immer der Medizinmann. Der heißt nicht so, weil er aus Kräutern irgendeinen Zaubertrank anrührt, sondern weil ihm in erster Linie spirituelle Weisheit zugeschrieben wird. Auch Dankbarkeit betrachten die Indianer als eine Art Medizin. Sobald sie das Gefühl der Dankbarkeit entwickelt haben, gehen sie zum nächsten »Medikament« über: Sie machen das, was sie sich wünschen, in ihrem Innersten fühlbar. Und legen damit den Samen dafür, es in der Außenwelt zu erfahrbarer Realität zu bringen. Sie machen das Gewünschte fühlbar, als wäre es schon da, und sind dann wiederum dankbar für das, was sie erspüren. Damit bestärken sie es in seiner Realität – so wie das, was bereits ist.

Wir gehen alle mit der größten Selbstverständlichkeit davon aus, dass wir morgen früh wach werden und noch leben. Richtig? Aber ist es nicht auch möglich, dass der eine oder andere von uns *nicht* wieder aufwacht? Hat wirklich jeder die hundertprozentige Garantie, morgen noch am Leben zu sein?

Es gibt keine Garantien im Leben. Deshalb ist schon allein die Tatsache, dass ich morgens die Augen aufschlage, ein Grund, dankbar zu sein. Ein neuer Tag! Das ist für mich jedes Mal aufs Neue der erste Grund, Dankbarkeit zu fühlen. Die Tatsache, dass ich atme, gesund und geistig klar bin (hoffe ich doch . . .).

Wann vermissen wir etwas am meisten? Wenn wir es verloren haben. Da sind wir Menschen ziemlich komisch gestrickt: Bestes Beispiel: ein Lebenspartner, der sich von uns trennt! Dann merken wir erst, was wir an ihm hatten. Also tun Sie sich selbst was Gutes und seien Sie im Hier und Jetzt dankbar – auch für die berühmten *kleinen* Dinge des Lebens. Halten Sie nichts für selbstverständlich! Es reicht aber nicht, Dankbarkeit nur kopfmäßig zu denken – man muss sie wirklich fühlen! Dann ist sie die Energie, die bewirkt, dass Sie noch mehr Schönes in Ihr Leben ziehen.

Zur Konzentration, die nötig ist, um dieses neue Lebensmodell zu leben, gehört auch, das Tagebuch zu führen, worum ich Sie schon im Vorwort gebeten habe. Lassen Sie mich erklären, warum es so wichtig ist, sich viele Gedanken aufzuschreiben: An der University of Yale hat man eine interessante Studie durchgeführt, bei der – vor zwanzig Jahren – die Absolventen befragt wurden. Man stellte ihnen Fragen zu ihrer Zukunft: Welche Pläne haben Sie? Welche Ziele verfolgen Sie? Drei Prozent der Absolventen hatten ihre Ziele schriftlich festgehalten. Sie hatten in ihrem Tagebuch oder auch ganz simpel auf einem Blatt Papier notiert, was sie im Leben erreichen wollten. Dieselben Personen befragte man fünfzehn Jahre später noch einmal, um festzustellen, wie weit sie gekommen waren. Erstaunliches Ergebnis: Diese drei Prozent mit den schriftlich fixierten Zielen waren erfolgreicher gewesen als die restlichen siebenundneunzig Prozent. Der einzige Unterschied war tatsächlich, dass diese drei Prozent der Absolventen ihre Pläne und Ziele aufgeschrieben hatten.

Aber was bewirkt nun diese Magie des Aufschreibens? Für Ihr Unterbewusstsein ist das, als würden Sie ihm eine Ehre erweisen. Als würden Sie ihm besonderen Respekt entgegenbringen. Und das beschleunigt die Dinge, weil das Unterbewusstsein Sie dann freudiger unterstützt. Wenn Sie beispielsweise Ihre Träume aufschreiben, werden Sie bald feststellen, dass Sie lebhafter träumen. Irgendwann wird ein Punkt kommen, an dem Sie sie sogar aktiv beeinflussen können, weil Sie Ihr Unterbewusstsein würdigen. Es verhält sich im Grunde wie ein kleines Kind: Wenn es Aufmerksamkeit von Ihnen bekommt, liebt es das. Es fühlt sich ernst genommen.

Es gab noch eine weitere Studie, die in großen amerikanischen Unternehmen durchgeführt wurde: Mitarbeiter wurden gebeten, ihre Ideen aufzuschreiben, wie sich in ihrer Firma etwas verbessern ließe. Diejenigen Firmen, die diese Methodik konsequent und konzentriert anwendeten, verdoppelten binnen zwei bis drei Jahren ihren Umsatz. Daran zeigt sich eindrucksvoll die zentrale Bedeutung des Sich-etwas-Notierens: Aufschreiben heißt, sein Unterbewusstsein zu würdigen – und damit sich selbst!

Lassen Sie uns hier zusammenfassen:

• Dankbarkeit empfinden für das, was ist.
• Wünsche, Pläne, Ziele klar formulieren und schriftlich notieren,
• das Gewünschte visualisieren – das ist das, worauf Sie sich in nächster Zeit konzentrieren.
• Und zwar nicht nur bis zum einundzwanzigsten Tag.
• Sie tun das bitte in den nächsten einhundert Tagen!

Das sind die berühmten einhundert Tage aus der chinesischen Philosophie: Die Chinesen lehren uns, dass es mindestens drei Monate dauert, ehe in unserem Gehirn die neurologische Struktur entsteht, die notwendig ist, um eine neue Gewohnheit zu generieren. Demzufolge können wir ca. drei Monate rechnen, bis wir die »unbewusste Kompetenz« erwerben, sodass all diese Prozesse vollautomatisch in uns ablaufen.

An den Punkt zu gelangen, an dem dies alles per Autopilot funktioniert, muss ab sofort Ihr ganz zentrales Anliegen sein. Garantiert kennen auch Sie Leute, die erfolgreicher und reicher sind als Sie, ohne mehr Grips zu haben. Oftmals sind sie sogar fauler als Sie. Stimmt doch, oder? Und Sie fragen sich: »Diese Leute sind nicht klüger, sie sind nicht schöner, nicht fleißiger als ich – also was mache ich falsch?« Mein Tipp: Stellen Sie die Frage anders. Fragen Sie: »Was wissen die, was ich nicht weiß?« Ich behaupte: Es sind Menschen, die – bewusst oder unbewusst – das Denkmodell verinnerlicht haben, das ich hier verdeutliche. Diese Leute sind dankbar für das, was sie haben, grübeln nicht pausenlos, sondern nehmen das Leben leicht, sie sind keine Bedenkenträger, sondern sie glauben felsenfest daran, dass das Leben voller Chancen und Möglichkeiten ist. Schauen Sie sich Menschen in Führungspositionen an. Glauben Sie mir: Ich kenne einige Leute aus Chefetagen, aber es ist kein einziger Griesgram darunter. Es sind Menschen, die unumstößlich davon überzeugt sind, dass man immer etwas auf positive Weise nach vorn bewegen kann.

Natürlich – diesem Missverständnis muss ich wohl vorbeugen – stehen bei Ihrer spirituellen Entwicklung nicht Reichtum und Karriere im Mittelpunkt. Eher die Reise selbst und was für ein Mensch Sie auf dieser werden. Denn wie Sie sich entwickeln, ist viel wichtiger, als was Sie erlangen: Bin ich glücklich, bin ich gesund, fühle ich mich großartig, wenn ich meine Ziele erreiche?

Also schreiben Sie sich auf: Welche Qualitäten möchten Sie sich erschließen?

Was bedeutet es, wenn Sie es jetzt aufschreiben? Es bedeutet, dass sie diese Qualitäten bereits in sich tragen. Wenn Sie zum Beispiel aufschreiben, dass Sie ein charismatischer, positiver, liebevoller Mensch werden wollen, der es versteht, andere mitzureißen und positiv zu beeinflussen, dann bedeutet das: Tief in sich drin haben Sie diese Eigenschaften bereits. Wenn Sie es aufschreiben, sprich: wenn Sie es sich vorstellen können, dann können Sie es auch erreichen.

Das, was Sie sich selber immer wieder sagen, wird zwangsläufig wahr. Wenn Sie sich stets vorhalten: »Ich bin schüchtern« – dann *sind* Sie schüchtern. Wenn Sie sich immer wieder sagen: »Ich habe keine Geduld« – dann *haben* Sie keine Geduld. Und wie, glauben Sie, wird das Universum darauf reagieren? Es wird Ihnen weiter neue Chancen geben, Ihre Schüchternheit an den Tag zu legen und damit immer wieder andere Gelegenheiten, sich in Geduld zu üben. Das Leben macht Ihnen alles nach – so einfach ist das.

Hinderlich nur, dass vieles von dem, was wir anstreben, mit Ängsten verbunden ist. Manche haben Angst vor Misserfolg, andere sogar vor Erfolg. Wieder andere plagen sich mit Zweifeln: Habe ich genügend Disziplin? Habe ich genug Kraft? Kann ich das überhaupt? Habe ich ausreichend Durchhaltevermögen? Solche Ängste ziehen uns zurück. Das ist, als wenn Sie beim Autofahren mit einem Fuß aufs Gaspedal treten, mit dem anderen auf die Bremse. Man könnte auch sagen: Diese Menschen stehen sich selber im Weg.

Oftmals ist es der kritische Verstand, der uns blockiert, der zum Beispiel sagt: »Du kannst doch niemals Millionär sein! Wie willst du das anstellen?« Der kritische Verstand ist allerdings meistens gar nicht kritisch, sondern einfach nur negativ. Er glaubt nicht daran und gibt Ihnen ein schlechtes Feedback. Und in dem Moment, in dem es tatsächlich nicht so gut läuft, sagt der kritische Verstand: »Hab ich dir doch gleich gesagt: Du schaffst das nicht.«

Wichtig ist, diesen kritischen Verstand zu kennen, damit man mit ihm umgehen kann. Und für den Umgang mit ihm gibt es einen Trick: Werden Sie wieder Kind! Erinnern Sie sich an das Baby-Schwimmen von Tag fünf. Kinder sind so genial, weil sie noch keine negativen Erfahrungen gemacht haben. Sie *machen* einfach – ganz naiv. Deshalb kommen sie auch schneller zu Lernerfolgen. Sei es, dass sie schneller Schwimmen lernen, Sprachen oder den Umgang mit dem Computer. Tatsächlich gab es Versuchsreihen, in denen man Kleinkindern keine Puppen und Bauklötze zum Spielen gegeben hat, sondern Schaltpläne für elektronische Geräte. Das Wunder: Es dauerte nicht lange, da hatten die Kinder die Pläne verstanden und waren sogar in der Lage Vorschläge zu machen, wie man die Geräte noch verbessern konnte.

Die Tragik bei uns Erwachsenen ist, dass wir immer alles mit dem Verstand erfassen und verstehen wollen. Dabei kommt man mit der Naivität und der spielerischen Leichtigkeit eines Kindes oft weiter im Leben. In ein paar Tagen werde ich Ihnen das Prinzip der Polarität erläutern, das im Wesentlichen besagt: Wo ein Minus ist, da ist immer auch ein Plus. Wenn Sie es also für möglich halten, dass Sie eines Tages bettelarm sind, dann besteht genauso gut die Möglichkeit, dass Sie irgendwann Millionär sind – ob Ihrem kritischen Verstand das nun passt oder nicht. Sie müssen den Weg dorthin auch gar nicht kennen. Es reicht völlig aus, zu wissen: Es ist möglich! Immer vorausgesetzt, dass Sie die Lockerheit und das kindliche Vertrauen aufbringen, einfach mal sorglos offen zu sein für die Möglichkeit, dass es funktionieren könnte. Das Wunderbare daran: Es ist ein Spiel, bei dem Sie nur gewinnen können! Also konzentrieren Sie sich auf Ihr Hauptziel: gesund, glücklich, leidenschaftlich, vital zu sein und ein Leben mit Leichtigkeit und Freude zu genießen.

Konzentrieren Sie sich nicht auf das Wie, sondern auf Synchronizität. Dieser Begriff bedeutet: Wenn Sie Ihre Denkweise auf das neue Modell umstellen, werden umgehend viele kleine Dinge geschehen, die Sie Ihrem Ziel näherbringen. In der nächsten Zeit werden Sie feststellen, dass Sie von wundersamer Hand neu vernetzt werden. Sie treffen neue Leute, bringen auf einmal andere Menschen zusammen, woraus sich ungeahnte Situationen ergeben, die Ihnen helfen, Ihrer Vision näherzukommen. Schreiben Sie diese »kleinen Dinge« in Ihr Tagebuch. Wichtig bei alledem: Bleiben Sie locker und seien Sie dankbar für das, was Sie schon haben.

Fühlen Sie jetzt schon die Freude an dem, was Sie wollen. Geben Sie sich regelmäßig den Tagträumen von Ihrer Wunschvorstellung hin. Ich persönlich liebe Tagträume. Wann immer ich mal ein paar Minuten Ruhe habe, hänge ich meinen nach und verinnerliche auf diese Weise meine Zielvorstellung. Ich fange schon morgens damit an: Immer wenn ich unter die Dusche gehe, sage ich mir, dass das kein normales Wasser ist, sondern es ist die Verwirklichung meiner Träume. Lauter Schönes, das von oben auf mich herabregnet. Unter dem Wasserfall lebe ich den Traum meines Lebens. Auf diese Weise reinigt jeder Tropfen meinen Körper nicht nur äußerlich, sondern ebenso innerlich. Wenn ich dann aus der Dusche steige, bin ich auch innerlich erfrischt!

Also lassen Sie den kritischen Verstand einfach plappern. Abschalten können Sie ihn nicht; folglich lassen Sie ihn eben gewähren. Selbst jemand, der spirituell sehr fortgeschritten ist, hat immer noch einen kritischen Verstand. Nur mit dem Unterschied, dass ein sehr spiritueller Mensch nicht viel Energie auf ihn verwendet. Akzeptieren Sie einfach, dass er da ist; sagen Sie: »Danke, dass du mir deine Meinung gesagt hast.« Wenn Sie möchten, überprüfen Sie ruhig, was der kritische Verstand sagt. Häufig werden Sie feststellen, dass er wie ein Echo arbeitet: In dem, was er sagt, werden Sie Ihren Vater oder Ihre Mutter wiedererkennen und die Glaubenssätze, die Ihre Eltern vertreten haben. Der sogenannte kritische Verstand äfft einfach nur nach, was Ihnen andere Menschen eingetrichtert haben. Was aber noch lange nicht bedeutet, dass diese Glaubenssätze heute immer noch Gültigkeit haben. Ergo blenden Sie sie aus – aber mit positiver Sicherheit von innen. Mit der, dass Sie den Weg zu Ihrem Ziel gar nicht kennen müssen. Oftmals kommen die Dinge auf einem Weg zu Ihnen, mit dem Sie vorher nie gerechnet haben. Ich spreche da aus Erfahrung; ich habe das selbst mehr als einmal erlebt.

Oftmals stellt sich der kritische Verstand Ihnen auch in den Weg, weil er Bequemlichkeit im Sinn hat: den Status quo erhalten, Gefahr, Veränderung, Konflikte vermeiden. Ich bin sicher, Sie finden sich darin wieder. Genau das wird Sie aber davon abhalten, Ihre Ziele zu erreichen. Tatsächlich werden Sie lernen müssen, Risiken zu begrüßen, Veränderungen zuzulassen, sich auf Unbekanntes einzulassen. Wäre widersinnig, zu glauben, Sie könnten Ihr Leben weiterführen wie bisher, aber gleichzeitig bessere Ergebnisse erzielen. Sie werden nicht nur Ihre Denkweise, sondern auch Ihren Tagesablauf ändern müssen, um optimierte Ergebnisse zu manifestieren. Also rennen Sie nicht fort vor Veränderung, sondern werden Sie kreativ und finden Sie einen Weg, wie Sie die nötigen Neuerungen in Ihren Tagesablauf integrieren.

Was ich damit meine: mentale Übungen – wie etwa das Dankbarkeitsritual von Tag eins und noch ein paar andere, die ich Ihnen in den nächsten Tagen noch erläutere. Mentale Übungen und Meditationen also, die Ihren Geist auf die ideale Schwingungsrate erheben, damit Sie Ihre Ziele erreichen können, und die Sie deshalb täglich durchführen sollten. Zumindest die nächsten einhundert Tage lang, bis sich das neue Denken in Ihnen verselbstständigt.

Und immer schön dranbleiben! Aufschreiben, was Ihnen durch den Kopf geht. Empfehlenswert ist auch, ein Transformationstagebuch zu führen: Gehen Sie jeden Abend im Geiste den Tag noch mal durch und fragen Sie sich, an welchem Punkt des Tages hatte ich besonders negative Empfindungen? Schreiben Sie dann dahinter, wie das Gefühl ausgesehen hätte, das Sie an der Stelle gern gehabt hätten. Notieren Sie auch, an welcher Stelle des Tages Sie einem anderen Menschen etwas Negatives gesagt haben (Sätze wie »Ach Gott, ich bin ja so im Stress!« oder »Mir geht's heute nicht gut«)

und schreiben Sie dahinter, welches die positive Formulierung gewesen wäre, die mit dem Guten in Resonanz getreten wäre, das Sie anstreben.

Ich selbst tue das regelmäßig: schreibe mir auf, was ich in meinem Leben vorfinde, das mir missfällt. Dann stelle ich die Fragen:

• Warum ist das in meinem Leben?
• Warum habe ich das angezogen?
• Was ist da in mir?
• Welche Schwingung ist in mir, die das angezogen hat?

Wenn ich zum Beispiel Dinge in meinem Leben feststelle, die für mich frustrierend sind, bedeutet es, dass *davor* schon Frustration in mir sein muss, damit diese Situation entstehen kann. Ähnliches gilt, wenn ich vermehrt Leuten begegne, die mich sauer machen. Dies ist schlicht ein Hinweis darauf, dass ich schon eine gewisse Säuernis in mir trage – und prompt trete ich in Resonanz mit einer Menge Leuten, die mir Grund dazu geben.

Schauen Sie sich also an, was Sie in Ihrem Leben haben, und fragen Sie sich, was der Auslöser dafür ist. Kurieren Sie Frustration und Säuernis in Ihnen – dann werden auch die frustrierenden Menschen und Situationen in Ihrer Außenwelt verschwinden. Wenn Sie zum Beispiel – ich überspitze jetzt bewusst! – der Meinung sind, Sie seien mit einem Blödmann verheiratet?, stellen Sie sich die Frage, wie Sie diese Auffassung in sich kurieren können. Konzentrieren Sie sich auf denjenigen Persönlichkeitsanteil Ihres Partners, den Sie mögen. Erinnern Sie sich daran, wie das war, als Sie sich einst in ihn verliebt haben. Eliminieren Sie das Negative aus Ihrem Geist. Konzentrieren Sie sich schlicht auf das, was Sie mögen. Dies verändert die Beziehung zu Ihrem Partner auf der Stelle!

Die Kraft der Konzentration auf das Positive hilft beispielsweise auch, wenn Sie Angst vor dem Alter haben. Was für Assoziationen verbinden Sie mit dem Altern? Krankheit? Siechtum? Ein Pflegefall werden? Ebenso gut könnte aber auch das Gegenteil passieren. Es gibt doch eine ganze Reihe Menschen, die in hohem Alter noch fit und bei klarem Verstand sind. Also suchen Sie sich doch einfach aus, auf welche dieser beiden Arten Sie alt werden wollen. Konzentrieren Sie sich darauf, vor Ihrem geistigen Auge ein Bild von Ihrem achtzigsten Geburtstag zu malen (wenn Sie schon achtzig sind, nehmen Sie eben Ihren einhundertsten Geburtstag):

- Wie sehen Sie sich im Alter?
- Sehen Sie vor Ihrem geistigen Auge schon, wie Sie mit Freude die Feier vorbereiten?
- Sehen Sie sich fit und fröhlich über bunte Wiesen laufen?
- Fühlen Sie sich vital?

Wenn Sie selbst sich kein Bild davon machen – wer wird es Ihnen dann abnehmen? Wenn Sie aber klare Bilder von Ihrer Lebenssituation im Alter im Unterbewusstsein haben, dann können Sie diese auch Wirklichkeit werden lassen. Also noch mal, weil es so wichtig ist: Schaffen Sie ein glasklares plastisches Bild von sich selbst im Alter!

- Werden Sie dann noch aufrecht gehen?
- Was wollen Sie um sich haben?
- Wo wollen Sie leben?
- Wer sind wohl Ihre Freunde?

Konzentrieren Sie sich täglich darauf – morgens oder abends oder beides. Zur Nacht, wenn Sie schlafen gehen, konzentrieren Sie sich auf Ihren achtzigsten Geburtstag. Sehen Sie sich selbst gesund, glücklich, vital, erfolgreich. Schauen Sie sich selbst dabei zu, wie Sie es sich gut gehen lassen und Ihren Spaß haben. Wenn Sie morgens aufwachen, tun Sie genau dasselbe noch mal. Das machen Sie ganz konzentriert jeden Tag – und programmieren damit Ihren Geist.

Es geht darum, sich ebenso unumstößlich wie unbeirrbar auf das einzulassen, was Sie wollen. Es geht darum, das ernsthafte Verlangen nach etwas zu formulieren, ein präzises mentales Abbild dessen zu formen, was Sie sich wünschen. Es geht darum, den festen Willen zu haben, das Gewünschte tatsächlich zu erreichen. Es geht darum, die felsenfeste Überzeugung zu haben, dass Ihnen zusteht, was Sie sich wünschen. Sie müssen den Anspruch darauf formulieren. Und letztendlich brauchen Sie das felsenfeste Vertrauen darauf, dass Sie das, was Sie sich wünschen, tatsächlich auch bekommen werden. Wenn diese vier Dinge zusammenkommen – ernsthaftes Verlangen, mentales Abbild, fester Wille, bedingungsloses Vertrauen – *kann* das Universum gar nicht anders als Ihnen Türen zu öffnen. Ach doch, halt, etwas fehlt noch: die richtige Art zu handeln. Aber dazu morgen mehr . . .

Wie Sie Ihre Power-Antenne optimal ausrichten

Wiederholen Sie die Übung von Tag fünf, versetzen Sie sich mittels Kerze und Ihres eigenen Atems in vollkommene Entspannung. Malen Sie nun vor Ihrem geistigen Auge so präzise wie möglich das Bild eines Ihrer Lieblingsorte – z. B. einen Strand, an dem Sie sich unsagbar wohlgefühlt haben. Wie sehen die Dünen dort aus, das Schilf, die Muscheln im Sand? Was für Menschen begegnen Ihnen da? Wie rauscht die Brandung, wie der Wind? Sobald Sie dieses Bild perfekt vor Augen haben, gehen Sie einen Schritt weiter: Stellen Sie sich vor, dass Sie alles erreicht haben, was Sie sich wünschen. Ihr Leben ist schlichtweg perfekt. Wenn Sie ehrlich zu sich selber sind, werden Sie eingestehen, dass Sie sich dadurch verändern: Ihre Art, an Ihrem Traumstrand entlangzulaufen, wird sich ändern. Ihre Art, mit den Menschen am Strand zu sprechen, wird es auch. Ein Gewinner läuft und spricht nun mal anders als ein Mensch, der deutliche Defizite in seinem Leben spürt. Stellen Sie sich all diese Veränderungen so eindringlich wie nur irgend möglich vor. Bei dieser Übung werden Sie feststellen, dass Sie über alles Mögliche nachdenken, nur nicht darüber, woran Sie eigentlich denken sollen. Ich bin sicher, Sie werden diese Übung heute nicht meistern. Lassen Sie sich dadurch aber nicht entmutigen. Sie braucht – nun ja: Übung. Und Konzentration. Je beharrlicher Sie diese Übung praktizieren, desto schneller macht sie Sie zum Meister.

An die Dinge zu glauben, die man sehen und berühren kann, ist gar kein Glaube. Dem Unsichtbaren jedoch Glauben zu schenken, ist ein Triumph und ein Segen.

Abraham Lincoln, 16. Präsident der USA

Tag 9
Erfolgsbewusstsein und entschlossenes Handeln

Es ist natürlich grober Unfug, zu glauben, man könne allein dank seiner Visionen zu einem erfolgreichen Menschen werden. Es gilt immer noch die alte Weisheit: »Das Glück ist mit den Tüchtigen.« Diese Erfahrung kennen Sie: Dass in Phasen, in denen Sie weniger fleißig sind, nichts passiert, das Sie irgendwie nach vorn bringen könnte. Wenn Sie aber am Schreibtisch völlig euphorisch Hubschrauber spielen, sprich rotieren, fallen Ihnen plötzlich Dinge zu, an denen Sie gar nicht gearbeitet haben. Vieles läuft dann sprichwörtlich wie geschmiert.

Und genau das ist von heute, von diesem neunten Tag an Ihr Ziel: an den Punkt zu kommen, an dem alles mit einer gewissen Leichtigkeit geht. Ich stelle die These auf: Entweder meistert man das Leben spielerisch oder gar nicht. Vergessen Sie die uralte Weisheit Ihrer Eltern, die Ihnen womöglich eingetrichtert haben, dass man es nur mit harter Arbeit zu etwas bringt. Ich halte dem entgegen: Man bringt es zu etwas, indem man Lust und Freude verspürt bei dem, was man tut. Das ist etwas, das Sie an allen erfolgreichen Menschen beobachten und sich abgucken können: Sie haben Freude an ihrer Arbeit. Quatsch – sie empfinden sie noch nicht einmal als solche, sondern als reines Vergnügen! Spaß und Erfolg sind zwei untrennbare Dinge. Jemand, der griesgrämig ans Werk geht, wird nur in den allerseltensten Fällen Erfolg haben.

Und Sie haben allen Grund, sich zu freuen. Denn gehen wir mal zurück zum Moment Ihrer Zeugung: Etwa drei Millionen Samenzellen waren im Rennen, jede wollte ans Ziel. Gewonnen hat die eine, aus der Sie entstammen! Was bedeutet: Sie sind von Natur aus ein Gewinner!

Machen Sie sich das bewusst! Und ich bin sicher: Wenn Sie dies verinnerlicht haben, wird es Ihnen leicht fallen, bei Ihrer Arbeit – pardon, bei Ihrem Vergnügen – entschlossen zu handeln und Ihre gegenwärtige Position mehr als auszufüllen.

Jetzt fragen Sie sich vermutlich, wie Sie das anstellen sollen? Antwort: sich selber neu erfinden. Auch hier hilft wieder die Kraft der Visualisierung. Erzeugen Sie mental ein Bild von sich, wie Sie sich selber gern sehen würden. Wenn Sie sein könnten, wer Sie sein wollen – wer möchten Sie dann sein? Sie erträumen sich in Ihrer Firma Chef zu werden? Okay, dann nehmen Sie in Ihrer mentalen Vorstellung den Chefsessel schon mal in Beschlag. Konzentrieren Sie sich auf das Ideal, welches Sie anstreben. Kein Unternehmensboss wird einen Mitarbeiter zum Abteilungsleiter berufen, der erahnen lässt, dass er die Führungsrolle schon noch lernen wird. Nein, es werden zuverlässig diejenigen befördert, die in ihrem Innersten längst Chef *sind*. Noch mal die Bibelweisheit: »Alles, was ihr erbittet, glaubt nur, dass ihr es empfangen habt, und es wird euch zuteil werden.« Machen Sie sich an die Arbeit, erzeugen Sie in sich ein präzises Bild von dem Menschen, der Sie sein wollen. Dann handeln sie entsprechend – und zwar entschlossen. So kommen wir vom Denken über das Tun zum Sein.

Und sobald Sie wissen, was Sie wollen: **Handeln Sie!**

Tun Sie die Schritte, die Sie unternehmen würden, wenn Sie ganz sicher wären, dass das Ersehnte zu Ihnen kommt. Ihr Handeln beeinflusst ganz entscheidend das Programm, das Ihre Power-Antenne abstrahlt. Durch Ihr Handeln machen Sie sich beim Universum bemerkbar. Das ist auch nicht anders als an der Wursttheke im Supermarkt: Da sind ja auch *Sie* derjenige, der sagt, was er will. So verhält es sich im ganzen Leben:

Sag »Ich will . . .« und handle danach.

Also: Treffen Sie eine klare Entscheidung, was Sie wollen, und beginnen Sie, kraftvoll zu handeln. Wenn Sie nicht entscheiden, wird über Sie entschieden! Und mit Ihrem Handeln verleihen Sie Ihrem Wollen Glaubwürdigkeit und signalisieren dem Universum über Ihre Power-Antenne, dass Sie wirklich überzeugt sind von dem, was Sie erstreben, und dass Sie sicher sind, dort auch hingelangen zu können. Mit Ihrem Handeln sorgen Sie dafür, dass Sie nicht mehr »Opfer«, sondern derjenige sind, der das Heft in der Hand hält.

Und dann beobachten Sie gelassen, welche Erfahrungen Sie in der Folgezeit machen. Sie werden feststellen, dass Dinge auf Sie zukommen, mit denen Sie gar nicht gerechnet haben. Es ist, als hätten Sie durch Ihre Entschlossenheit und Ihr überzeugtes Handeln Türen geöffnet, durch die das Universum seine Lieferanten zu Ihnen schicken kann. Mit Ihrem entschiedenen Handeln setzen Sie das Universum in Bewegung.

Handeln hat einen ganz entscheidenden psychologischen Vorteil: Es löst Mangelgefühle auf. Als Handelnder sind Sie der aktive Part. In gewisser Hinsicht ist das ein Abenteuer, weil Sie nie genau wissen können, was passiert. Die Tür, die Sie durch Ihr Tun öffnen, muss keineswegs diejenige sein, durch die das Erwünschte zu Ihnen kommt. Ich habe sehr häufig erlebt, dass etwas, das mich meinem Ziel näher brachte, aus einer Ecke zu mir kam, aus der ich am allerwenigsten damit gerechnet habe. Für die Intensität der Ausstrahlung Ihrer Power-Antenne ist es demnach nicht entscheidend, dass Sie exakt das tun, was letztendlich zum Erfolg führt, sondern dass Sie überhaupt etwas unternehmen. Es führt dazu, dass Sie Ihre eigene Kraft spüren und vom »Opfer« zum »Erschaffer« werden. Für diese Energie werden Sie sich selber mehr lieben – was allemal besser ist als sich selbst dafür zu verurteilen, dass man sich etwas nicht zutraut.

Und bestimmt erinnern auch Sie sich an Punkte in Ihrem Leben, in denen Situationen, Umstände oder auch Menschen wie Geschenke auf Sie zukamen. Denken Sie mal daran zurück: Bestimmt hatten Sie im Vorfeld dieser Geschehnisse etwas beschlossen und anschließend danach gehandelt. Aber nicht Ihr Tun an sich hat die richtigen Menschen und Umstände direkt in Ihr Leben gezogen – das Ergebnis kam auf einem ganz anderen Weg zu Ihnen.

Wichtig bei alledem: Bleiben Sie dran! Gönnen Sie sich keine Nachlässigkeiten. Handeln Sie stets so, dass Sie am Ende des Tages sagen können: »Ich habe das Bestmögliche gegeben. Ich habe meine derzeitige Position mehr als ausgefüllt.« Behalten Sie die Fäden in der Hand. Schieben Sie nichts auf! Die Kraft einer kreativen Idee sinkt innerhalb von zwölf Tagen auf nur fünf Prozent, wenn keine Taten folgen! Also nutzen Sie die aufkommende Begeisterung, indem Sie sofort handeln!

Gucken Sie sich das bei sogenannten Machertypen ab: Wo Sie möglicherweise noch zögern und überlegen, *machen* diese Menschen einfach. Und erzeugen häufig Erfolge. Und selbst, wenn ihnen mal was misslingt: Machertypen ziehen einfach eine Lehre daraus, gehen es beim nächsten Anlauf besser an – und am Ende des Tages oder Monats gleichen die Erfolge das Misslungene locker aus.

Noch unsicher? Handeln Sie trotzdem! Probieren Sie es einfach aus. Hilfreich kann folgende mentale Übung sein: Nehmen wir an, Sie sind in Ihrem Job dabei, ein neues Projekt anzuschieben und mit Ihren Partnern Kontakt aufzunehmen. Bevor Sie die entsprechenden E-Mails abschicken, stellen Sie sich vor, Sie könnten die Ausstrahlung Ihrer Power-Antenne unsichtbar in Ihr Schreiben hineinlegen. Das geht! Sie haben sicher auch selber schon bei Briefen, Mails oder SMS, die Sie bekommen haben, unterschwellig registriert, dass zwischen den Zeilen etwas mitschwingt, das nicht expressis verbis im Text steht. Sie haben zum Beispiel gespürt, dass der Absender irgendwie schlecht drauf ist – oder was auch immer. Genauso können Sie in Ihren Schreiben an Geschäftspartner zwischen den Zeilen mitschwingen lassen, wer oder was Sie wirklich sind und wie Ihre Wünsche aussehen. Stellen Sie sich vor, wie diese Botschaft beim Empfänger ankommt und dafür sorgt, dass man Sie genau als das erkennt, was Sie tatsächlich sind.

Oder noch eine andere Übung – betrachten Sie sie einfach als eine Art Spiel: Wenn Ihnen schwierige Gespräche bevorstehen, stellen Sie sich am Vorabend vor, Ihre Power-Antenne würde bei Ihrem Gesprächspartner auf dem Tisch liegen und ein Programm abstrahlen, das die Verhandlungen positiv beeinflusst. Legen Sie einfach Ihr Herz in dieses Programm. Seien Sie mit Ihrem tiefsten Inneren dabei. Am nächsten Tag betreten Sie den Raum in der Gewissheit, dass Ihre Power-Antenne dort schon seit gestern liegt und wirkt ...

Wie Sie Ihre Power-Antenne optimal ausrichten

Schreiben Sie in Ihr Tagebuch eine Art Lebensbilanz. Was läuft gut, was weniger gut in Beruf, Partnerschaft, Geld, Gesundheit, Sexualität, Spiritualität. Zu den Bereichen, in denen Sie noch »room for improvement« sehen, schreiben Sie so detailliert wie möglich auf, was Sie sich wünschen. Wichtig ist, dass Sie das Gewünschte idealisieren und so genau wie möglich visualisieren. Schreiben Sie in der Jetzt-Form, nicht in der Zukunft. Notieren Sie es so, als sei Ihr Wunsch schon in Erfüllung gegangen – z. B. »Ich bin froh und glücklich, weil ich meine Traumposition in der Firma habe.« Wenn Sie Ihre Wünsche entsprechend formulieren und es intensivst fühlen, nehmen Sie das Gewünschte geistig bereits in Besitz. Und wie die Bibel schon sagt: »Alles, was ihr erbittet, glaubt nur, dass ihr es empfangen habt, und es wird euch zuteil werden.«

Eine mächtige, ewige und unergründliche Kraft treibt uns alle an. Doch während alle so vorangetrieben werden, ruhen sich viele aus und schauen zurück. Unbewusst stellen sie sich dieser Kraft in den Weg.

Prentice Mulford, Autor der Neugeistbewegung

Tag 10
Mentale Landwirtschaft

Was Sie säen, ernten Sie. Oder umgekehrt: Sie ernten, was Sie einst ausgesät haben.

Früher waren die Menschen darauf angewiesen, in der Natur irgendwas Essbares zu finden. Wenn sie wenig fanden, hungerten sie. Wenn sie gar nichts fanden, *ver*hungerten sie. Bis vor etwa zwölftausend Jahren. Da fanden sie plötzlich heraus, dass sie die Samen dessen, was sie bislang gegessen hatten, auch aussäen können, um Monate später etwas Neues zu ernten. Plötzlich waren sie nicht mehr Opfer – nein, sie konnten die Dinge nun selber in die Hand nehmen und bestimmen, was sie ernten. Säten sie Äpfel aus, konnten sie sicher sein, auch Äpfel zu ernten. Säten sie Gerste aus, konnten sie sich darauf verlassen, auch Gerste ernten zu können. Sie lernten schnell, dass die Natur sich nicht irrt. Es kann also folgerichtig nie passieren, dass man Bohnen sät und Rüben erntet.

Nach demselben Naturgesetz funktioniert Ihr Leben! Das ist etwas, das die Menschen früherer Kulturen schon wussten. Nur wir in unserer technisierten Welt haben jenes alte Wissen verdrängt. Und doch unterliegen wir diesen Gesetzen, denn wir sind ein Geschöpf der Natur.

Am heutigen Tag zehn gehe ich die große Aufgabe an, ein großartiges Naturgesetz möglichst einfach zu erklären. An diesem zehnten Tag möchte ich Ihnen einige wissenschaftliche Erkenntnisse darlegen, die Ihnen exakt veranschaulichen, wie Ihre Power-Antenne aufgebaut ist und wie Sie damit umgehen können.

Denken ist eine aktive, lebendige Form einer dynamischen Energie, ebenso wie ein Atom auch eine aktive, lebendige Form einer dynamischen Energie ist. Das bedeutet: Jedes Atom ist dem Wesen nach ein Gedanke – Bewusstsein. Und da ich aus Atomen bestehe, schwimme ich mit in dem riesigen Meer von Gedanken, in dem riesigen Meer von Bewusstsein. Wenn ich also – über meine Power-Antenne – einen Gedanken aussende, setze ich das gesamte Meer in Bewegung. Und bin dadurch mit allem verbunden, bin Teil dieser »Solidargemeinschaft«, dieses all-einen Bewusstseins, das alles schöpft. Ich kann teilhaben an unendlicher Kraft, unendlicher Weisheit, unendlicher Fülle.

Ich kann meine Umgebung beeinflussen, die Menschen, die Zukunft. Ich bin verantwortlich für all das. Meine Umgebung und ich sind nicht voneinander getrennt. Ich bin Teil eines Ganzen, ich bin ein Mikrokosmos des Universums, ich bin mit allem verbunden. Ich bin nicht allein. Das, was mich als Mensch ausmacht (nämlich Gefühle der Liebe und des Glücks), ist der Schlüssel zum Universum.

Es geht darum, zu akzeptieren, dass es einen universellen Geist gibt mit einer unendlichen To-do-Liste. Ein Geist, dessen Liebe unendlich ist. Ich muss ihm Anweisungen geben, einen Plan, dem er folgen soll. Wir reiten auf dem Rücken eines Riesen, und alles, was wir lernen müssen, ist, in sein Ohr zu flüstern.

Ich muss formulieren, was ich will – und so darauf konzentriert sein, so darauf fokussiert sein und mir dessen so bewusst sein, dass ich mich selber vergesse. Dann ist das mentale Abbild dessen, was ich mir wünsche, das einzig Reale. Jeder kennt diese Erfahrung, als er beschloss, dass er etwas wollte. Das ist Quantenphysik in Aktion, das ist Manifestation von Realität.

Es kommt also maßgeblich darauf an, sich genau zu überlegen: Was möchte ich aussäen? Welche Gedanken will ich aussenden? Meine Gedanken sind frei; ich habe die freie Wahl. Aber meine Gedanken haben immer Konsequenzen – immer! Jede Art von Gedanken, die man kontinuierlich aufrechterhält und aussendet, kann gar nicht anders, als Ergebnisse nach sich zu ziehen. Der Ausbau Ihrer Vorstellungskraft führt zur Entwicklung eines Idealbilds, aus dem sich Ihre weitere Zukunft entfalten wird!

Der Begriff »aussenden« ist übrigens durchaus wörtlich zu nehmen. Es ist eine erwiesene Tatsache, dass jeder einzelne Mensch so etwas wie ein Sende- und Empfangsturm ist. Genau genommen ist der gesamte menschliche Körper eine einzige Power-Antenne. Denn es ist erwiesen, dass wir nicht nur mit dem Kopf und dem Unterbewusstsein Gedanken aussenden – nein, auch unser Herz hat eine Ausstrahlung. Alles deutet darauf hin, dass das Energiefeld, welches das Herz aussendet, sich viele Kilometer weit ausbreitet (jetzt verstehen Sie auch, warum Menschen, die sprichwörtlich »mit dem Herzen dabei sind«, eine ganz besondere Aura haben und konsequenterweise meist erfolgreicher sind als jene, die nur »Dienst nach Vorschrift« machen). Unser Herz erzeugt elektromagnetische Felder, die mit dem Material interagieren, aus dem unsere Welt erschaffen ist – sprich mit den elektromagnetischen Feldern der Atome. Das Institute of HeartMath in Kalifornien fand heraus, dass die vom Herzen erzeugten elektromagnetischen Felder mit den Organen in unserem Körper und unserer Außenwelt kommunizieren.

Die Informationen werden vom Herzen mittels Emotionen übertragen. Wenn wir in unserem Herzen etwas empfinden, dann – so sagen die Wissenschaftler aus Kalifornien – werden diese Emotionen in elektrische und magnetische Energie übersetzt. Diese Energie wiederum interagiert mit den Zellen unseres Körpers und mit den Atomen der Welt außerhalb unseres Körpers. Der entscheidende Punkt ist, dass die Energie eines Atoms aus den gleichen Kraftfeldern besteht, wie wir sie mit unseren Gedanken, Gefühlen und Überzeugungen entstehen lassen. Menschliche Wesen unterscheiden sich nicht von Atomen. Wir sind nichts anderes als Energie, die Information besitzt und in das System integriert ist. Das ist eine fundamentale Erkenntnis, denn aus der Quantenphysik wissen wir, dass sich das Atom verändert, sobald sich das elektromagnetische Feld um es herum verändert. Was bedeutet: Wir können tatsächlich jedes Atom der Welt beeinflussen – mit der Kraft unserer Gedanken und Gefühle. Dabei spielen weder Zeit noch Entfernung eine Rolle. Menschen sind – wie alle Lebewesen – nichts anderes als Energiemodelle. Wellen in einem riesigen Wellenfeld, die mit allen anderen Wellen interagieren. Das ganze Universum ist eine Ansammlung interagierender Wellenmuster. Religiöse Gruppen (wie z. B. die Zen-Mönche), die Traditionen pflegen, die auf altem Wissen beruhen, tun nichts anderes, als die Energie in ihren Herzen zu fokussieren – während wir in unserer westlichen Kultur den größten Fokus auf unseren Verstand richten und dadurch zu einer sehr auf Logik aufgebauten Gesellschaft wurden.

Als die Wissenschaftler des HeartMath-Instituts weiterforschten, entdeckten sie, dass das elektromagnetische Feld, welches vom Herzen ausgesandt wird, seine Kraft durch eine weitere Ursache erhält: durch unsere Überzeugungen, die Dinge, die wir tief in uns glauben und nach denen wir unser Leben ausrichten. Es sind nicht nur unsere Gefühle, sondern vorrangig auch persönliche Überzeugungen, die wir stets und ständig ins Universum aussenden. Unser Herz ist demnach ein ganz elementarer Teil der eigenen Power-Antenne, die all unsere Überzeugungen und Gefühle in elektrische und magnetische Wellen umwandelt. Die logische Schlussfolgerung daraus: Mit unseren Gefühlen wie Liebe, Dankbarkeit, Freude, Vergebung, die wir tief im Herzen empfinden, beeinflussen wir unsere Körperfunktionen ebenso wie die Umwelt. Diese Schwingungen werden von Atomen in unserer Umwelt aufgefangen – selbst dann, wenn sie viele Kilometer entfernt sind. Man weiß inzwischen, dass alle Organe und das gesamte Zellgewebe elektromagnetische Felder erzeugen – Radiowellen, die sich in den Raum hinaus ausbreiten. Nach den physikalischen Gesetzen enden sie nie.

Die wissenschaftlichen Erkenntnisse gehen noch tiefer: Es gilt mittlerweile als unumstößliche Tatsache, dass das menschliche Herz viel mehr tut, als nur das Blut durch den Körper zu pumpen. Wir wissen heute, dass es eine sogenannte »Herz-Intelligenz« gibt, die ungeheure Auswirkungen hat. Das Gehirn erzeugt zwar elektrische und magnetische Felder, doch durch das Herz entstehen Felder, die elektrisch bis zu einhundertmal stärker und magnetisch über fünftausendmal stärker sind als die Wellen, die das Gehirn aussendet. Die Forscher sehen das als Erklärung dafür, warum wir zum Beispiel Spontanheilungen eher durch das Fühlen als durch das Denken erlangen.

Wenn wir all das konsequent zu Ende denken, erkennen wir allmählich, wie viel Macht jeder Einzelne von uns hat – allerdings abhängig davon, wie er über sich denkt und über die Welt, die ihn umgibt. Es können sich nur diejenigen Wünsche in unserem Leben erfüllen, an die wir aus tiefstem Herzen glauben. Unsere Gedanken und Wünsche entfalten eine viel größere Wirkung, wenn wir an sie glauben, wenn wir von ganzem Herzen davon überzeugt sind und sie mit Liebe denken. Wenn wir etwas in unserem Herzen fühlen, werden diese Gefühle in entsprechende Muster elektrischer und magnetischer Energie übersetzt. Diese interagiert mit der Seele des Körpers und den Atomen, aus denen die Welt besteht. Wir müssen im Herzen zutiefst überzeugt sein von dem, was wir in der Außenwelt manifestieren wollen. Heißt also: Was immer Sie sich wünschen – bringen Sie es von der Verstandesebene in Ihr Herzzentrum! Versetzen Sie sich in eine glückliche Stimmung. Wenn Sie für das, was Sie sich wünschen, eine ganz besondere Wertschätzung empfinden, fließen die entsprechenden Energiefelder vom Herzen aus durch den ganzen Körper und werden in den Raum und auf die Menschen um Sie herum projiziert. Das, was wir aus tiefstem Herzen glauben, realisiert sich – weil es die stärkste Energie besitzt.

Lange Zeit war die Wissenschaft überzeugt, dass alles von allem getrennt sei. In den letzten Jahren haben die Erkenntnisse der modernen Forschung ein vollständig anderes Bild gezeichnet. Heute wissen wir, dass genau das Gegenteil der Fall ist: Alles ist mit allem verbunden und beeinflusst sich gegenseitig. Es konnte zum Beispiel beobachtet werden, dass menschliche DNA unter Laborbedingungen den Stoff, aus dem Atome bestehen, direkt beeinflusst. Der russische Physiker Dr. Vladimir Poponen veröffentlichte dazu eine Studie, die mehr als verblüffend erscheint: Er brachte menschliche DNA in einer geschlossenen Röhre mit Photonen zusammen, um herauszufinden, welche Wirkung die DNA auf die Photonen hat. Dazu erzeugte er in der Röhre ein Vakuum. Wichtig hier zu wissen: Ein Vakuum ist mitnichten ein leerer Raum. »Vakuum« ist ein irreführender Begriff, weil ein solches angefüllt ist mit Informationen und Energie. In jedem anscheinend noch so leeren Raum verbleiben Photonen, die man mit speziellen Instrumenten nachweisen kann. Bei Poponens Versuch verteilten sich die Photonen im Vakuum der Röhre erwartungsgemäß in chaotischer Art und Weise. Im nächsten Schritt gab Poponen eine Probe menschlicher DNA in die Röhre. Die Überraschung: Die Photonen ordneten sich in Anwesenheit der DNA in regelmäßigen Mustern an. Poponen zieht daraus eine überaus profunde Schlussfolgerung: Der Stoff, aus dem wir sind, nämlich die DNA, hat einen direkten Einfluss auf den Stoff, aus dem die Welt besteht – die Photonen und Atome. Damit hat die Wissenschaft erstmals nachweisbar dokumentiert, was die meisten uralten spirituellen Traditionen seit Jahrhunderten besagen:

> Wir sind Teil der Welt und beeinflussen sie durch unseren Körper; unsere DNA hat eine direkte Wirkung auf die Bausteine in den Atomen und damit auf die physische Welt.

Zusammenfassend können wir also festhalten: Mit unseren Gedanken, die der Verstand aussendet, mit unseren Gefühlen und Überzeugungen, die wir im Herzen bewegen, beeinflussen wir unsere DNA, die wiederum unsere materielle Außenwelt.

Als wäre das nicht revolutionär genug, ist die Forschung mittlerweile schon einige gehörige Schritte weiter. Sie hat nachgewiesen: Es gibt ein eigenes Energiefeld für unsere Gedanken. Längst ist es keine graue Theorie mehr, sondern erwiesene Tatsache, dass unserer physischen Welt eine Energie-Matrix zugrunde liegt. Ein Quantenfeld, das alles mit allem verbindet. Der Bauplan, mit dem alles begann. Eine tiefere Realität, die wir nicht sehen können, mit der wir aber mittels unserer Gefühle kommunizieren. Was wir als physische Realität sehen, ist das Ergebnis entsprechender Kommunikation.

Viele Menschen nennen dieses Quantenfeld auch einfach »die Quelle«. Oder setzen es gleich mit Gott. Mit einer göttlichen Matrix. Wie auch immer man es nennt: Es ist und bleibt ein unsichtbares Netz, das alles mit allem vereint (man könnte sagen: Das Internet ist ein Versuch, dieses Netz nachzubauen). Dieses Energiefeld ermöglicht es uns, mit allen und allem in Verbindung zu sein – bewusst oder unbewusst. Ob wir uns darüber im Klaren sind oder nicht: Alles, was wir denken, fühlen, tun, geht zu jedem Zeitpunkt in ein kosmisches Wellenfeld über. Es interagiert mit allem, und alles interagiert mit uns. Ob mit der Kraft unserer Gedanken, unserer Herzenergie oder mit den Schwingungen unserer DNA – wir senden ständig, ob wir es wollen oder nicht. Wir schicken pausenlos Impulse nach außen. Und diese treffen auf andere Menschen, die wir auf solche Weise in unser Leben ziehen. Gleichzeitig werden wir von deren Energie ebenfalls angezogen, wenn sie mit uns gleich schwingen. Wir sind also ununterbrochen nicht nur Sender, sondern auch Empfänger.

Die Existenz dieses Quantenfelds wurde durch eine ganze Reihe äußerst verblüffender Studien belegt. Man wollte die Wirkung von Gefühlen auf unsere DNA erforschen. Dazu wurde die DNA in einem Reagenzglas isoliert – und anschließend kraftvollen, intensiven Gefühlen des DNA-Spenders ausgesetzt. Was dann passierte, war revolutionär: Während der Proband seine starken Gefühle wie Liebe, Anerkennung, Dankbarkeit aussandte, konnten eindeutig elektromagnetische Reaktionen an der DNA gemessen werden. Es bestand nicht der Hauch eines Zweifels: Die Testpersonen beeinflussten allein durch ihre Emotionen die DNA-Moleküle in dem Reagenzglas. Die Struktur der DNA wurde eindrucksvoll verändert: Auf positive Gefühle antwortete die DNA mit Entspannung; die Stränge wurden länger. Sobald die Probanden Emotionen wie Angst, Ärger, Frust, Hass aussandten, verkürzten sich die Stränge; sie verkrampften regelrecht. Zudem konnten die Forscher beobachten, dass die DNA viele ihrer Codes einfach abschaltete. Das erklärt auch, warum uns negative Gefühle meist von der restlichen Welt einfach isolieren; niemand will mehr was mit uns zu tun haben, wenn wir schlecht drauf sind, und wir werden vom Lebensfluss abgeschnitten.

Das Ausschalten der DNA-Codes konnte umgehend rückgängig gemacht werden, indem die Probanden wieder ganz bewusst Gefühle der Freude, des Glücks, der Liebe etc. in sich erzeugten. Die Testreihe hat belegt, dass unsere Gene durch Signale von außen gesteuert werden. Aus dieser Studie entstand sogar ein neuer Wissenschaftszweig, die Epigenetik.

In einem weitergehenden Versuch wurde die DNA erneut isoliert, aber diesmal in andere Teile des Laborgebäudes gebracht. Die Forscher wollten herausfinden, ob die Gedanken und Gefühle auch auf Entfernung noch Einfluss auf lebendige Zellen und die DNA haben. Die Überraschung war perfekt: Die DNA verhielt sich bei diesem Versuch exakt genauso wie bei der ersten Testreihe. In weiteren Experimenten dehnte man die Entfernung zwischen Spender und DNA immer weiter aus – auf bis zu sechshundert Kilometer. Anhand einer Atomuhr maßen die Wissenschaftler die zeitliche Verzögerung zwischen dem Aussenden von Gefühlen und der Reaktion der DNA. Ergebnis: Die Reaktion erfolgte stets exakt zeitgleich!

Was folgt daraus? Es gibt keinen Punkt mehr, an dem ein Körper endet, und keinen, wo er anfängt. Unsere DNA kann sich über das Quantenfeld mit allem auf dieser Welt verbinden. Folgerichtig können wir allein mit der Kraft unserer Gedanken und Gefühle alles in unser Leben holen, was wir gern möchten. Immer vorausgesetzt natürlich, dass wir uns wirklich gut fühlen. Denn wie die Versuchsreihen gezeigt haben, schalten negative Empfindungen bestimmte Gene rücksichtslos ab. Gefühle beeinflussen die DNA, und die DNA wiederum beeinflusst den Stoff, aus dem die Welt besteht. Damit haben wir die Verbindung zwischen unseren Emotionen und der physischen Welt. Die Einflüsse der DNA breiten sich über das Quantenfeld aus und berühren buchstäblich alles in unserer Welt. Was immer uns in unserer Umwelt begegnet, hat seinen Ursprung in eigenen Gedanken, Gefühlen und Überzeugungen.

Vor einigen Jahren fanden Genetik-Forscher heraus, dass nur etwa fünf Prozent unserer DNA für die Vererbung zuständig sind. Über die restlichen fünfundneunzig Prozent wusste man nichts. Man nannte sie schlicht »DNA-Müll«. Die DNA ist ein riesiges Molekül, aber die Wissenschaft wusste nur über einen winzig kleinen Teil davon Bescheid. Erst in den Neunzigerjahren machten sich russische Forscher und Dr. Vladimir Poponen daran, zu erforschen, was die DNA eigentlich macht. Ihre Erkenntnis: fünfundneunzig Prozent der DNA sind Teil eines gigantischen Kommunikationsprozesses mit unserer Umwelt. Sie senden elektromagnetische Signale aus. Zum einen in den eigenen Körper – was uns dabei unterstützt, Zelle für Zelle, Molekül für Molekül wiederaufzubauen. Zum anderen findet ein großer Teil dieser Kommunikation mit der Außenwelt mithilfe von Biophotonen statt.

Halten wir also fest: Unsere interne Power-Antenne besteht aus drei Teilen – Gehirn, Herz und DNA. Mit diesem eingebauten

113

Funkturm senden wir ununterbrochen Signale in die Welt, ausgelöst durch unsere Gedanken, Gefühle, Überzeugungen. Das ist der Grund, weshalb unsere Gedanken Schöpferkraft haben. Je konkreter das mentale Bild ist, das sie formen, je konkreter das, was ich nach außen aussende, desto konkreter die Auswirkungen, die sich in meiner Umwelt manifestieren. Nach dem Bild meiner Gedanken beginnen sich Menschen, Bedingungen und Umstände in meiner Umgebung neu zu ordnen, sobald sie in Resonanz mit der von mir ausgesandten Energie getreten sind. Je meisterhafter ich in diesem Bewusstsein bin, desto vollkommener die Dinge, die ich in meiner Umgebung erschaffe. Die Arbeit dafür leistet die Kraft der Imagination, der Visualisierung. Um diese Vorstellungsfähigkeit zu kultivieren, muss man sie trainieren. Übung ist beim Trainieren mentaler »Muskeln« genauso wichtig wie bei physischen. Wir müssen die Imaginationskraft nähren, damit sie gedeiht!

Wie Sie Ihre Power-Antenne optimal ausrichten

Notieren Sie in Ihrem Tagebuch destruktive Gedanken, die sich bei Ihnen ständig wiederholen und die Sie fortwährend aussenden. Zum Beispiel:

– Wovor haben Sie Angst?

– Warum?

Wir haben gelernt: Gedanken sind wie Aussaat. Wenn ich Angst aussäe, werde ich exakt das ernten, wovor ich Angst habe. Wenn ich Mangel denke, werde ich Mangel ernten.

Listen Sie so exakt wie möglich alle destruktiven Gedanken auf, die Ihnen einfallen. Vervollständigen Sie die Liste in den nächsten Tagen.

Wichtig dabei: Ersetzen Sie die destruktiven Gedanken auf der Stelle durch konstruktive. Schreiben Sie neben jeden destruktiven Gedanken augenblicklich den passenden konstruktiven. Und geben Sie peinlich genau acht, dass Sie künftig nur noch die konstruktiven Gedanken aussäen. Schließlich wollen Sie ja auch nur Konstruktives ernten!

Die Atome und Elementarteilchen sind nicht wirklich. Sie bilden eher eine Welt von Tendenzen und Möglichkeiten als von Dingen und Fakten.

Werner Heisenberg, Quantenphysiker

Tag 11
Die Sprache des Erfolgs

Versuchen Sie mal, in diesem Moment von Ihrem Stuhl aufzustehen. Ja, bitte, versuchen Sie es. Und? Sie sehen: Es gelingt Ihnen auf der Stelle. Was Sie eben gemacht haben, war kein Versuch. Sie haben es einfach getan!

Das Wort »versuchen« beinhaltet die Möglichkeit des Scheiterns. Und da kein Mensch scheitern will, streichen wir das Wort »versuchen« in diesem Augenblick aus unserem Vokabular! Über meinem Schreibtisch prangt als Wand-Tatoo ein Zitat von Goethe: »Erfolg hat drei Buchstaben: **Tun**!« Wir ersetzen »versuchen« ab sofort durch »tun.«

Bei der Sprache fängt alles an. Wenn wir nachhaltig zu einem erfüllten, erfahrenen, erfolgreichen Menschen werden wollen, ist es unumgänglich, dass wir mit unseren Worten mentale Bilder malen, die in Resonanz mit dem stehen, was wir uns wünschen. Das Vokabular, welches Sie benutzen, gehört maßgeblich zu den Dingen, die sich am meisten auf Ihre Realität auswirken. Deshalb: Streichen Sie aus Ihrem persönlichen Wörterbuch alle Begriffe, Bilder und Gefühle, die nicht mit Ihrem gewünschten Erfolg in Resonanz stehen. Widmen Sie negativen Worten und den Bildern, die mit ihnen erzeugt werden, keine Aufmerksamkeit. Auch wenn Leute Ihnen etwas erzählen: Von vielen bekommen Sie negative Worte und folglich negative Energie ab, die Sie runterzieht. Lassen Sie das nicht an sich heran. Wenn Ihnen jemand sagt, wie schwer das Leben doch sei, lächeln Sie ihn einfach an und sagen: »Och, für mich ist es leicht.«

Wir alle kennen diese Gespräche, in denen uns jemand eine Viertelstunde lang erzählt, wie grausig alles ist, und danach sind wir deprimiert. Die Kunst besteht darin, nach außen hin klar die Grenze zu ziehen und zu signalisieren: »Mir kommt keine negative Energie über die Schwelle!« Schützen Sie Ihren Geist davor – so wie Sie Ihren Garten oder Ihre Balkonkästen davor schützen, mit Unkraut zuzuwuchern.

Ein Beispiel: Was antworten Sie, wenn Sie gefragt werden: »Wie geht's«? Die meisten Menschen nuscheln routinemäßig irgendwas vor sich hin. Beginnen Sie ab heute damit, aus vollster Überzeugung zu antworten:

»Besser als gestern, aber noch nicht so gut wie morgen.«

Verinnerlichen Sie diesen Satz! Benutzen Sie ihn ganz bewusst, immer wieder. Und dann beobachten Sie mal, welche Wirkung er in Ihnen selber erzeugt . . . Eine andere Variante: Sagen Sie Ihrem Lebenspartner oder Kind: »Ich liebe dich mehr als gestern, aber noch nicht so sehr wie morgen.« Und dann beobachten Sie, welche Wirkung dieser Satz in Ihnen selbst erzeugt . . . Ich möchte das nicht weiter ausführen – ich möchte, dass Sie den Effekt solcher Redewendungen als erlebtes Wissen über die Funktionsweise des Lebens verinnerlichen.

Die Sprache verrät, wie Menschen wirklich denken, fühlen, wie sie ticken. Als Journalist und Autor mit Leib und Seele liebe ich die Sprache. Es macht Spaß, ihr auf den Grund zu gehen. Nehmen wir zum Beispiel den Begriff »Geld verdienen«. So was kann eigentlich nur uns Deutschen einfallen. Es beinhaltet den Begriff »dienen«, was irgendwie nach »im Schweiße deiner Füße« klingt. Auch mir hat man als Kind eingetrichtert, dass man nur mit emsigem Dienen und harter Arbeit zu etwas kommt. Aber ist es nicht so, dass jeder von uns Menschen kennt, die hart arbeiten, es aber dennoch zu keinem nennenswerten Wohlstand bringen? Harte Arbeit kann zwar hier und da ganz nützlich sein – das Erfolgsgeheimnis ist sie sicherlich nicht.

Schauen wir uns mal in weiteren Kulturen und Volkswirtschaften um, dann entdecken wir dort eine ganz andere, sehr viel entspanntere Mentalität im Umgang mit der Frage, wie man zu Geld kommt. Die Amerikaner beispielsweise »machen« einfach Geld – »to make money«. Am simpelsten erledigen es die Franzosen: Sie »gewinnen« ihr Geld – »gagner de l'argent«. Und die Engländer? Nachgerade genial: Sie »ernten« das Geld – »to earn money«. Da haben wir's wieder: Man kann nur ernten, was man gesät hat. Und am gestrigen Tag haben wir gelernt, wie man sät: mittels mentaler Landwirtschaft.

Da Denken ein kreativer, sprich schöpferischer Vorgang ist, einigen wir uns doch darauf, dass wir künftig nicht mehr von »Geld verdienen« sprechen, sondern von »Geld kreieren« – mit Hilfe der Kraft unserer Gedanken.

Noch eine »Wortklauberei«: Der Begriff »Erfolg« kommt von »erfolgen.« Erfolg ist etwas, das auf eine Ursache folgt. Was bedeutet: Sie müssen ihn verursachen – in Ihren Gedanken. Im Grunde haben Sie immer Erfolg – denn auf Ihre Gedanken folgt immer etwas. Nur ist es manchmal nicht das, was Sie sich wünschen. Dann wissen Sie: In Ihren Gedanken haben Sie die falsche Ursache gesetzt. Sie haben die falschen Gedanken gesät.

Ein Fehler wäre es übrigens auch, in diesem Fall von »Misserfolg« zu sprechen. Oder gar von einem »Fehlschlag«. Zwei weitere Begriffe, die wir ab sofort aus unserem Wortschatz streichen. Das, was wir als »Misserfolg« sehen, ist in Wirklichkeit ein Erfolg, denn das Leben teilt uns an dieser Stelle mit, dass wir in unserem Denken etwas verändern müssen. Leider verbinden wir mit dem Begriff »Fehlschlag« so viele negative Gefühle, dass wir lieber gar nichts tun, als einen Fehlschlag zu erleben.

»Fehlschläge« sind aber genau genommen unsere Freunde, weil sie in Wahrheit Erfahrungen sind, aus denen wir lernen können. Merke also: Die Worte »Misserfolg« und »Fehlschlag« ersetzen wir ab sofort durch »Erfahrung«. Was auch immer geschieht: Es ist einfach eine Erfahrung, aus der wir positive Schlüsse ziehen können. Es gibt keine schlechten Erfahrungen. Das ist genau der Punkt, an dem wir uns so oft falsch verhalten: Sobald uns etwas passiert, sobald wir eine Erfahrung machen, bewerten und beurteilen wir sie, teilen sie ein in gut oder schlecht, und schlimmstenfalls *ver*urteilen wir sie. Wahre Freiheit und Gelassenheit tritt ein, wenn wir genau damit aufhören. Wenn wir damit Schluss machen, Erfahrungen zu be- oder verurteilen, sondern uns lieber anschauen, welche interessanten Aspekte die jeweilige Erfahrung in sich birgt.

Es ist vollkommen irrelevant, ob sie gut oder schlecht ist – sie ist immer interessant. Was bedeutet: Ich lerne dabei etwas. Natürlich verlangt diese Auffassung ein gewisses Grundvertrauen ins Leben, das Vertrauen, zu sagen: »Das Leben sorgt für mich.« Aber wenn Sie dieses Vertrauen erst mal in sich tragen, vereinfacht sich

Ihr Leben gewaltig. Dasselbe gilt für Menschen, die uns begegnen: Meine Beziehungen zu denjenigen in meinem Umfeld besserten sich schlagartig, als ich aufhörte, sie zu beurteilen oder gar zu verurteilen. Als ich Schluss damit machte, sie in gut oder schlecht, nett oder unsympathisch einzuteilen. Als ich stattdessen begann, liebevoll das Positive in jedem Einzelnen zu sehen.

Dasselbe gilt für vermeintliche Probleme. Das Wort »Problem« hat immer so einen negativen Beigeschmack – weshalb wir es in Zukunft durch »Aufgabe« oder »Herausforderung« ersetzen. Auch ein Problem ist eine Erfahrung und genau genommen *für* dich, weil es dich weiterbringt. Wäre es gegen dich, hieße es *Contra*blem.

Ein nachgerade genialer Begriff unserer Sprache ist übrigens »sich etwas einbilden«. So wie ich eine Krankheit, die ich mir einbilde, höchstwahrscheinlich irgendwann auch tatsächlich bekomme, kann ich mir auch einbilden, ein reicher Mann zu sein: Ich baue in meinem Kopfkino das Bild eines – na, sagen wir mal: wohlhabenden Jetsetters auf. Ich forme ein plastisches Bild davon, wie ich heute in Portofino, nächste Woche in Dubai, übernächste in Marrakesch in feudalen Hotelsuiten residiere. Wenn Sie es nicht schaffen, sich das dauerhaft einzubilden, sprich dieses mentale Abbild als Lebenswirklichkeit in Ihrem Kopf und Herzen permanent aufrechtzuhalten, sollten Sie tunlichst nicht darauf wetten, dass Sie sich jemals zu einem Jetsetter entwickeln werden . . .

»Sich entwickeln« – auch ein wunderbarer Begriff: Wir »ent-wickeln« das, was sowieso schon in uns ist. Das, was uns entspricht. Das, was das Leben für uns bereithält. Es muss nur noch ausgepackt, ausgewickelt, ent-wickelt werden.

Sie sehen: Es kann äußerst hilfreich sein, sich solcher Details, die wir gewöhnlich mit einer gewissen Oberflächlichkeit behandeln, einfach mal bewusst zu werden. Und damit sich seiner selbst bewusst zu werden. Das ist auch wieder etwas, das häufig verwechselt wird: Viele Menschen reden von »Selbstbewusstsein«, wenn sie im Grunde »Selbstsicherheit« meinen. Nein, hier geht es wirklich darum, sich seiner selbst bewusst zu werden. Und sein Selbst-Bewusstsein zu einem Meister-Bewusstsein zu entwickeln.

Wachstum und Entwicklung gehören mit zum Sinn des Lebens. Ein Meister-Bewusstsein zu erlangen, bedeutet zu erkennen, dass ich nicht »Opfer« irgendwelcher Launen des Schicksals oder Spielball von Zufälligkeiten bin. »Jeder ist seines Glückes Schmied«, sagt der Volksmund, und derlei Weisheiten sind häufig intelligenter, als man vermuten möchte.

Jede Art von Gedanken, die man kontinuierlich aufrechthält – die tatsächlich vorherrschende geistige Haltung – kann gar nicht anders als die adäquaten »Er-folge« nach sich zu ziehen. Ein Mensch, dem die Eltern – und das ist leider sehr häufig der Fall! – immer wieder eingetrichtert haben: »Du kannst doch nichts! Du wirst es nie zu was bringen! – der wird sehr wahrscheinlich sein Leben lang maximal im Mittelmaß vor sich hindümpeln. Ich bin deshalb immer sehr vehement dafür, Kinder zu selbstsicheren Menschen zu erziehen, voller Selbstvertrauen. Kinder sollen früh lernen, an sich zu glauben!

Ich möchte Sie am heutigen Tag ermuntern, auch an sich zu glauben. An sich und an Ihren Traum vom Leben! Vollkommen gleichgültig, wie dieser Traum aussieht. Übrigens auch ein weises Wort: gleichgültig. Ganz egal, ob ich etwas Negatives oder etwas Positives erlebe – es ist alles auf gleiche Weise gültig. Auch das Negative hat eine Bedeutung: Aus dem Negativen kann ich Lehren ziehen, kann Anregungen daraus gewinnen, wie ich es künftig besser machen kann.

Wir haben gelernt und erkannt, dass wir in der All-Einheit leben. Wenn alles das Eine ist, kann das Eine nicht gegen sich selber arbeiten. Was bedeutet, die All-Einheit entscheidet sich: In diesem Aspekt »verliere« ich, in einem anderen Aspekt »gewinne« ich. Beides hebt sich gegenseitig auf. Gewinn und Verlust sind also nur eine Illusion. Alles, was geschieht ist einfach Leben. Und das ist ein Geschenk. Was im Leben passiert, ist ein zusätzliches Geschenk. Und alles, was geschieht, ist »gleich gültig«. Ob Sie sich ein Bein brechen oder den Nobelpreis bekommen, ob Sie einen Schnupfen haben oder sechs Richtige im Lotto: beides sind Begebenheiten des Lebens. Und wenn Sie es nicht bewerten, wenn Sie kein Urteil fällen, dann ist das alles gleich gültig. Das Ganze gleichermaßen willkommen. Sie erleben einfach Leben.

Nehmen Sie sich die Zeit, denken Sie mal darüber nach. Wenn Sie verinnerlicht haben, dass alles »gleich gültig« ist, weil auch das Negative immer einen positiven Aspekt hat, dann fällt es ihnen leicht, das Negative, Ihre Ängste, Ihre Blockaden, Ihr Mangeldenken einfach loszulassen. Sich keinen Kopf mehr darüber zu machen. Jegliche Anspannung fallen zu lassen. Sobald Sie diese Gelassenheit in Ihrem Innersten »ent-wickeln«, haben Sie unendlich viel freie Energie, um sich selbst neu zu erfinden. Sozusagen Ihr ganzes Leben aufs Neue zu erfinden. Ein äußerst effizientes Werkzeug dabei ist die Visualisierung (siehe Tag sieben), die Kraft der Imagination: Wie stellen Sie sich Ihr Leben vor? Der Ausbau Ihrer Vorstellungsfähigkeit führt zur »Ent-wicklung« eines Ideals, zu dem hin sich Ihre weitere Zukunft entfalten wird.

Wie Sie Ihre Power-Antenne optimal ausrichten

Wiederholen Sie die Übung von Tag fünf, versetzen Sie sich mittels Kerze und Ihres eigenen Atems in vollkommene Entspannung. Wenn Sie diesen Zustand erreicht haben, malen Sie sich vor dem geistigen Auge die Antwort auf die Frage aus, die ich eben schon mal formuliert habe:

– Wie stellen Sie sich Ihr Leben vor?

– Wie soll das Drehbuch Ihres Daseins geschrieben sein?

– Wenn Sie sein könnten, wer Sie sein möchten – wer möchten Sie dann sein?

Es kann hilfreich sein, sich zu dieser Frage erst einige Gedanken in Ihr Tagebuch zu schreiben, ehe Sie dann in die Imagination gehen. Und auch für diese Übung gilt: Mit dem heutigen Tag ist es nicht getan. Sie sollten diese Übung Tag für Tag wiederholen – bis Sie fühlen, dass Sie Ihre neue Grundhaltung zum Leben im Unterbewusstsein verankert haben.

Noch mal: Es geht darum, Ihre Vorstellungsfähigkeit weiterzuentwickeln, damit Ihr Unterbewusstsein Ihr neues Selbstbild verinnerlicht – und an das Universum kommuniziert.

Mit dem Wissen, dass eine Kraft für Sie arbeitet, die noch nie an etwas gescheitert ist, was sie in Angriff genommen hat, können Sie mit der Gewissheit voranschreiten, dass sie auch in Ihrem Fall nicht scheitern wird.

Robert Collier, Autor der Neugeistbewegung

Tag 12
Das Prinzip der Polarität

Wir haben gelernt – und bald sicher auch verinnerlicht – Gedanken sind Ursachen; Zustände und Umstände sind deren Auswirkungen. Das erklärt die Existenz von Gut und Böse, von lang und kurz, von »gut drauf« und »griesgrämig«. In meinen Gedanken habe ich die Wahl. Ich kann mir in jeder Sekunde aussuchen, was ich denken und damit verursachen möchte. Das ist das Prinzip der Polarität, wie wir es schon im Kybalion der alten Griechen finden: Wenn es in meinem Leben etwas Unangenehmes gibt, bedeutet das, dass auch das Gegenteil gegenwärtig ist. Dieses Prinzip heißt, dass ich durch das Anheben meiner geistigen Schwingung, durch das Aussenden von Liebe das Unerwünschte verbannen und das Angenehme anziehen kann. Ich bin der Meister meines geistigen Zustands – und nicht mehr sein Diener oder Sklave.

Ich möchte Ihnen nahelegen, sich ein physikalisches Prinzip zu eigen zu machen: Wo Minus ist, da ist immer auch Plus! Es geht gar nicht anders.

Wer das Minus hat, der besitzt auch das Potenzial für das Plus.

Nehmen wir unser Lieblingsbeispiel, das Geld. Der eine Pol ist die Armut, der andere der Wohlstand. Zwischen diesen beiden Extremen gibt es unzählige Abstufungen und Situationen. Menschen, die sich um Geld Sorgen machen und klagen, dass es nie genug ist, neigen sich mit ihren Gedanken in Richtung des Pols der Armut und ziehen die Armut konsequenterweise an. Aber selbst, wer gerade gar kein Geld hat, kann sich das Prinzip der Polarität zunutze machen, um seine finanzielle Situation zu verbessern.

Stellen Sie sich vor, das Spektrum des Geldes wäre auf einer Skala dargestellt – wie auf einem Thermometer. Am unteren Ende der Skala sehen Sie das Extrem der Armut, am oberen Ende das Extrem des Wohlstands. Das Ganze ist mit einem Zeiger versehen – wie auf einem Mischpult. Um mehr Geld anzuziehen, können Sie Ihre Schwingung einfach dadurch erhöhen, dass Sie in Ihrer Vorstellung den Zeiger auf der Skala soweit nach oben stellen wie möglich. Beantworten Sie sich die Frage: Wie viel Geld können Sie sich vorstellen?

Vor einiger Zeit fragte mich ein befreundeter freier Journalist um Rat. Er verdiente durchschnittlich um die fünftausend Euro im Monat, leistete sich aber einen einigermaßen feudalen Lebensstil und kam mit dem Geld vorn und hinten nicht zurecht. Ich fragte ihn: »Wie viel Geld können Sie sich im Idealfall auf Ihrer monatlichen Abrechnung vorstellen?« Er meinte: »Na ja, mit etwas Glück könnte das Doppelte schon drin sein.« Ich erklärte ihm das Prinzip der Polarität und den Trick mit dem Mischpult und schlug ihm vor, sich eine Skala mit Geldbeträgen vorzustellen und den Zeiger auf der Skala auf die Zehntausend-Euro-Marke zu stellen. Mit diesem Bild im Kopf solle er jetzt erst mal eine Weile schwanger gehen. Damit sich sein Gehirn dabei nicht langweilt, bat ich ihn, eine alte Abrechnung seines Verlags zu kopieren und auf die Kopie als Endsumme Zehntausend Euro zu schreiben. Diese Kopie solle er sich über seinen Schreibtisch hängen, so dass er sie immer im Blick hat (erinnern Sie sich an unsere Visionstafeln von Tag sieben). Mit diesen Tipps entließ ich den Journalisten nach Hause und wartete innerlich lächelnd ab. Etwa vier Monate später rief er mich an – völlig aus dem Häuschen. Er hatte es tatsächlich geschafft, von dem Verlag, für den er hauptsächlich schrieb, eine Monatsabrechnung über 10.364 Euro zu bekommen.

Visualisierung ist ein sehr, sehr starkes Instrument, sein Denken in die richtigen Bahnen zu lenken und damit die passenden Signale ins Universum zu senden. Jede Verschiebung des Zeigers nach oben wird sich auf Ihre Finanzen positiv auswirken. Wenn es Ihnen schwerfällt, sich den Wohlstand eines Millionärs vorzustellen, dann beginnen Sie einfach damit, den Zeiger nur ein kleines bisschen über Ihre derzeitige Situation hinauszuschieben. Behalten Sie ihn im Auge – jeden Tag, ganz bewusst. Wenn Sie dieses mentale Abbild konsequent aufrechthalten, wird sich unweigerlich ein positives Ergebnis einstellen. Ihr Vertrauen in die Kräfte des Universums wird sich dadurch festigen, und sobald Sie glauben, dass noch mehr Wohlstand möglich ist, dürfen Sie den Zeiger entsprechend weiter nach oben wandern lassen.

Solche Skalen können Sie sich zu allen möglichen Überzeugungen und Themen Ihres Lebens vorstellen. Wer die Zeiger mental oben halten kann, vermag viele alte Glaubenssätze über Geld, Liebe und dergleichen loszulassen. Alles, was Sie sich wünschen, hat ein Spektrum, das sich auf einer Skala visualisieren lässt – sei es Gesundheit, innerer Frieden oder jedes andere Thema. Sie können sich diese Themen wie die Skalen auf einem Mischpult vorstellen. Überall Skalen, auf denen Sie die Zeiger nach oben schieben können. Nehmen Sie sich jeden Tag ein paar Minuten Zeit, um Ihr inneres Mischpult zu betrachten. Wo sitzen die Zeiger? Wenn Sie irgendwo etwas verbessern möchten, schieben Sie einfach den jeweiligen nach oben. Überprüfen Sie die Zeiger regelmäßig, damit sie nicht unbemerkt wieder nach unten rutschen.

Angenommen, Sie haben sich mit jemandem gestritten, der Ihnen lieb und teuer ist, und Sie möchten sich mit ihm wieder versöhnen: Auch hier lässt sich das Spektrum Ihrer Beziehung zu diesem Menschen auf einer Skala abbilden.

> Stellen Sie sich die Skala vor und schieben Sie den Zeiger auf die Marke »friedvoll«. Überprüfen Sie jedes Mal, wenn Sie an diese Person denken, ob der Zeiger immer noch auf »friedvoll« steht.

Dieses Bild ist für alle möglichen Lebensbereiche anwendbar. Deshalb: Gehen Sie mal im Geiste all Ihre Lebensbereiche durch (Beziehungen, Freundschaften, Gesundheit, Beruf, Liebe, Finanzen etc.) und listen Sie auf, in welchen Bereichen Sie es mit Ängsten zu tun haben. Angst ist zwar ein negatives Gefühl, das Negatives anzieht. Dennoch ist sie – insbesondere bei Menschen, die sich weiterentwickeln wollen – ein nützlicher Mechanismus. Denn Angst weist uns auf Stellen hin, wo in unserem Unterbewusstsein Programme ablaufen, die uns alles andere als nützlich sind. Unbewusste Bestellungen beim Universum, die exakt die Lieferungen verursachen, die wir *nicht* wollen. Wenn Sie beispielsweise Angst vor Krankheiten haben, deutet diese wie ein Zeigefinger auf die Stelle in Ihrem Unterbewusstsein, die eine Ursache dafür ist, dass Sie tatsächlich krank werden. Ich empfehle Ihnen, sich für diejenigen Lebensbereiche, in denen Sie Ängste registrieren, Skalen anzulegen und die Zeiger im Geiste auf die gewünschte Position zu schieben. An dieser Stelle kann es hilfreich sein, sich darüber klar zu werden, was Sie mit Ihren Wünschen wirklich bezwecken. Was ist der Wunsch hinter dem Wunsch? Auf tieferer Ebene geht es immer darum, bestimmte Gefühle zu erleben. Ein Sänger ist selten deshalb auf der Bühne, weil er nur gern singt, sondern weil er sich nach dem Gefühl sehnt, vom Publikum geliebt zu werden. Ein Politiker wird leider selten Politiker, weil er für seine Überzeugungen eintreten will, sondern weil er sich nach einem Machtgefühl sehnt und nach der Bestätigung, wiedergewählt zu werden. Ein Beamter wird selten Beamter, weil er gern Formulare ausfüllt, sondern weil er sich nach dem Gefühl der finanziellen Sicherheit sehnt. Also: Grund und Antrieb für alles, was wir tun oder uns wünschen, sind immer ersehnte Gefühle.

Welche Sehnsucht verbirgt sich zum Beispiel hinter Ihrem Wunsch, mehr Geld auf dem Konto zu haben? Ist es das Gefühl der Unabhängigkeit, der Sicherheit, der Freiheit? Oder gehören Sie vielleicht zu den Menschen, die genug Finanzkraft haben, um komfortabel leben zu können, sich aber dennoch nach noch mehr Geld sehnen, weil sie gern zur High Society gehören wollen? Welches Gefühl möchten Sie erleben, sodass Sie noch mehr Geld brauchen? Es ist ganz elementar, dies zu wissen, denn solange Sie das Gefühl, nach dem Sie sich sehnen, nicht erlebt haben, prägt der Mangel das Sendesignal Ihrer Power-Antenne und zieht eher das Gegenteil an.

Nehmen wir also an, Ihre wahre Sehnsucht ist das Lebensgefühl eines Millionärs. Das Einzige, das Ihnen dazu noch fehlt, ist der entsprechende Kontostand. Also überlegen Sie, auf welche Art und Weise Sie dieses Gefühl jetzt schon erzeugen können. Gönnen Sie sich beispielsweise eine teure Uhr oder einen teuren Anzug – als

Symbol, als Visualisierung dessen, wo Sie hinwollen. Schreiben Sie ab sofort nur noch mit einem edlen Füllfederhalter. Suchen Sie sich ein hochwertiges Parfum, das es nicht in jeder Drogeriekette zu kaufen gibt. Tun Sie möglichst viele solcher Dinge, die Ihnen jetzt schon einen Hauch des Lebensgefühls geben, das Sie anstreben. Entdecken Sie, dass Sie es »im Kleinen« bereits haben! Gucken Sie sich das ruhig mal bei erfolgreichen Menschen ab: Was versuchen diese mit ihrer Kleidung, ihrem Auto, ihren Statussymbolen in ihr Leben zu ziehen? Wonach sehnen sie sich? Machen Sie es ihnen nach. Auf diese Weise stellen Sie Ihre Power-Antenne um von »Mangel« auf »Vorhandensein.« Und spätestens jetzt wird Ihnen deutlich, was die Bibel meint mit dem Satz, den ich vor ein paar Tagen schon mal zitiert habe: »Glaubt nur, dass das, worum ihr bittet, euch schon gegeben ist, und ihr werdet es erhalten.«

Das Geheimnis dahinter ist die Kraft der eigenen Quelle: Ich muss aus mir selbst heraus etwas dafür tun, um die Gefühle zu erfahren, die ich anstrebe. Ich muss mich einsetzen für das, was ich anstrebe, was ich mir wünsche und woran ich glaube. Ich muss aus mir selbst heraus die richtigen Gedanken, die richtigen mentalen Abbilder und Visionen erzeugen und damit verursachen, was ich möchte. Das ist wie in der Liebe: Ein anderer Mensch kann mich nicht glücklich machen – ich kann mich nur selber glücklich machen. Menschen, die unbewusst über ihre Power-Antenne aussenden, dass sie verzweifelt einen Partner suchen, dass sie »es nötig haben«, strahlen Bedürftigkeit und Mangel aus. Und Sie wissen vermutlich aus eigener Anschauung, wie wenig attraktiv diese Menschen sind. Weil sie Mangel aussenden, werden sie auch Mangel erhalten, weil sie potenzielle Partner eher abschrecken als anziehen.

Also: Was immer Sie auch suchen – seien Sie es zuerst selber. Wenn Sie möchten, dass ein anderer Mensch für Sie sein Herz öffnet, dann öffnen Sie erst mal Ihr eigenes. Wie gesagt: Das Leben macht Ihnen alles nach! Wenn Sie respektiert werden wollen, achten Sie sich erst mal selber genug! Wenn Sie mehr Liebe von einem anderen Menschen erfahren wollen, lieben Sie sich selber mehr! Ich weiß, der Begriff Selbstverliebtheit hat immer so einen negativen Beigeschmack. Pfeifen Sie darauf! Sich selber zu lieben, ist der kürzeste Weg zum Erfolg! Dasselbe gilt für finanziellen Wohlstand: Wenn Sie Reichtum erleben möchten, geben Sie sich zuerst selber die Fülle. Auch wenn Ihnen das Geld für eine Wohnung in einer teuren Gegend noch fehlt – gehen Sie trotzdem zur Wohnungsbesichtigung, halten Sie sich möglichst viel in dem Viertel auf, gehen Sie dort spazieren und besuchen Sie dort die Bars und Restaurants. Damit richten Sie Ihre Wahrnehmung, Ihre Gefühle und Visionen auf Reichtum aus und ziehen ihn an.

Ein leuchtendes Beispiel dafür, wie man das Prinzip der Polarität verinnerlichen kann, ist der Sänger Matthias Reim. Über einige Jahre hinweg habe ich ihn journalistisch begleitet und zahlreiche Interviews mit ihm geführt. Am 14. September 2001 erfuhr Matthias Reim, dass er Zweiundzwanzig Millionen D-Mark Schulden hat. Eine Situation, in der sich manch einer die Kugel geben würde. Er hat mir glaubhaft versichert, dass er daran nie gedacht hat. Stattdessen überlegte er etwas anderes: »Auf der einen Seite war das dicke Minus auf meinem Konto. Eine Situation, aus der es aus meiner damaligen Sicht gar keinen Ausweg geben konnte. Auf der anderen Seite hatte ich ein dickes Plus: mein Keyboard, meine Gitarre, meine Musikalität. Ich wusste, damit würde es immer irgendwie weitergehen. Also habe ich das Minus aus meinem Kopf verdrängt, mich nicht mehr als unbedingt nötig damit befasst und mich auf das Plus konzentriert. Ich habe immer weiter Musik gemacht und Konzerte gegeben. Im Unterbewusstsein hatte ich die tiefe Überzeugung: Das Geld, das ich durch die unseriösen Geschäfte meines Managers verloren hatte, würde ich zurückbekommen. Nicht von den Menschen, die mich um mein Geld gebracht hatten, aber von anderer Seite wird es wieder zu mir zurückkommen.« Wie wir heute wissen, hat Matthias Reim die schlechten Jahre hinter sich gebracht und ist finanziell wieder auf dem aufsteigenden Ast. Und er sagt: »Das wäre mir aber nicht gelungen, wenn ich mich aufs Sofa gesetzt und angefangen hätte, zu saufen. Du musst die Türen, die sich auf der Plus-Seite öffnen, schon erkennen – und auch hindurchgehen.«

Ich möchte Ihnen heute nahelegen: Stellen Sie sich Ihr Leben vor wie ein Mischpult in Matthias Reims Tonstudio – voller Skalen und Regler. Polarisieren Sie sich auf das oberste Ende der Skalen. Stellen Sie alle Regler auf den höchsten Punkt ein. Gewöhnen Sie sich an, in jeder noch so misslichen Lage die positiven Aspekte zu erkennen. Und jede Chance zu nutzen, die sich Ihnen bietet.

Wie Sie Ihre Power-Antenne optimal ausrichten

Schreiben Sie in Ihr Tagebuch, welche negativen Situationen es in Ihrem Leben gibt. Welches sind die Minus-Anteile in jedem einzelnen Lebensbereich? Zu jedem Punkt, den Sie auflisten, überlegen Sie nun: Welche positiven Aspekte hat dieser negative Punkt? Wie können Sie aus dem Minus ein Plus machen? Denken Sie an die Skala und gehen Sie alle Bereiche Ihres Lebens durch, wie:

• Beziehungen
• Freundschaften
• Familie
• Liebe
• Beruf
• Erfolg
• Gesundheit
• Finanzen
• Wohlstand / Reichtum
• Hoffnung
• Freude
• Frieden
• Glück / persönliches und allgemeines

Denken Sie noch mal über die Geschichte von Matthias Reim nach – und setzen Sie jedem Minus ein Plus entgegen!

Klarheit des Geistes bedeutet gleichzeitig Klarheit der Leidenschaft. Daher liebt ein großer und klarer Geist inbrünstig und deutlich, was er liebt.

Blaise Pascal, Mathematiker und Philosoph

Tag 13
Die Kraft der Liebe

Schon an Tag eins haben wir uns bewusst gemacht, dass wir allen Grund haben, dankbar zu sein. An Tag zwölf haben wir uns vergegenwärtigt, dass überall, wo Minus ist, unumstößlich auch das Plus zu finden ist. Denken Sie nicht auch, dass Sie folgerichtig allen Grund haben, das Leben zu lieben?!

An Tag sieben habe ich Sie mit dem Prinzip der Schwingung vertraut gemacht: Jeder Gedanke, jedes Gefühl und jeder Wunsch schwingt und zieht Erfahrungen an, die ähnlich schwingen. Wenn ich bessere Erfahrungen machen will, muss ich meine Gedanken und Gefühle anheben – auf die Frequenz der Liebe. Denn sie ist das am höchsten schwingende Gefühl.

Die Liebe ist die stärkste Kraft, die in Ihnen wohnt. Sie können noch so verarmt sein – wenn Sie einen Menschen an Ihrer Seite haben, den Sie über alles lieben, fühlen Sie sich sogar in einem Zweimann-Zelt wohl.

Sie selber sind ein Produkt der Liebe. Sie sind aus Liebe auf die Welt gekommen. Und das legt doch wohl den Verdacht nahe, dass Sie mit Liebe alles, wirklich alles bewirken können. Jede technische

Errungenschaft, jede Erfindung geht auf die Kraft der Liebe zurück. Wir dürfen uns heute mit der größten Selbstverständlichkeit in ein Flugzeug setzen, weil es vor zig Jahren Menschen gab, die so sehr in die Idee des Fliegens verliebt waren, dass sie nicht locker ließen, ehe sie nicht technische Möglichkeiten gefunden hatten, mit denen der Mensch das Fliegen bewerkstelligen kann. Jedes Gemälde, jedes Lied ist ein Produkt der Liebe, weil der Künstler seine Kunst liebt. Dieses Buch ist ein Produkt der Liebe, weil ich das Schreiben ebenso liebe wie die Lebensphilosophie, die ich in diesem Buch vertrete.

Weil der Begriff »Liebe« zunehmend inflationär und meistens in Zusammenhang mit einem geliebten Menschen verwendet wird, nutze ich gern das Synonym »Hingabe«. Etwas, das Sie sich bei fast allen erfolgreichen Menschen abgucken können: Was auch immer sie tun – sie machen es mit Hingabe. Ganz egal, ob es sich um einen Künstler handelt, einen Konzernlenker, einen Autorennfahrer – die Erfolgreichsten sind diejenigen, die besessen sind von dem, was sie tun. Sie senden Liebe aus für das, was sie tun. Sie tun es mit Hingabe. Man gibt sich quasi selber hin für etwas, das man liebt. Damit nutzt man die größte Kraft des Universums, und das Universum antwortet entsprechend. Schauen Sie sich um: Was immer Sie sehen – all das gäbe es nicht, wäre es nicht irgendwann durch die Kraft der Liebe ins Leben gerufen worden. Wenn Sie also einen Job haben, den Sie nicht lieben und den Sie nur machen, um Ihre Miete bezahlen zu können – ganz ehrlich: Vergessen Sie's! Damit werden Sie nicht glücklich und reich schon mal gleich gar nicht – und Sie werden niemals ein erfüllter, erfahrener, erfolgreicher Mensch sein.

Gibt es einen Weg aus dem Dilemma? Aber sicher! Mindestens zwei! Weg eins: Sie suchen sich einen neuen Job – diesmal einen, den Sie wirklich mit Hingabe machen. Zeigen Sie Mut zur Veränderung und handeln Sie entschlossen. Okay, okay, ich höre schon den Aufschrei: »Der hat gut Reden. Als ob die Jobs auf der Straße liegen.«

Wenn das Ihre Antwort ist, dann empfehle ich Ihnen, sich absolut ehrlichen Herzens die Frage zu stellen: Ist Ihre Antwort so ablehnend, weil Sie vielleicht nur zu bequem sind für eine Veränderung? Ich bin sicher: Bei den allermeisten Menschen ist das der Grund.

Erst wenn Sie absolut sicher sind, dass Sie keine Arbeitsstelle finden, an der Sie mit einer gehörigen Portion Glückseligkeit zu Werke gehen, schicke ich Sie auf Weg zwei: Finden Sie Möglichkeiten und Gelegenheiten, Ihren jetzigen Job mit Hingabe zu machen. Füllen Sie ihn mit Liebe aus! Gut, okay, jetzt höre ich Sie sagen: »Mein Gott, ich stehe mir den ganzen Tag in einer kleinen Postfiliale die Beine in den Bauch, händige Einschreiben und Päckchen aus und verkaufe Briefmarken. Wie soll man das mit Hingabe tun?!«

Danke für den Einwand. Ich kenne so einen Herrn in der Postfiliale bei mir um die Ecke. Die Lustlosigkeit steht ihm stets und ständig ins Gesicht gestempelt. Dementsprechend mault er die Kunden an, wenn sie mal einen Paketschein nicht ganz korrekt ausgefüllt haben. Und ich denke mir immer, wenn ich ihn sehe: Wie frustriert muss der arme Kerl jeden Abend nach Hause gehen?! Und wie glücklich könnte er jeden Abend nach Hause gehen, wenn er um die Kraft der Liebe wüsste?!

Ich behaupte, man kann jeden, aber auch wirklich jeden noch so langweiligen Job mit Liebe ausfüllen. Nehmen wir an, Sie sind so ein Postangestellter. Dann beginnen Sie doch einfach mal damit, jeden einzelnen Kunden »liebevoll« zu bedienen. Seien Sie schlicht und ergreifend bodenlos freundlich und zuvorkommend, lesen Sie den Kunden ihre Wünsche von den Augen ab. Senden Sie Liebe aus für jeden einzelnen, der vor Ihnen steht. Ich schwöre Ihnen: Nach den Gesetzen der Physik des Lebens, auf die ich gleich noch zu sprechen komme, fällt all Ihre Liebe und Freundlichkeit auf Sie zurück. Indem Sie Ihren Kunden etwas Gutes tun, tun Sie sich selbst was Gutes – und sei es »nur«, dass Sie mehr Spaß an der Arbeit haben. Und weil das so eine tolle Erfahrung ist, behandeln Sie auch gleich noch Ihre Kollegin liebevoll, obwohl Sie sie eigentlich nicht leiden können. Bringen Sie ihr ein Stück Kuchen mit, stellen Sie ihr ein Tässchen Kaffee hin – ganz egal, lassen Sie Ihren Charme spielen. Gehen Sie »liebevoll« mit ihr um. Das mag jetzt alles schrecklich banal klingen, aber tun Sie das mal drei Tage lang konsequent – und ich bin sicher, Sie stimmen mir zu: Ihr Job ist nicht mehr derselbe.

Indem Sie gut zu anderen sind, sind Sie gut zu sich selber. Und Ihr Leben ist nicht mehr dasselbe: Sie lächeln – und das Leben lächelt zurück.

Und nun haben Sie eine wahrhaft fundamentale Erfahrung gemacht: Mit der Kraft der Liebe ziehen Sie positive Umstände in Ihr Leben! Wir alle sind Schöpfer unserer eigenen Realität. Wenn wir also die Macht über unser Leben haben, dann brauchen wir folglich nur die Kraft der Liebe zu nutzen, um alles Gute hervorzubringen. Liebe ist Anziehung. Wenn ich mir sehnlichst etwas wünsche und Liebe dafür ausstrahle, dann kann ich es auch in mein Leben ziehen. Wenn ich das Bestmögliche will, muss ich das Bestmögliche geben: Liebe.

Liebe ist die stärkste Kraft überhaupt. Und wer wissen möchte, was es mit ihr auf sich hat, dem empfehle ich immer gern das

Buch von Werner Ablass: »Leide nicht – liebe«. Werner Ablass vertritt darin den Standpunkt, dass Liebe, Glückseligkeit, Hingabe – nennen Sie es, wie Sie wollen – vollkommen unabhängig sind von dem Ort, an dem du dich gerade befindest, unabhängig von bestimmten Menschen, Dingen und Situationen. Was Ablass meint, ist das, was wir aus der altgriechischen Ethikanschauung und aus dem Alten Testament als »Agape« kennen: die Liebe ohne Objekt.

> Man liebt nicht, weil man etwas oder jemanden besonders liebenswert findet, sondern weil man einfach merkt, wie gut es einem dabei geht.

Diese ethische Auffassung geht davon aus, dass Liebe der Wesenskern jedes Menschen ist. Eine dem Einzelnen innewohnende Fähigkeit. Seine ursprüngliche Natur sozusagen. Führen Sie sich mal vor Augen: Wie unwohl fühlen Sie sich, wenn Sie Hass, Wut, Abneigung, Aggression etc. empfinden? Und wie pudelwohl fühlen Sie sich, wenn Sie Liebe verspüren? Unser Gefühl weiß alles besser, und es sagt Ihnen: Ja, Liebe ist meine wahre Natur! Ich bin vom Universum als liebevoller Mensch gemeint!

Tatsächlich ist es möglich, jederzeit Gefühle der Liebe in sich selbst zu erzeugen – absolut unabhängig von äußeren Umständen, Personen oder Objekten. Dazu genügt es vollkommen, sich simpel für die Liebe zu entscheiden.

Beginnen Sie doch einfach mal damit, sich selbst zu sagen: »Ich lebe diesen Tag so, als sei es mein letzter.« Fühlen Sie in sich hinein: Was sagt Ihr Innerstes dazu? Ich wette, an dieser Stelle spüren Sie, wie sehr Sie das Leben lieben. Wie heißt es so schön: »Das Glück ist ein Augenblick.« Fühlen Sie in diesem Moment in sich hinein, und Sie werden verwundert feststellen: In diesem Augenblick sind Sie glücklich! Vielleicht sagen Sie jetzt: »Ja ja, in diesem schon – aber was ist im nächsten?« Gut, okay, dann wiederholen Sie die Frage im nächsten Augenblick. Ich wette, Sie bekommen dieselbe Antwort. Und entdecken, dass Sie in der Tiefe Ihrer Seele ein glücklicher, liebevoller Mensch sind.

Sagen Sie sich: »Ich nehme diesen Tag voller Liebe an!« Wiederholen Sie den Satz ein paar Mal laut vor dem Spiegel. Spüren Sie in sich hinein, wie sich das Gefühl in Ihrem Innersten verändert. Sagen Sie laut:

> »JAAA! Ich lächle dem Leben entgegen!« Fühlen Sie in sich hinein, wie sich Ihr Innerstes verändert.

Sagen Sie laut:

> »Ich gebe und empfange Liebe!« Spüren Sie in sich hinein: Wie fühlt es sich an?

Wenn Sie mögen, praktizieren Sie diese Übung täglich. Stellen Sie sich vor den Spiegel, legen Sie die rechte Hand auf Ihr Herz und sprechen Sie laut:
- »Ich bin Liebe.«
- »Ich liebe.«
- »Ich liebe die Liebe.«
- »Ich liebe mich.«
- »Ich werde geliebt.«

Und ich verspreche Ihnen: Jeden Tag erfüllt sich Ihr Bewusstsein mit immer mehr Freude, Frieden und Liebe.

Sie sind dem Leben Ihrer Träume näher als Sie denken – denn mit der Kraft der Liebe können Sie alles erschaffen: Gesundheit, Geld, Beziehungen, Arbeit, Glück.

Auch das hat wiederum mit Physik zu tun, der Physik des Lebens, wenn Sie so wollen. Schon der gute alte Mathematiker und Physiker Isaac Newton sagte: »Jede Aktion erzeugt eine entgegengesetzte und gleich große Reaktion.« Das ist wie mit dem Minus, zu dem es immer auch ein Plus geben muss. Jedes Geben erzeugt ein Empfangen. Und was Sie empfangen, entspricht immer genau dem, was Sie gegeben haben. Wenn Sie also möchten, dass das Leben Sie liebevoll behandelt, dann senden Sie Liebe aus. Geben Sie Positives – durch Ihre Gedanken und Gefühle. Jeden einzelnen Moment senden Sie entweder positive oder negative Gefühle aus. Und bestimmen damit, was Sie vom Leben zurückbekommen. Also am besten senden Sie einfach Liebe aus. Wie Sie das anstellen sollen? Ganz einfach: Sie vermitteln, indem Sie sich vorstellen und fühlen, was Sie sich wünschen – so als hätten Sie es schon bekommen. Ein positives Gefühl ist ein gigantischer Motor. Ein schöner Gedanke ohne das passende Gefühl dazu ist wie eine Blume ohne Wasser. Er verliert rapide an Kraft und Schönheit. Deshalb ist von elementarer Wichtigkeit, dass Sie sich vorstellen **und** fühlen, was Sie sich wünschen. Mentaltrainer nennen das »emotionales Visualisieren«.

Ich kenne allerdings Zeitgenossen, denen es schwerfällt, das Leben zu lieben – weil sie fürchten, dass dem Guten immer Schlechtes folgt. Tatsächlich gibt es für diese Theorie auch eine Entsprechung im Kybalion: Das Prinzip des Rhythmus. Es weist darauf hin, dass sich alles wie ein Pendel von einem Pol zum anderen bewegt. Im Zyklus des Lebens bilden sich diese Rhythmen durch Geburt und Tod ab, durch die Gezeiten und die Jahreszeiten. Die Hermetiker

sagen, dass sich auch Stimmungsschwankungen in unserem Gefühls-
leben durch das Prinzip des Rhythmus erklären lassen. Solange wir
uns dieses Prinzips nicht bewusst sind, schwingt das Pendel frei
von Positiv zu Negativ hin und her. Das kann sich dann leicht so
anfühlen, als hätten wir über unsere Gedanken und die daraus re-
sultierenden Umstände keinerlei Macht.

Die Hermetiker haben allerdings gelernt, diese Hin und Her zu
neutralisieren, indem sie sich bewusst entscheiden, sich von dem
Schwingen des Pendels nicht beeinflussen zu lassen.

Laut Kybalion heißt es: Die hermetischen Meister oder fortge-
schrittenen Schüler polarisieren sich auf das obere Ende der Skala.
Dabei verweigern sie sich sozusagen dem Rückschlag des Pendels.
Sie halten sich in ihrer polarisierten Position. Also stellen Sie sich
innerlich weiter das Mischpult von gestern vor und schieben Sie
alle Zeiger in die höchste Position. Diese Vorstellung hilft Ihnen,
die Idee zu vermeiden, dass dem Guten immer Schlechtes folgt
und nach jedem Aufschwung mit dem Niedergang zu rechnen ist.

Wenn Sie sich verärgert, entmutigt oder sonst irgendwie schlecht
fühlen, überprüfen Sie Ihr Mischpult. Das Prinzip des Rhythmus
besagt, dass jeder im Leben Veränderung und Fluktuationen durch-
machen wird. Aber wie der gewiefte Segler, der dem hin und her
schwingenden Mastbaum mühelos ausweicht, brauchen Sie sich vom
Auf und Ab des Lebens nicht beeindrucken zu lassen. Halten Sie
einfach Ihre Zeiger ganz oben. Wenn es sein muss, stellen Sie sich
vor, dass sie oben festgeschlossen sind. In dieser Vorstellung liegt
der Schlüssel, den Sie brauchen, um Ihre Gefühlsschwankungen zu
meistern. Oder anders gesagt: Die Kraft Ihrer Entscheidungen wird
Ihnen helfen, in einem ewigen Aufschwung zu leben.

Ich sollte an dieser Stelle wohl auf einen Gedanken eingehen, der mir persönlich vollkommen fremd ist, der mir aber dennoch häufig in Gesprächen begegnet: Verblüffend viele Menschen haben regelrecht ein schlechtes Gewissen, Gutes anzunehmen. Ihnen wurde von den Eltern oder auch von den Kirchen eingeredet, sie hätten all das nicht verdient; Reichtum sei eine Schande etc. Dabei waren es in der Geschichte ausgerechnet die Kirchen, die reihenweise Kriege angezettelt haben, um ihr Vermögen zu mehren. Schaut man bei den Kirchen in Deutschland mal genauer hin, ergibt sich ein geschätztes Vermögen von etwa fünhunderttausend Milliarden Euro. Und der von mir ungemein geschätzte Pater Anselm Grün, dessen spirituelle Bücher mir immer wieder ein Quell der Inspiration sind? Seine Hauptaufgabe in seiner Abtei Münsterschwarzach ist die verantwortliche wirtschaftliche Leitung der Abtei mit ihren insgesamt zwanzig Betrieben und der Missionsarbeit. Pater Anselm Grün verwaltet das Vermögen der Abtei, mehrt es durch ausnehmend geschickte Börsenspekulationen und ist auf dem Gebiet überaus erfolgreich.

Sind Geldverdienen und Reichtum also eine Schande? So wie ich den universellen Geist verstehe, ganz sicher nicht. Im Universum gibt es alles in Hülle und Fülle. Das Universum möchte, dass alles – auch Ihr Leben – in den schillerndsten und schönsten Farben erblüht. Sprechen wir vom universellen Geist, dann haben wir es mit einem Geist zu tun, dessen Liebe unendlich ist.

Und wer liebt, der möchte, dass es dem anderen gut geht.

Um es deutlich hervorzuheben: Geldverdienen und Reichtum sind keine Schande und wenn es mit Liebe geschieht, so ist es Wachstum auf allen Ebenen. Woraus Sie getrost schlussfolgern dürfen:

Sie haben ein Recht auf ein glückliches Leben. Und ja, Sie haben auch ein Recht auf Reichtum.

Also bitte geben Sie sich nicht irgendwelchen verschwurbelten Komplexen hin. Erlauben Sie sich, alles Gute entgegenzunehmen. Sie dürfen gewiss sein, dass Sie gefahrlos annehmen und erfolgreich sein dürfen. Ihre Freude darüber, dass es Ihnen gut geht, bringt heilende Energie in diese Welt, weil Sie damit auch die Herzen anderer Menschen beglücken können. Sie dürfen getrost dem entgegensehen, dass Ihr Leben eine einzige Reihe wundervoller Situationen sein wird. Und gerade weil Sie das erwarten, manifestieren Sie in jeder Situation das höchstmögliche Ergebnis. Verinnerlichen Sie:

Das Leben ist auf Ihrer Seite. Wenn Sie gewinnen, gewinnt jeder!

Wie Sie Ihre Power-Antenne optimal ausrichten

Schreiben Sie folgende Affirmation groß auf ein Blatt Papier: »Das Leben ist gut zu mir.« Überprüfen Sie absolut ehrlich, ob Sie diesen Satz glauben können. Ich für meinen Teil bin irgendwann zu der Überzeugung gelangt: Das Leben sorgt für mich. Wann immer ich an eine Bruchstelle meines Daseins kam, an der es sich zum Negativen zu wenden drohte, taten sich plötzlich Möglichkeiten und Umstände auf, mit denen ich überhaupt nicht gerechnet hatte. Dadurch habe ich zu einem Urvertrauen zum Leben gefunden.

Also denken Sie mal genau nach, erinnern Sie sich, wann das Leben Ihnen etwas geschenkt hat, wann es Ihnen neue Türen geöffnet hat. Wenn Sie fest daran glauben können, dass es gut zu Ihnen ist, dann werden Sie immer wieder Menschen, Umstände und Ereignisse anziehen, die das Leben einfach großartig für Sie werden lassen. Und kommen Sie bloß nicht auf die Idee, jetzt zu sagen: »Ja, aber . . . da waren doch auch diese und jene negativen Dinge, die mir widerfahren sind!«

Vergessen Sie das ganz schnell! Wenn Sie sich mit Negativem befassen, laden Sie es unnötig mit Energie auf und ziehen noch mehr Negatives an. Konzentrieren Sie sich einzig und allein auf die positiven Aspekte!

An Ärger festhalten ist, wie nach heißer Kohle zu greifen, um sie nach jemandem zu werfen: Du selbst bist derjenige, der sich daran verbrennt.

Gautama Buddha, Begründer des Buddhismus

Tag 14
Bewusstes Denken und
Ihre Gesundheit

Mit Sicherheit haben Sie auch schon häufig den Satz gehört: »Man kann nicht alles haben im Leben.« Oder: »Das Leben ist kein Wunschkonzert.« Fragen Sie mich nicht warum, aber ich habe solch dummen Redensarten schon immer ebenso instinktiv wie leidenschaftlich widersprochen: Doch, man kann alles haben im Leben! Und ja, es ist tatsächlich ein Wunschkonzert! Es liefert mir zuverlässig alles, was ich möchte – wenn ich Liebe aussende für das, was ich möchte, wenn ich mir voller Liebe vorstelle und fühle, was ich möchte. Wenn ich also das, was ich mir wünsche, in meinen Gedanken schon vorwegnehme, es quasi bereits jetzt für mich in Besitz nehme.

Dazu gehört selbstredend auch Gesundheit. Und die sogar in allererster Linie. Ist Ihnen schon mal aufgefallen, dass Menschen, die sich oft und sogar genüsslich über Krankheiten unterhalten, tatsächlich besonders häufig krank werden? Da haben Sie's wieder: Was man sät, wird man ernten. Das, wovor man Angst hat, wird man bekommen – denken Sie zurück an den Mann, der ängstlich sein Fahrrad an die Straßenlaterne kettet.

Aber wie überwindet man die Angst vor Krankheiten? Wie alle anderen Ängste auch: Man überwindet sie, indem man sich seiner eigenen Macht bewusst wird. Habe ich die Macht, Krankheiten zu besiegen? Schon falsch gedacht.

> Richtig und wahr ist: Ich habe die Macht, ein gesunder Mensch zu sein!

Häufig ist es ratsam, mit der Naivität eines Kindes an die Dinge heranzugehen. Sobald man sich zum Beispiel ganz naiv auf dieses Denkmodell einlässt, um das es in dem vorliegenden Buch geht, erfährt man auf alle Fälle eine Bewusstseinserweiterung, und das ist an sich schon ein Gewinn. Man darf dabei nicht abwägen: Werde ich damit schlauer? Werde ich reicher? Werde ich erfolgreicher? Werde ich gesünder? Mit Sicherheit werden Sie alles davon! Je mehr man um diese Dinge weiß, desto mehr kann man sie in seiner eigenen spirituellen Haltung anwenden. Das Interessante ist aber vor allem, dass man aus diesen Erkenntnissen seine ganz eigenen Konsequenzen ziehen kann: Wenn Gedanken Kräfte sind, dann wirken sie auch auf mich. Das heißt: Ich bestimme selbst, ob ich gesund oder krank bin. Für meine Gesundheit bin ich selber verantwortlich! Auch hier bestimmen Gedanken die organischen Abläufe. Wenn ich mich zum Beispiel selbst nicht liebe, wenn ich mich selber schlecht sehe, dann sehe ich auch schlecht aus.

Kleiner Exkurs an dieser Stelle – lassen Sie mich kurz auf das Stichwort »Naivität eines Kindes« eingehen: An Kindern können wir immer wieder beobachten, dass sie einen unerschütterlichen Glauben in die Kraft ihrer Wünsche haben. Mit größter Selbstverständlichkeit und ohne die geringste Spur eines Zweifels, dass ihr Wunsch möglicherweise nicht erhört wird, beten sie – und vertrauen Gott, den Engeln oder wem auch immer ihre Wünsche an. Und ob es nun der Mangel an negativen Erfahrungen ist oder ihre überbordende Fantasie: Ihre Wünsche werden Wirklichkeit – auch wenn es manchmal etwas länger dauert. Eine Bekannte von mir hat als Kind in ihrem Zimmer eine Fototapete zusammengeklebt: Bilder von einem Strand mit Palmen und türkisfarbenem Meer. Eine Visionstafel sozusagen. Später hat sie tatsächlich mal ein halbes Jahr an einem solchen Strand gelebt.

Kinder beherrschen das Denkmodell, das ich in diesem Buch vor Ihnen ausbreite, unbewusst aus dem Effeff. Das Verrückte ist nur: In unserem wissenschaftlich-rational aufgebauten Weltbild, in unserer technisierten Welt, in der es nur darauf ankommt, dass alles greifbar und beweisbar ist – nach dem Motto: »Ich glaube nur, was ich sehe« – schleift sich diese Fähigkeit nach und nach ab.

Aber heute, als Erwachsene, können wir von den Kindern wieder lernen: Wenn wir etwas mit ganzem Herzen wollen, wenn wir unsere Visionen durch Visualisierung zu einem ständig präsenten Bild machen, das wir in unserem Kopf und Herzen tragen, wenn wir dieses Denkmodell als ultimative Wahrheit anerkennen und erfahren – dann haben wir uns auf den richtigen Weg gemacht. Denn uns steht die unendliche Weisheit des Universums zur Verfügung. Dann können wir uns zu dem Menschen denken, der wir sein wollen. Machen Sie sich bewusst, was für eine unglaubliche Chance hinter diesem Gedanken steckt. Was für eine segensreiche Macht uns damit zuteil wird. Wie schön und entspannt das Leben werden kann, wenn wir nach diesem Denkmodell leben! Damit stoppen Sie jegliche Fremdbestimmung und nehmen Ihr Schicksal in die eigene Hand.

146

Es gab Studien, in denen die Probanden ein Bild von sich an ihren Badezimmerspiegel kleben sollten – ein Bild, das sie so zeigt, wie sie sich am liebsten hatten, beispielsweise im Alter von zwanzig Jahren. Rank und schlank, jung und spritzig. Sie sollten dann versuchen, das Bild, das sie heute von sich haben, mit diesem Idealbild in Einklang zu bringen. Auch hier war die Visualisierung, die Imagination ganz elementar: Die Probanden nahmen ihr eigenes Foto aus jungen Jahren im wahrsten Sinne des Wortes zum Vor-Bild – und es gelang ihnen in der Tat, sich optisch dem Idealbild wieder anzunähern. Wenn ich mich nämlich in diese Gedankenwelt hineinversetze, dann reagiert mein Körper auch so. Wenn Sie abnehmen wollen und sich selber unentwegt sagen: »Ich bin zu fett!« – dann verhält sich Ihr Körper auch so, und wird immer fetter, unabhängig davon, was Sie essen. Ständig erzählen Menschen, dass sie sich bewusst ernähren, nur noch Fisch und Gemüse, Steak und Salat essen, und trotzdem kein Gramm abnehmen. Andere futtern pausenlos und nehmen nicht zu.

Wie sang Andreas Bourani kürzlich in seinem Hit so schön: »Das ist alles nur in meinem Kopf.« Menschen, die dick sind, lieben sich nicht. Überhaupt: Menschen, die körperliche Gebrechen haben, lieben sich nicht. Eine ganz einfache Aussage, die vielleicht nicht jeder gern hört. Aber wenn ich einhundertfünfzig Kilo wiege, kann ich mit Sicherheit nicht sagen: »Das hat mir der liebe Gott geschickt.« Übergewicht ist schlichtweg ein Resultat meines falschen Denkens und einer falschen Einstellung mir selbst gegenüber, ausgenommen genetische Defekte. So wie ich mich in die Welt einbringe, so ist sie zu mir.

Eine intellektuelle Botschaft wie »Ich werde schlank« reicht bei weitem nicht aus, diesen Prozess umzukehren. Ich muss mir in meinem Kopfkino vorstellen, wie ich aussehe, wie ich gehe, wie ich mich fühle, wenn ich wieder schlank bin. Ich muss dieses Bild von mir erschaffen – und werde früher oder später tatsächlich so sein! Die Bewusstseinsprozesse laufen dann ganz anders ab. Wenn ich jeden Morgen vor diesem Spiegel stehe und mich auf dem aufgeklebten Foto als schlanken Adonis sehe, dann werde ich sicherlich keine Schweinshaxen mehr essen und keine Cola trinken. Hier übernimmt mein Unterbewusstsein die Funktion meines Überbewusstseins und trägt mich dahin, dass ich mich richtig verhalte. So komme ich auch hier vom Denken über das Handeln zum Sein.

Sehr eindrucksvoll kann man das auch bei prominenten Musikern oder Schauspielern beobachten: Sie sehen ihr Foto oft in Zeitschriften – häufig mittels Photoshop noch ein bisschen getunt . . . – und haben von daher automatisch ein positiveres Bild von sich selber und wirken dadurch sehr lange jünger, als sie sind. Oft bis ins hohe Alter. Diesen Fakt könnte sich die eine oder andere Schauspielerin ruhig mal vergegenwärtigen – und sich anschließend das Geld für den Schönheitschirurgen sparen. Auch hier übrigens wieder eine kleine Weisheit der Sprache: »Wahre Schönheit kommt von innen.« Klingt banal, ist aber so.

Das funktioniert natürlich auch in weniger erfreulicher Hinsicht: Menschen, die sich einbilden, krank zu sein – Hypochonder – werden dann auch tatsächlich krank. Hypochondrie ist eine durchaus ernst zu nehmende Bewusstseinsstörung. Da gibt es die schöne Geschichte von Molière, dem großen französischen Komödiendichter, der das Theaterstück »Der eingebildete Kranke« geschrieben hat – und es damals auch oft selber spielte. »Der eingebildete Kranke« stirbt in diesem Stück, weil er sich alles nur einbildet; das ist die letzte Szene. Eines Tages – Molière lag mal wieder am Ende der Vorstellung reglos auf der Bühne – stand er nicht mehr auf. Er war als eingebildeter Kranker so gut, dass er tatsächlich am Ende der Aufführung gestorben ist.

Heißt das nun, dass jemand, der an Krebs erkrankt, selber daran schuld ist? Auch schon wieder falsch gedacht. Ich habe den Begriff »Schuld« aus meinem Sprachgebrauch entfernt. Er ist mir einfach zu biblisch. Sich »schuldig gemacht« zu haben, ist nur belastend, führt aber nicht nach vorn. Für zielführend halte ich eher den Begriff von »Ursache und Wirkung«. Wenn ich bestimmte Ursachen setze, ist möglicherweise eine Krankheit die daraus resultierende Wirkung. Das ist das große Thema der psychosomatischen Medizin. Hinsichtlich Krebs beispielsweise ist durch allerhand Studien belegt, dass er auffallend häufig Menschen befällt, die über lange Zeit hinweg unter Stress standen oder deren Leben fortwährend durch Ängste geprägt war. Die Seele hat eben keine andere Möglichkeit als das, was ihr gegen den Strich geht, durch körperliche Symptome auszudrücken.

Immer mehr Mediziner schließen sich der Überzeugung an, dass jede Krankheit ihre Ursache in der Seele hat. Auch hier hilft uns wieder die Intelligenz der Sprache weiter: So manches Schicksal »geht uns an die Nieren«, ein verpatztes Projekt »schlägt mir auf den Magen«, eine gescheiterte Liebe »bricht mir das Herz«. Seelische Ursache, körperliche Wirkung. All das, was mir organisch geschieht, habe ich seelisch, in meinen Gedanken, ausgelöst. Konsequent zu Ende gedacht führt uns diese Idee sogar zu der Erkenntnis: Wenn mir auf der Straße ein Ziegelstein auf den Kopf fällt, habe ich auch dafür in meinen Gedanken die Ursache gesetzt. Ich war nicht wirklich bei mir – sonst hätte mich meine Intuition dazu angeleitet, auf die andere Straßenseite zu gehen.

Die Konsequenz aus dieser Idee ist aber auch: Ich kann mich gesund denken! Es gab eine Zeit, da taten mir jeden Morgen beim Aufstehen die Füße weh, so dass mir allein der Weg vom Bett zum Bad schon schmerzhaft schwerfiel. Keine Ahnung, was mit mir los war. Für einen humpelnden Alten bin ich jedenfalls zu jung! Ich überlegte: Gehst du deswegen zum Arzt? Schon seit jeher meide ich Ärzte, wo es nur geht. Ich beschloss also, die Schmerzen einfach zu ignorieren. Ihnen keine Beachtung zu schenken, ihnen keine Bedeutung beizumessen, mir keinen Stress damit zu machen. Ich sah mich als gesunden Menschen. Ich stellte mir vor und fühlte, wie es sein würde, mit nicht schmerzenden Füßen aufzustehen. Mir das vorzustellen und mich so zu fühlen, war kein Problem; schließlich kannte ich diesen Zustand von früher. Ich kann heute nicht mehr genau sagen, wie lange es dauerte – aber eines Tages schoss mir der Gedanke durch den Kopf: »Sag mal, wo sind eigentlich die Schmerzen geblieben?« Sie waren so wundersam verschwunden, wie sie gekommen waren. Der Zustand, den ich in meinem Denken vorweggenommen hatte, war tatsächlich eingetreten!

Ich kenne eine junge Frau, die an Leukämie erkrankt war. Sie machte es genau wie ich: Sie sah sich selber vor ihrem geistigen Auge als vollkommen gesunden Menschen. Sie baute dieses mentale Bild so plastisch spürbar vor sich auf, dass sie selber glaubte, dieses sei real: Ein ganz, ganz wichtiger Punkt, um gesund zu bleiben oder gesund zu werden, ist, sich immer gesund zu sehen. Visualisierung ist eines der kraftvollsten Instrumente. Denn unser Gehirn kann nicht unterscheiden, ob wir uns etwas nur vorstellen oder ob es Realität ist. Einige Wochen später ging sie zum Arzt; die nächste Blutuntersuchung stand an. Der Arzt traute seinen eigenen Untersuchungen nicht: Die Blutwerte waren vollkommen normal. Die Leukämie hatte sich in Luft aufgelöst. Das war der Beweis: Wir haben tatsächlich die Möglichkeit, mit der Kraft unserer Gedanken auf unseren Körper einzuwirken. Ich kann auch meine Zellen und mein Immunsystem so imaginieren, dass es fantastisch funktioniert.

All das geschieht durch gedankliche Kräfte. Durch Bilder, die ich in meinem Kopfkino herstelle.

Verstehen Sie mich nicht falsch: Ich will Ihnen keinesfalls nahelegen, nie mehr zum Arzt zu gehen. Ob Sie einen Arzt aufsuchen oder nicht, liegt vollkommen in Ihrer eigenen Verantwortung. Doch nun kommt ein großes Aber: Die Schulmedizin behandelt lediglich die Symptome. Die eigentlichen Ursachen für Ihre Krankheiten liegen in Ihrem Denken. Wenn ich Gesundheit will, muss ich Gesundheit denken!

Der amerikanische Gehirnforscher Dr. Joe Dispenza hat eine ganze Reihe Fälle von Spontanheilungen untersucht. In siebzehn Ländern sprach er mit Menschen, denen schwere Krankheiten diagnostiziert worden waren. Sie hatten alle nur denkbaren Untersuchungen und Heilungsversuche über sich ergehen lassen – ohne Erfolg. Nach einer Weile gingen sie wieder zum Arzt – und das Problem war verschwunden. Dr. Joe Dispenza wollte herausfinden, was diese Menschen gemeinsam hatten, welchen Gesetzmäßigkeiten ihre wundersame Heilung folgte und was die Ursache dafür war.

Das Erste, das diese Patienten gemeinsam hatten, war: Sie hatten ihre Meinung geändert. Die über das Leben. Jeder einzelne von ihnen akzeptierte, glaubte, wusste und verstand, dass es einen höheren Geist gibt, der ihnen ihr Leben ermöglicht. Einen universellen Geist, der durch sie wirkt, einen inneren Gott. Alle sagten, dass es da »irgendetwas gibt«. Einen immateriellen Aspekt, der Leben ermöglicht, der nicht irgendwo da draußen ist, sondern hier drinnen in mir selbst. An diesem universellen Geist ist auch nichts Mystisches. Es ist dieselbe Intelligenz, die in diesem Augenblick Ihr Herz schlagen lässt. Und zwar unbeirrbar, unbeeinflussbar. Versuchen Sie doch mal, Ihrem Herzen zu befehlen: »Hör sofort auf zu schlagen!« Das Herz wird Ihnen den Vogel zeigen! Ihr Herz bewegt fast vierhundert Liter Blut pro Stunde. Denken Sie daran, Ihr Herz schlagen zu lassen? Prüfen Sie, ob es irgendetwas braucht? Oder wussten Sie, dass Sie in jeder Sekunde zehn Millionen Zellen verlieren? Nebenbei bemerkt: Ihr Körper hat in der letzten Sekunde auch gerade zehn Millionen neue Zellen hergestellt! Haben Sie daran gedacht? Jede einzelne Körperzelle führt in jeder einzelnen Sekunde etwa einhunderttausend chemische Reaktionen durch. Multiplizieren Sie das mit den siebzig bis einhundert Billionen Zellen, aus denen Ihr Körper besteht. Kümmern Sie sich um all das? Oder gibt es da einen Geist, der eine unendliche To-do-Liste hat und der sich für uns um all diese Dinge kümmert?

Wenn Sie die gesamte DNA aus einer Zelle nehmen und sie von Anfang bis zum Ende aufrollen, ist sie zwei Meter lang. Wenn Sie die gesamte DNA Ihres gesamten Körpers nehmen und aneinanderhängen, würde sie einhundertfünfzigmal zwischen Sonne und Erde hin und her reichen. Aber wenn Sie die gesamte DNA aller Menschen auf dieser Erde nehmen und zusammenknüllen, würde alles in ein Senfkorn passen. Und jetzt darf uns keiner mehr erzählen, das Leben sei kein Wunder und kein wundervolles Geschenk!

Diese Patienten, die Spontanheilungen erlebten, haben also gesagt: Es gibt einen Geist, dessen Wille stärker ist als mein Wille, dessen Verstand mächtiger ist als mein Verstand. Und der das Leben viel mehr liebt als ich. Also haben sie geschlussfolgert: Am besten wäre es, diesen Geist zu bitten, das Ruder zu übernehmen und die Heilung in die Wege zu leiten. Also begannen sie, eine Beziehung zu diesem Geist aufzubauen. Sie nahmen sich Zeit, jeden Tag mit ihm zu interagieren. Sie sagten: Er verleiht mir das Leben – also weiß ich, dass er existiert. Ich muss ihm Anweisungen geben, einen Plan, dem er folgen soll. Wenn ich das schaffe, übernimmt er vielleicht die Heilung für mich – vorausgesetzt, dass ich mich einfach raushalte.

Das Zweite, das diese Patienten gemeinsam hatten, war, dass sie sagten: »Es waren meine Gedanken, meine Reaktionen auf das Leben, die diese Krankheit hervorgerufen haben.« Sie haben nicht gesagt: Es war der Stress am Arbeitsplatz; es war mein Vater, der Alkoholiker war; es war die Ehefrau, die mich verlassen hat. Nichts dergleichen. Nein, sie sagten: Es waren ihre eigenen Gedanken und Handlungen, die sie krank gemacht haben. Eine Idee, die auch schulmedizinisch nicht von der Hand zu weisen ist: Das ständige Denken und Fühlen auf eine ganz bestimmte und immer gleiche Art hält den Körper rein chemisch in einem bestimmten Status quo gefangen. Alle Vorgänge in unserem Körper sind chemischer Natur. Ein fortwährender Griesgram befindet sich in einem ganz anderen chemischen Zustand als ein Mensch, der freudvoll lebt. Wenn die chemischen Reaktionen des Griesgrams aber immer dieselben sind, werden auch immer dieselben genetischen Knöpfe in den einzelnen Zellen gedrückt. Was dazu führt, dass die betreffenden Gene regelrecht »ausleiern« – und Krankheiten verursachen. Neueste wissenschaftliche Erkenntnisse belegen, dass Gene letztlich wie Ein/Aus-Schalter sind. Gedanken können bestimmte Gene an- oder ausschalten. Gene produzieren lebenswichtige Proteine. Negativ denkende Menschen stellen qualitativ schlechtere Proteine her – und werden mit ziemlicher Zuverlässigkeit krank.

Man kann diese Erkenntnisse aber auch nutzen, um den umgekehrten Effekt zu erzielen – nämlich gesund zu werden.

Wenn Gedanken krank machen können, ist es auch möglich, dass Gedanken heilen können.

Es gab Experimente mit Schlaganfallpatienten. Die Wissenschaftler zeigten ihnen sozusagen, wie sie mithilfe ihrer Gedanken ihr Gehirn neu verdrahten können, damit zum Beispiel ein gelähmter Arm wiederbelebt wird. Tatsächlich konnten die Patienten ihre Gliedmaßen, die teilweise seit zehn Jahren schon gelähmt waren, plötzlich wieder benutzen. Das funktionierte sogar bei Patienten, die über siebzig waren.

Eine überaus eindrucksvolle Versuchsreihe gab es auch mit Diabetes-Patienten. Die normalen Blutzuckerwerte liegen zwischen siebzig und einhundertzwanzig Milligramm pro Deziliter Blut. Wenn Sie Diabetes haben, wissen Sie, dass über einhundertzwanzig schlecht ist, und mit über einhundertachtzig haben Sie ein echtes Problem. Alle Teilnehmer an dieser Versuchsreihe hatten Diabetes Typ 2, alle nahmen deswegen Medikamente. Man maß ihren Blutzuckerspiegel. Danach zeigte man ihnen per Video entweder eine humorvolle Fernsehshow oder eine langweilige Hochschulvorlesung. Anschließend bekamen sie eine große Mahlzeit, und erneut wurde ihr Blutzuckerspiegel gemessen. Nun ja, die Patienten, die die schnarchlangweilige Vorlesung gesehen hatten, kamen auf einen Blutzuckerspiegel von erkennbar mehr als einhundertzwanzig Milligramm pro Deziliter. Die Patienten, die die Comedyshow geguckt hatte, kamen auf einen Wert von siebenundsiebzig Milligramm! Ohne Insulin! Nur durch Freude! Gleich danach machten sich die Genetiker ans Werk und untersuchten diese Patienten. Und fanden heraus, dass die Leute, die die Comedyshow gesehen hatten, vierundzwanzig Gene angeschaltet hatten – einfach dadurch, dass sie lachten und glücklich waren. Damit wurde zum ersten Mal in der Geschichte der Medizin nachgewiesen, dass es unser Gemütszustand ist, den wir regeln müssen, um bestimmte Gene anzuschalten und damit ein gesundheitsförderndes Wohlfühl-Gefühl zu erzeugen.

Dieses Prinzip machten sich auch die Patienten zunutze, die Spontanheilungen erlebt hatten. Sie wussten: Ich darf nicht so weiterleben, so denken, wie bisher, nicht weiter so handeln. Ich muss aufhören, ich selbst zu sein. Es waren diese zwanzig Jahre Hass, zehn Jahre Leiden, fünf Jahre Wut, die mich krank gemacht haben. Also Schluss damit!

Wussten Sie übrigens, dass fünfundneunzig Prozent aller Menschen in der westlichen Welt, die zum Arzt gehen, es wegen stressbedingter Krankheiten tun? Stress ist eine Reaktion auf die externe Welt um uns herum. Wenn wir eine Bedrohung oder einen Sachverhalt in unserer Umwelt wahrnehmen, der potenziell gefährlich oder zumindest verunsichernd ist, wird ein primitiver Teil des Gehirns aktiviert, das Mittelhirn, welches das Kampf- oder Fluchtsystem in Marsch setzt. Dann werden enorme Mengen Adrenalin und Cortison ausgeschüttet, damit der Körper diese Ausnahmesituation bewältigen kann. Das passiert bei physischem Stress (z. B. bei einem Autounfall), bei chemischem Stress (z. B. wenn unser Körper mit Giften wie etwa Nikotin, Abgasen, Konservierungsstoffen traktiert wird) und bei emotionalen Belastungen (z. B. bei Mobbing am Arbeitsplatz, Ehekrach oder auch nur bei einem Stau im Berufsverkehr). Solange die Stresssituation nur kurzfristig vorhanden ist und dann wieder verschwindet, haben wir damit kein Problem. Wenn sie aber dauerhaft da ist und wir sie nicht mehr abschalten können, werden wir krank. Dann entwickeln wir körperliche wie auch seelische Krankheitsbilder – Neurosen, Schlafstörungen, Depressionen oder sonst etwas in dieser Art.

Und was ist mit Krebs? Wissen Sie, wie Stress Krebs auslösen kann? Wenn Sie ständig enorme Energiereserven für Notsituationen brauchen – tatsächliche oder eingebildete – dann haben Sie nicht mehr genügend Energie für Wachstum, Regeneration und

Reparatur. In Ihrem Körper wird nichts gedeihen – im Gegenteil, es wird zu einem Abbau führen. Wenn dann ein paar Krebszellen zusammenkommen und beschließen, sich zu teilen, dann gibt es keine oder nicht genügend Energie in Ihrem Ausgleichssystem, das sich diese Krebszellen ansehen und bekämpfen sollten. Es ist wie bei einem Feuer in Ihrem Keller: Da denken Sie dann auch nicht mehr an die Renovierung der Küche . . . Im Körper passiert genau dasselbe: Wenn Sie im Stress ständig enorme Energiemengen mobilisieren, haben Sie nicht mehr genügend Energie für Ausbauprojekte. Das Gehirn schaltet für die Abteilungen »Erfindung, Spekulation, Möglichkeiten, neue Optionen, neue Ideen« den Stirnhirnlappen ab. Der ist aber wie der Dirigent einer Symphonie. Da er Verbindungen zu allen Abteilungen des Gehirns hat, kann er nahtlos neue Schaltkreise zusammensetzen.

Im Gegensatz zur Tierwelt haben wir Menschen allerdings einen erkennbaren Vorteil: Wir haben diese unglaubliche Fähigkeit, dass uns Gedanken realer erscheinen können als alles andere. Aber gerade deshalb ist es ganz elementar, sich in jeder Sekunde darüber im Klaren zu sein, was wir denken. Wenn wir uns unter Stress setzen, wenn wir Ängste entwickeln, wenn wir Bedenkenträger sind, bereiten wir den Körper chemisch vor auf ein negatives Ereignis, das möglicherweise gar nicht eintritt. Der Körper weiß in dem Moment nicht, ob es sich um eine reale Gefahr handelt oder nur um eine eingebildete. Die chemischen Reaktionen im Körper sind dieselben. Andererseits haben wir diese geniale Fähigkeit, mittels der richtigen Gedanken mehr Lebensenergie zu erlangen. Wir erkennen immer mehr, dass die Denkfähigkeit des Individuums zugleich seine Befähigung ist, auf das universelle Bewusstsein, auf das Quantenfeld einzuwirken. Richtiges Denken ist machtvoll, konstruktiv und positiv.

Die Quantengesetze besagen, dass die Umwelt eine Erweiterung unseres Geistes ist. Wenn sich also in unserem Inneren, in unserem Denken etwas verändert, sollte sich auch in unserem Umfeld etwas ändern. Das zeigt sich dann – unter anderem – erkennbar an Ihrem Gesundheitszustand.

Die Patienten, die Spontanheilungen erlebt haben, hatten also erkannt, dass es ihre eigenen Gedanken gewesen waren, die eine Stressreaktion ausgelöst hatten, die sie nicht mehr abschalten konnten. Sie realisierten, dass es ihr eigenes Denken und Fühlen gewesen war, das den chemischen Zustand in ihrem Körper erzeugt hat, der bestimmte Gene an- oder abschaltet. Und sie sagten sich: Wir müssen damit aufhören!

Die dritte Gemeinsamkeit dieser Patienten war, dass alle sagten: Ich muss mich neu erfinden! Ich muss jemand anderes werden, ich kann nicht derselbe bleiben. Und sie begannen, sich wichtige Fragen zu stellen: Wie fühlt es sich an, glücklich zu sein? Wen kenne ich, der wirklich glücklich ist und bei dem ich mir was abgucken kann? Was müsste ich an mir ändern, um freudvoll zu leben? Während sie sich diese Fragen stellten und auf Antworten warteten, fing ihr Gehirn schon an, in neuen Abläufen zu arbeiten – in neuen Mustern und Kombinationen. Jedes Mal, wenn wir unser Gehirn dazu bringen, anders zu arbeiten, kreieren wir einen neuen Verstand. Diese Patienten fingen also an, ihr Gehirn zu verändern – allein durch die andere Art zu denken. Wenn ich dagegen immer auf dieselbe Weise denke, immer dieselben Erfahrungen mache, werde ich mein Leben bis zum Sankt-Nimmerleins-Tag nicht verbessert haben. Wenn ich aber etwas Neues lerne, mir weiteres Wissen aneigne und mir Gedanken mache, wie ich das neue Wissen anwenden und in mein persönliches Leben integrieren kann, bringe ich mein Gehirn dazu, neue Schaltkreise wachsen zu lassen.

Die Patienten mit den Spontanheilungen sagten: Ich verabschiede mich von der Gewohnheit, ich selbst zu sein. Ich werde morgens nicht aufstehen, ehe ich nicht fühle, dass ich ein anderer Mensch bin, ehe ich nicht spüre, dass ich freudvoll lebe. Was sie nicht wussten, ist, dass sie allein durch dieses Denken neurochemische Signale an ihren Körper sandten, die es ihnen erlaubten, Geist und Körper zusammenarbeiten zu lassen. Mit einem Satz gesagt: Wir sind, was wir mental und physisch fühlen, was wir denken und wie wir handeln. Wenn wir nichts Neues denken und nicht auf neue Weise handeln, verstärken wir nur die bestehenden Schaltkreise in unserem Gehirn und werden begrenzt. Unsere Persönlichkeit und Identität werden zu einem limitierten Satz aus Schaltkreisen – sowohl neurologisch wie auch chemisch.

Die vierte Gemeinsamkeit dieser Menschen war, dass alle sich von ihrer gewohnten Umwelt zurückzogen. Und dass sie vorübergehend ihr Raum- und Zeitgefühl verloren, während sie mental übten, ein anderer Mensch zu sein. Darüber nachzudenken, was für ein neuer Mensch sie werden wollten, war ihnen auch wichtiger als ihr Sozialleben, wichtiger als E-Mails zu checken oder Telefonanrufe von Freunden anzunehmen. Sie hörten mit allem auf, was ihnen Zeit raubte, weil ihr Leben in Gefahr war und sie sich nicht wohl dabei fühlten. Sie wollten nicht mehr in derselben Umgebung mit denselben Menschen dieselben Sachen machen. Das hätte ihr Gehirn wieder in altes Fahrwasser, in überkommene Muster zurückgeworfen. Diese Patienten zogen sich zurück, damit sie über den Tellerrand ihrer Umwelt hinaus denken konnten. Sie wollten nicht mehr zulassen, dass die Umwelt ihre Gedanken bestimmt und gewohnte und möglicherweise destruktive Schaltkreise in ihrem Gehirn stimuliert. Diese Leute haben also in der Phase, in der sie ihr neues Denken entwickelten, lange Momente erlebt, in denen sie ihr Zeit- und Raumgefühl total verloren haben. Teilweise dachten sie, zwanzig Minuten seien vergangen, während sie mental übten. In Wirklichkeit waren es anderthalb Stunden.

Etwas anderes, das wir der Tierwelt voraus haben, ist der Stirnhirnlappen. Er ist bei keinem Tier so groß wie beim Menschen. Der Stirnhirnlappen ist so etwas wie der Lautstärkeregler des Gehirns. Wenn wir uns auf eine Sache konzentrieren, entscheidet der Stirnhirnlappen, dass alles andere nicht so wichtig ist und regelt die Lautstärke der entsprechenden Gefühlsschaltkreise herunter – damit das Einzige, was in diesem Moment real erscheint, ein einziger Gedanke ist. Und wenn dieser so real wird, dass ich ihn plastisch vor Augen habe – mit allem, was dazu gehört, mit dem entsprechenden Klang, dem Geruch, dem Gefühl – dann erfasst ihn das Gehirn und wertet ihn als Erlebnis. Die Menschen, bei denen es buchstäblich ums Überleben ging, haben mental all die Schaltkreise im Gehirn abgeschaltet, die mit ihrer alten Identität zu tun hatten. Sie haben sich buchstäblich selbst vergessen. Einen ähnlichen Gemütszustand beobachtet man übrigens auch bei kreativ arbeitenden Menschen: Sie vergessen alles um sich herum, weil es ihnen so viel Spaß macht, etwas Neues zu erschaffen. Diese Menschen hetzen nicht mehr. Sie wollen auf einmal mehr anstatt weniger Zeit mit ihrer Arbeit verbringen. Sie wollen mehr Zeit, um eine Idee zu entwickeln. Genau das ist es, was mit den Spontanheilungs-Patienten passiert ist: Sie waren so sehr mit Denken beschäftigt, waren so sehr damit befasst, sich selbst neu zu erfinden, dass sie vom Überleben zur Schöpfung übergingen. Sie machten den Gedanken, die Idee, die sie von sich selbst hatten, mental realer als alles andere. Der Stirnhirnlappen hat alle Schaltkreise, die mit Raum und Zeit zu tun haben, heruntergeregelt, damit diese Menschen die notwendige Ruhe hatten. Die Ruhe, sich neu zu erfinden. Ein anderes Selbst zu finden und es zu entwerfen. Nur durch den Akt des

Denkens und der Wiederholung. Danach standen sie auf und lebten ihren Alltag – allerdings nun mit den neuen Schaltkreisen anstatt mit ihrem alten Selbst.

Nehmen wir an, Sie entschließen sich, etwas zu erschaffen – sprich, eine innere Veränderung durch mentales Üben zu erreichen. Sie setzen sich hin und durchlaufen den Prozess des Sich-Vorstellens, des Planens, Organisierens, des Sich-schon-so-Fühlens, um Ihr zukünftiges Potenzial wiederzuspiegeln. Wenn Sie anschließend als dieselbe Person wieder aufstehen, die sich hingesetzt hat, dann hat nicht viel Veränderung stattgefunden. Dann hat Ihr Körper chemische Signale empfangen, die auf dem alten neuronalen Netzwerk basieren, und Ihr Verstand konstruiert eine andere Idee nur intellektuell. Im Prozess des Erschaffens, wenn ich wirklich etwas Neues schaffe, werde ich sehr glücklich, weil ich mich von allen Assoziationen meiner Umwelt löse. Jede Aufmerksamkeit für das, was normalerweise in meiner Umwelt ist, verflüchtigt sich. Das erzeugt einen Zustand der Freude! Ich erfinde mich selber neu! Kreativität ist ein freudiger Zustand – man verliebt sich in das, was man erschafft. Und dies erzeugt eine gigantische Emotion: die Dankbarkeit, am Leben zu sein! Liebe zum Leben! Haben Sie schon mal beobachtet, wie glücklich Sie sind, wenn Sie inspiriert sind? Wenn Sie glücklich sind, dann sind Sie liebevoll. Wenn Sie liebevoll sind, dann sind Sie achtsam. Wenn Sie achtsam sind, dann sind Sie frei. Wenn Sie frei sind, sind Sie kreativ. All diese Dinge fließen zusammen, weil die chemischen Botenstoffe andere Schaltkreise ansprechen, die mit bloßem Überleben nichts mehr zu tun haben.

Es gibt übrigens noch ein weiteres Detail, das all diese Patienten gemeinsam hatten: Von ihren Ärzten wurden sie für ein wenig verrückt gehalten. Klar, für einen Schulmediziner liegt diese »Masche«

außerhalb dessen, was er gelernt hat und glaubt. Wobei amerikani-sche Ärzte noch etwas fortschrittlicher sind als europäische. Ame-rikanische Ärzte sagten zu den Patienten: »Keine Ahnung, was sie da machen. Aber was es auch ist – machen Sie weiter! Weil: Es funktioniert!« Das ist eine weitere Gemeinsamkeit dieser Menschen: Bei ihnen war kein Hoffen oder Wünschen – nein, sie *wussten* ein-fach, dass es ihnen mit dieser »Methode« besser geht. Sie hatten die unumstößliche Gewissheit. Es war ihre Überzeugung, mit der sie die Ursache für ihre Genesung gesetzt haben.

Dr. Joe Dispenza beschreibt den Fall eines Leukämiepatienten, der vor Jahren zu ihm in die Praxis kam. Er hatte einen großen Tumor an der Stirn. Dr. Dispenza fragte ihn: »Wie lange haben Sie das schon?«

»Seit 25 Jahren.«

»Was haben Sie dagegen getan?«

»Nichts«, sagt der Patient.

»25 Jahre haben Sie nichts unternommen? Was haben Ihnen die Ärzte denn gesagt, nachdem die Krankheit bei Ihnen diagnostiziert worden war?«, fragt Dispenza.

»Dass ich noch sechs Monate zu leben habe.«

»Und was haben Sie dann gemacht?«

»Ich habe mir selber ein Versprechen gegeben: Ich lebe so lan-ge, bis mein jüngster Sohn die High School abschließt.«

Kurze Zeit später kommt der Patient wieder in Dr. Dispenzas Praxis, und Dispenza fragt ihn noch mal: »Wie haben Sie das ge-macht? Sie hätten schon vor 25 Jahren tot sein müssen . . .«

Der Patient lehnt sich über den Behandlungstisch, haut dem Arzt eine runter und sagt: »Sie müssen sich einfach nur entscheiden!«

Als Dr. Dispenza sich vom Schreck erholt hat, fährt der Patient fort: »Ich kann es einfach nicht fassen, dass Menschen jeden Morgen aufwachen und nicht dankbar dafür sind, dass sie leben. Für mich ist das eine tägliche Übung: dankbar zu sein dafür, dass ich lebe.«

Und nun erinnern Sie sich mal an Tag eins und an das, was wir dort über Dankbarkeit erfahren haben. Und erinnern Sie sich an das, was ich Ihnen über den universellen Geist dargelegt habe: Er spendet Leben, Liebe und paradiesische Schönheit. Wenn dieser Leukämiepatient also jeden Tag dankbar ist, am Leben zu sein – was sagt der universelle Geist dann? – »Okay, ich geb ihm noch einen Tag. Und noch einen. Und noch einen.« Das macht dieser Patient seit fünfundzwanzig Jahren! Allein mit seiner Überzeugung, mit seiner Dankbarkeit setzt er die Ursache für sein Überleben.

Und nun erinnern Sie sich mal an Tag zehn: Wenn Sie glauben, dass die Quantengesetze mit Ihrem Schicksal oder Ihrer Zukunft zu tun haben, können Sie dann für Dinge dankbar sein, die Sie noch nicht erlebt, noch nicht bekommen haben, die aber nach den Quantengesetzen als Möglichkeit existieren und in Ihr Leben kommen werden? Können Sie für Dinge dankbar sein, die Sie noch nicht wahrnehmen, die Sie noch nicht gerochen, geschmeckt oder gefühlt haben, die aber in Ihrem Kopf existieren? Wenn man für diese Dinge dankbar sein kann – was für ein Signal bekommt das Unterbewusstsein dann? Dass es schon passiert ist! Dass Sie es bereits haben! Und exakt mit dieser Ausstrahlung, mit diesem Programm auf Ihrer Power-Antenne ziehen Sie das Gewünschte tatsächlich in Ihr Leben!

Ich habe für mich selber aus all den Erkenntnissen ein Ritual entwickelt: Jeden Morgen, konsequent, nehme ich mir die Zeit, um in Gedanken meinen Tag zu gestalten. Ich stelle mir vor und spüre in mich hinein, wie ich mich fühlen werde, wenn ich meine Tagesziele erreicht habe. Ich entspanne mich und gehe in Gedanken durch, dass mir alles gelingt, was ich mir vorgenommen habe. Ich fühle die Dankbarkeit, die mich durchströmt, wenn ich alles schaffe und mir alles gelingt. Ich fühle die Freiheit, die mir das Erreichen meiner Ziele gibt, und die Dankbarkeit, die diese Freiheit in mir auslöst. Ich tue das jeden Morgen! Und ich stelle mir vor und empfinde, wie ich mich fühlen werde, wenn ich meine Fernziele erreicht haben werde. Ich nehme die Erlangung dieser Ziele schon heute in Besitz. Jeden Morgen ist diese Vision, die ich von mir selber habe, in meinem Kopfkino gegenwärtig. Je nach Tagesform dauert es manchmal etwas länger, manchmal geht es schneller, bis ich die Vision in meinem Kopf aufgebaut habe. Aber die Mühe ist es wert. Entscheidend ist, dabei Dankbarkeit zu fühlen. Die Dankbarkeit, die mich erfasst, wenn ich meine Ziele erreiche. Noch mal: Der Zustand der Dankbarkeit sorgt dafür, dass Körper und Geist zusammenarbeiten, dass sie dasselbe wollen. Dieser Zustand hilft mir, leichter durch den Tag zu kommen. Dann ist das Herz offen! Wenn ich dieses Ritual mal nicht durchführe – keine Zeit, keine Lust, verschlafen; Sie kennen das – dann merke ich, dass ich mich viel mehr anstrengen muss, um meinen Zielen näherzukommen.

Also setzen Sie die Ursache dafür, Ihre Ziele zu erreichen! »Ursache und Wirkung« – das ist übrigens auch ein hermetisches Gesetz. Wenn Sie all das, was ich Ihnen bisher erläutert habe, ernst nehmen, ergibt sich daraus eine folgenschwere Konsequenz:

> Es gibt im Universum keinen Zufall! Alles folgt Naturgesetzen! Alles im Universum hat eine erkennbare Ursache. Wenn etwas »zufällig« zu geschehen scheint, bedeutet das nur, dass wir die Ursache noch nicht erkannt haben.

Unsere Überzeugungen beispielsweise sind eine sehr starke Ursache. Wenn Sie überzeugt sind, dass Sie Ihren Traumjob sowieso nicht bekommen, dann kriegen Sie ihn auch höchstwahrscheinlich nicht. Vielleicht bewerben Sie sich gar nicht erst. Aber Ihre Überzeugung ist nur eine einzige in einer ganzen Reihe von Ursachen: Wo kommt sie her? Vielleicht von Ihren Eltern? Aber woher nahmen sie die Überzeugung, dass Sie es zu nichts bringen werden?

Wenn Sie den Gedanken jetzt weiterspinnen, werden Sie schnell erkennen: Es ist ganz offensichtlich nicht sinnvoll, solche Begebenheiten Ihres Lebens auf ihre erste Ursache hin zu untersuchen. Wichtiger und hilfreicher ist es, sich in seinem persönlichen Dasein dieses Prinzips von Ursache und Wirkung bewusst zu werden. Dann kann ich meine Wünsche, Gefühle, Überzeugungen als Ursache einsetzen, um bessere Gegebenheiten in meinem Leben zu bewirken. Vereint mit Absicht und Übung hilft mir das Bewusstsein von Ursache und Wirkung, mich über äußere Beeinflussungen zu erheben. Dieses Bewusstsein unterstützt mich darin, Spieler zu werden, statt Figur zu sein. Ursache zu werden statt Wirkung.

Achten Sie ganz bewusst auf starke Gedanken und Gefühle, die Sie im Laufe des Tages durchleben, vor allem auf solche, die sich häufig wiederholen. Wenn Sie derartige Gefühle bemerken, stellen Sie sich sofort die dazugehörige Skala auf Ihrem Mischpult vor. Überprüfen Sie, ob der Zeiger nach unten gerutscht ist. Das Obenhalten der Zeiger ist eine Ursache, mit der Sie angenehme Wirkungen erzielen wollen.

Nach dem universellen Gesetz, das nichts anderes als ein Naturgesetz ist, hat jede Ursache ihre Wirkung, und jede Wirkung hat ihre Ursache. Noch mal:

So etwas wie Zufall gibt es nicht! Alles geschieht gesetzmäßig. Nichts entgeht diesem Gesetz.

Wenn Sie das verstanden und verinnerlicht haben, wissen Sie auch, dass Sie sich durch Ihre Gedanken und Gefühle, Überzeugungen und Wünsche in Kontakt bringen mit den höheren Kräften der Natur. Dann können Sie Ihre Stimmungen und Polaritäten genauso steuern wie Ihre Umgebung. Sie werden Spieler statt Figur zu bleiben. Sie werden Ursache statt Wirkung. Arbeiten Sie einfach mit diesen höheren Gesetzen und meistern mit ihrer Hilfe die Umstände der niederen Ebene. Auf diese Weise werden Sie ein Teil des Gesetzes, anstatt einfach ein blindes Instrument zu sein. Nichts steht außerhalb dieses Gesetzes, nichts ist im Widerspruch zu ihm.

Ihre Gedanken und Gefühle sind die Ursache hinter jeder Auswirkung in Ihrem Leben. Verinnerlichen Sie diesen Satz! Deshalb ist es sinnvoll, zu beschließen: »Ich halte meine geistige Polarität immer auf der höchsten Ebene.«

In allen Situationen, in denen Sie ein positives Ergebnis wünschen, überprüfen Sie am besten innerlich die Skalen auf Ihrem Mischpult und halten die Zeiger ständig oben.

Wenn Sie das schaffen – das erfordert allerdings ein gewisses Maß mentaler Übung – werden Sie einen kontinuierlichen Strom von wundervollen Situationen erleben. Versprochen!

Wie Sie Ihre Power-Antenne optimal ausrichten

Setzen Sie sich so bequem wie möglich hin, versetzen Sie sich in vollkommene Entspannung – mittels einer Kerze und eigenen Atems. Und nun malen Sie sich vor Ihrem geistigen Auge aus, wie Sie im Alter von neunzig Jahren sein werden. Nämlich vital und fit und quietschvergnügt. Wenn Sie sich vorstellen können, dass Sie als Neunzigjähriger immer noch wie ein Kind über grüne Wiesen hüpfen, dann sind Sie auch in der Lage, diesen Zustand zu erreichen.

Der Volksmund sagt: »Man ist so alt, wie man sich fühlt.« Also fangen Sie heute an, sich jung, vital und fit zu fühlen!

Werfen Sie die negativen Glaubenssätze von Alter und Krankheit und Siechtum über Bord! Vergessen Sie das! Ersetzen Sie die negativen Glaubenssätze durch positive: Stellen Sie sich vor und fühlen Sie, wie es ist, als alter Mensch agil und vital zu sein! Senden Sie Liebe aus an das Leben; verlieben Sie sich in dieses Leben!

Nicht wir, sondern die Naturkräfte in uns sind die besseren Ärzte.

Hippokrates, Urvater der westlichen Medizin

Tag 15
Das Gesetz der Resonanz und Ihre *(Liebes-)*Beziehungen

Hier sind wir nun an dem Punkt, an dem Sie das Prinzip – von »Liebe aussenden, Liebe schenken, damit das Leben mir liebevoll begegnet« – sicher am besten verstehen können. Es ist das Prinzip, das sich auf alles im Leben anwenden lässt.

Ich bin immer einigermaßen verständnislos, wenn Menschen unfreundlich miteinander umgehen. Die Kassiererin im Supermarkt hat vielleicht nicht unbedingt den schönsten Job. Aber sie gestaltet sich den Tag schöner und leichter, wenn sie ihren Kunden mit Freundlichkeit und strahlendem Lächeln begegnet. Die nette Art und Weise wird wie ein Bumerang auf sie zurückfallen.

Genauso gut kann man im Supermarkt (Ehe-)Paare beobachten; Menschen, die sich eigentlich nahestehen sollten, einander aber unentwegt ankeifen. Kein Wunder, dass wir eine so hohe Scheidungsrate haben. Dabei wusste schon der biblische König Salomon: »Es nährt deine Seele, wenn du freundlich bist – und es zerstört sie, wenn du grausam bist.«

Ich liebe es, die Menschen um mich herum zu beobachten. Ich sage immer scherzhaft, aber durchaus mit ernsthaftem Hintergrund: Ich studiere Menschen. Eine der Erkenntnisse, die ich dabei gewonnen habe: Diejenigen, die anderen mit einem offenen, positiven, freundlichen Wesen begegnen, ziehen auch die attraktivsten Lebenspartner an. Wie heißt es so schön: »Gleich und gleich gesellt sich gern.« Wenn Sie auf der Gefühlsfrequenz der Liebe sind, greift das Gesetz der Resonanz: Sie können gar nicht anders, als Menschen anzuziehen, die auch auf der Frequenz der Liebe sind.

Jeder Gedanke erzeugt ein Resonanzfeld. Jeder Gedanke ist pure Energie, die wir aussenden. Nicht nur in eine gezielte Richtung, sondern in alle Richtungen. Die ausgesandte Energie sucht sich auf ihrem Weg eine gleich schwingende. Eine Energie also, die mit unseren Gedanken in Resonanz steht. Diese wird von unserer Schwingung nun ebenfalls in Schwingung gebracht.

Andere Menschen oder Ereignisse können sich dem Schwingungsfeld, das wir in uns erzeugen, nicht verweigern, wenn sie mit unserer eigenen Frequenz in Resonanz treten.

So verhält sich das mit Freunden, Geschäftspartnern – und selbstverständlich auch mit Lebenspartnern. Meine heutige Frau habe ich schon lange geliebt, noch ehe ich sie kannte. Ich habe sie mir schon vor Jahren vor meinem geistigen Auge vorgestellt. Es war ein ziemlich präzises Bild, wie sie aussehen sollte, welchen Charakter und welche Gewohnheiten sie haben sollte. Ich habe sie mir gedacht und mich gefühlt, als wäre sie bereits an meiner Seite. Bis sie vor einigen Jahren auf äußerst wundersamem Weg tatsächlich in mein Leben trat. Ich habe sie allein mit der Kraft meiner Gedanken, durch das Aussenden von Liebe in mein Leben gezogen.

Nehmen wir an, Sie finden sich mit einem Ihrer Mitmenschen in einer negativen, unangenehmen Situation wieder. Sei es ein Freund, mit dem Sie auf einmal nicht mehr so recht klarkommen. Sei es ein Kollege, der Ihnen auf die Nerven geht. Dann nehmen Sie sich jeden Tag ein paar Minuten Zeit und suchen Sie bewusst und gezielt in sich nach liebevollen Gefühlen für diesen Menschen. Sie werden welche finden, ganz sicher! Nehmen Sie diese Gefühle bewusst wahr – immer wieder, ein paar Tage lang. Und dann beobachten Sie, wie jegliche Ressentiments, Abneigung, Negativität, die Sie gegenüber dieser Person empfunden haben, nach und nach verschwinden.

Nehmen Sie es einfach so, wie ich es Ihnen jetzt sage – und fühlen Sie tief in sich, dass es wahr ist: Wenn Sie Abneigung, Zorn oder jegliches andere negative Gefühl für einen Menschen haben, fällt es auf Sie zurück! Wir haben in den letzten Tagen gelernt: Auf der tiefsten Ebene sind wir alle eins. Wenn ich auf einen anderen Menschen sauer bin, auf ihn schimpfe etc., richte ich mich im Grunde genommen gegen mich selbst. Wenn ich aber umgekehrt einem anderen Menschen liebevolle Gefühle entgegenbringe, liebe ich mich selbst!

> Jegliche Gefühle, die ich für einen anderen Menschen hege, treffen immer auch mich selbst!

Diese Weisheit ist nicht neu, sie ist auch nicht von mir – Sie können Sie in jeder Weltreligion und in jeder spirituellen Anschauung finden. Schon der Apostel Paulus zitiert aus der berühmten Bergpredigt Jesu Christi: »Denn das ganze Gesetz ist in dem einen Satz erfüllt: Du sollst deinen Nächsten lieben wie dich selbst.«

Am Zustand Ihrer Beziehungen können Sie leicht ablesen, ob Ihre Power-Antenne auf der hoch schwingenden Frequenz der Liebe sendet oder eher auf der niedrig schwingenden Frequenz der Negativität. Wenn Ihre Beziehungen gut laufen, bedeutet das: Sie investieren mehr Liebe und Dankbarkeit als Negativität. Gratulation! Wenn Ihre zwischenmenschlichen Beziehungen sich eher schwierig gestalten, wissen Sie, dass Sie mehr Negativität als Liebe empfinden.

Wir haben erfahren: Das Leben passiert uns nicht einfach – wir selbst sind Schöpfer unserer eigenen Wirklichkeit. Genauso verhält sich das mit unseren (Liebes-)Beziehungen. Die passieren uns auch nicht einfach, sondern sie kommen zu uns entsprechend dem, was wir verursacht, sprich was wir per Power-Antenne ausgesendet haben. Wenn ich ein liebevoller Mensch bin, ziehe ich auch solche in mein Leben. So simpel ist das. Und letzten Endes bedeutet es: Ja, ich darf egoistisch sein. Denn: Es geht gar nicht unbedingt um den anderen, wenn ich nett oder gar liebevoll zu ihm bin. Nein, es geht um mich. Denn schenke ich einem Mitmenschen Liebe durch Freundlichkeit, Ermutigung oder Unterstützung, dann wird dieser Akt der Nächstenliebe auch mein Leben bereichern und Liebe in jeden Bereich meines Lebens bringen – in Form von Geld, Karriere, Gesundheit. Ich bin sicher, auch Sie haben erlebtes Wissen, das das bestätigt.

Jeder kennt Menschen, die es zu etwas gebracht haben. Und zumeist sind es diejenigen, die eine nette, freundliche, wenn nicht gar liebevolle Aura haben. Gut, okay, es gibt Gegenbeispiele. Menschen, die es durch Fiesheit und Intrigen nach oben geschafft haben. Politiker, die an die Macht gekommen sind, indem sie mögliche Konkurrenten weggebissen haben, was ja nun eindeutig kein Akt der Liebe ist. Allerdings sind diese Menschen in aller Regel nicht in der Lage, ihre Position innezuhaben und ihr Glück festzuhalten. Ganz davon abgesehen, dass sie ohnehin selten einen glücklichen Eindruck machen . . .

Daher empfiehlt es sich, simpel ein liebevoller Mensch zu sein, wenn ich Gutes in mein Leben ziehen möchte. In dem Moment, in dem ich bewusst nur noch auf das achte, was ich am anderen mag oder gar liebe, dann wird die Macht dieses positiven Gedankens jegliche Negativität auflösen. Ich habe in meinem persönlichen Umfeld eine Frau erlebt, deren Ehe kurz vorm Explodieren war. Die beiden brüllten sich nur noch an, waren eklig zueinander, gingen sich nur noch auf die Nerven. Die Frau kam zu mir, fragte mich verzweifelt um Rat. Ich empfahl ihr, sich in Gedanken ganz zurück zu begeben in die Zeit, als sie sich in ihren heutigen Ehemann verliebt hat: Wie war das? Wie hat es sich angefühlt? Was liebte sie an ihm? Was für Bilder kamen in ihr hoch, wenn sie sich an die Anfangszeit erinnerte?

Um sich diese Phase des ersten Überschwangs visuell ins Gedächtnis zu rufen, nahm sie sich alte Fotoalben zu Hilfe. Und plötzlich sah sie wieder das, was sie ursprünglich an ihrem Mann liebte. Ich riet ihr, dieses Gefühl täglich mehrere Minuten lang in sich aufzubauen und immer wieder diese alten Bilder zu visualisieren. Was dann passierte, empfand sie wie ein Wunder: Sie fühlte wieder Liebe zu ihrem Mann. Wie damals.

Und weil sie das ausstrahlte, wurde mit einem Mal auch ihr Mann wieder sanft und liebevoll zu ihr; seine miese, deprimierte Stimmung, die in den letzten Jahren allgegenwärtig gewesen war, verkehrte sich ins Gegenteil. Die beiden, die kurz vor der Scheidung standen, sind heute wieder ein glückliches Paar.

171

Das führt uns zu einer ebenso alten wie unumstößlichen Weisheit und Wahrheit: Wenn ich möchte, dass mein Mitmensch sich in irgendeiner Weise ändert, muss zuerst ich selber mich ändern. Was *ich* gebe, bekomme *ich* zurück.

Wobei man achtgeben muss, dass man dabei nicht in eine Falle tappt. Liebe bedeutet Freiheit – vor allem auch: dem anderen Freiheit zu lassen. Auch die Freiheit der Wahl, wie er gern sein möchte. Wenn ich einen anderen Menschen ändern, umerziehen will, ist das alles andere als liebevoll. Wenn ich an meinem Partner immer nur etwas zu nörgeln und zu meckern habe, sende ich keine Liebe aus. Wenn ich zu wissen glaube, was für sie oder ihn das Beste ist, sende ich keine Liebe aus. Wenn ich meinen/er PartnerIn immer nur die Schuld an allem gebe und mich selber für fehlerfrei halte, sende ich keine Liebe aus. Wenn ich glaube, immer im Recht zu sein, und stets nur den anderen die Schuld in die Schuhe schiebe, sende ich keine Liebe aus. Wenn ich Menschen immer nur beurteile und schlimmstenfalls *ver*-urteile, sende ich keine Liebe aus. Wenn ich über andere negativ denke und womöglich auch schlecht über sie spreche, sende ich auch keine Liebe aus.

Ich möchte Sie heute gern ermuntern: Programmieren Sie Ihre Power-Antenne auf Liebe. Stellen Sie sich täglich mindestens einmal vor den Spiegel, legen Sie die rechte Hand auf Ihr Herz und erklären Sie laut und deutlich: »Ich bin Liebe.« Tun Sie das mehrere Tage hintereinander. Und fühlen Sie in sich hinein, wie sich die Ausstrahlung Ihrer Power-Antenne dadurch ändert. Sie *wird* sich ändern – das schwöre ich Ihnen!

Wenn sich dann zwischen Ihnen und einem Menschen, mit dem Sie in Beziehung stehen, ein Konflikt auftut, bewahren Sie Ruhe und stellen Sie sich die Frage, die wir an Tag vier schon mal hatten: »Was würde Liebe jetzt tun?« Sie würde niemals schlecht über den anderen reden oder gemeinen Klatsch über ihn verbreiten. Sie würde niemals versuchen, ihn auszutricksen oder auszubooten. Sie würde ihm niemals das Recht verweigern, seine eigene Wahl zu treffen. Sie würde ihn niemals beschimpfen oder mit Schuldzuweisungen überschütten.

Sondern? Was würde Liebe tun?

Die australische Autorin Rhonda Byrne, die »The Secret« geschrieben hat, führt in ihrem Nachfolgebuch »The Power« einen ebenso interessanten wie nützlichen Begriff ein: den »Persönlichen Emotionalen Trainer«, abgekürzt PET. Insbesondere Menschen, mit denen wir Konflikte haben, sind solche PETs: Das Universum schickt uns diese Trainer, damit wir sie als Chance begreifen, uns stets und ständig für die Liebe zu entscheiden. Als Chance, das Gute und Liebenswerte in diesen Menschen zu entdecken. Denn ein Mensch, der es schafft, Sie mit seiner miesen Stimmung oder Streitlust anzustecken, ist nichts anderes als ein Hinweis darauf, dass Sie selber eine schlechte Stimmung in sich tragen. Sonst hätte die Power-Antenne dieses Menschen gar nicht die Möglichkeit, mit Ihrer Power-Antenne in Resonanz zu treten. Wenn Ihre dagegen auf der Frequenz der Liebe schwingt, wird dieser andere gar nicht erst die Chance haben, Sie runterzuziehen.

Also anstatt diesem Menschen das Etikett »Blödmann« oder »Nervbolzen« anzukleben, verpassen Sie ihm lieber Etiketten wie »charmanter Zeitgenosse« oder wenigstens »eigentlich ja doch ganz nett.« Denken Sie daran: Wir sind alle eins. Alles ist mit allem verbunden. Was bedeutet: Das Etikett, das Sie einem anderen aufpappen, kleben Sie sich genau genommen selber an die Backe! Und möchten Sie als »Blödmann« etikettiert herumlaufen?

Das Gesetz der Anziehung, das Gesetz der Resonanz, das Gesetz der Liebe – all das besagt: Was Sie in Ihren Gedanken, Gefühlen und Überzeugungen haben, das ziehen Sie in Ihr Leben. Also macht es doch Sinn, möglichst viel Liebe auszusenden – denn damit ziehen Sie auch viel Gutes und Liebevolles in Ihr Dasein. Suchen Sie ganz bewusst das Licht und die Liebe in jedem Menschen und in jeder Situation, die Ihnen widerfährt, und sagen Sie laut Ja zu diesen positiven Aspekten. Sagen Sie laut: »Ich bin so dankbar, dass . . .« – und beenden Sie den Satz mit etwas Positivem über den jeweiligen Menschen bzw. die Situation.

Und was, wenn Sie jetzt beim allerbesten Willen nichts Positives erkennen können? Auch so was gibt's. Und das Gesetz der Liebe meint mit Sicherheit nicht, dass Sie sich auf der Nase herumtanzen lassen sollen. Es besagt aber auch nicht, dass Sie die betreffende Situation durch Wut, Groll und Hass mit zusätzlicher Energie aufladen sollen. Die einzig richtige Reaktion in so einem Fall ist: einfach gehen! Ja, wenden Sie sich ab – ohne Groll, ohne Murren. Einfach lassen. Einfach loslassen. Und wenn Sie los-gelassen haben, sind Sie im wahrsten Wortsinn ge-lassen – womit wir mal wieder bei der Weisheit der Sprache wären . . .

Es gibt ein wunderbares Beispiel, an dem man sich perfekt abgucken kann, wie das funktioniert. Sie kennen sicher auch das Duo »Amigos« – diese beiden älteren Herren, die mit einfachst gestrickter Schlagermusik plötzlich auf Platz eins der Hitparade landeten. Seit 2006 ist ein regelrechter Hype um die beiden entstanden, obwohl sie auf der Bühne eigentlich alles falsch machen, was man nur falsch machen kann: Ihr Bühnenbild verdient diese Bezeichnung nicht, ihre Show hat keine erkennbare Dramaturgie, die Musik kommt mit drei Harmonien aus. Aber nach einer halben Stunde tobt der Saal – unglaublich. Ich habe die beiden Herren mal ausführlich befragt, weil ich dem Geheimnis auf die Spur kommen wollte, wie sie das gemacht haben. Sie erzählen, dass sie schon als

Kinder gern gesungen und eigentlich ihr ganzes Leben Musik gemacht haben – neben ihren »bürgerlichen« Berufen (der eine war
Bierbrauer, der andere LKW-Fahrer). Meist traten sie auf Volksfes-
ten, in Bierzelten und bei Silberhochzeiten auf – mit durchweg
selbst geschriebenen Liedern. Irgendwann waren sie so weit, dass
sie Demo-Bänder an Plattenfirmen schickten. Absage für Absage.
Auch von Plattenfirmen, die sich heute wahrscheinlich die Finger
nach ihnen lecken würden. »Sogar die Plattenfirma, bei der wir
derzeit unter Vertrag sind, schrieb uns damals zurück: ›Keine Ver-
wendung für diese Musik.‹ Den Schrieb haben wir heute noch! Also,
uns ging es wie Joanne K. Rowling, der Autorin von »Harry Pot-
ter«. Die wollte anfangs ja auch keiner haben. Heute ist sie Multi-
millionärin.« Und was glauben die Amigos, warum letztlich doch
noch der Knoten geplatzt ist? Das konnten sie mir recht gut beantworten: »Wir sind niemals morgens aufgestanden mit dem Gedanken: Verdammte Scheiße, warum haben wir keinen Erfolg? Nein,
wir waren zufrieden mit dem, was wir hatten. Und wir lieben die
Musik. Wir hatten uns damit abgefunden, dass wir dann eben so
weitermachen wie bisher. Und trotzdem unseren Spaß haben.«

Sehen Sie – genau das ist es, wie es funktioniert: Loslassen, sich
anfreunden mit der Situation. Lieben, was ist. Das Negative ohne
Groll beiseitelegen – und weitermachen mit dem, was man liebt.
Damit haben die Amigos den Erfolg unvermeidbar gemacht. Und
was diese beiden Herren können, das schaffen Sie doch auch!

Liebe aussenden bedeutet: sich dem Schönen, dem Liebenswerten
zuwenden und genau das auch in den Mitmenschen zu sehen. Es
kommt ganz darauf an, wie Sie auf Ihre »Persönlichen Emotionalen Trainer« reagieren. Es kommt darauf an, dass Sie ihnen positive Gefühle entgegenbringen. Denn dann werden auch die Umstän-

de, die Sie zurückbekommen, positiver Natur sein. Durch Ihre eigenen guten Gefühle, dadurch, dass Sie sich auf die Schwingungsfrequenz der Liebe hochpushen, lösen Sie jegliche Negativität auf. Sie können alles heranziehen, was Sie mögen, um froh zu sein: Ihre Lieblingsmusik, einen lustigen Film, ein Buch mit Gedichten, ganz egal, Hauptsache, Sie fühlen sich wohl.

> Laden Sie sich immer wieder mit guten Gefühlen auf!

Sie können sich auch einfach Ihre Zielcollage mit den wunderschönen Lebensumständen die Sie anstreben vor Ihr geistiges Auge holen. Bedenken Sie: Sie allein sind der Meister Ihres geistigen Zustands – und nicht länger sein Diener oder Sklave. Und erst recht sind Sie nicht der Diener oder Sklave eines Menschen, der Sie runterziehen möchte. Denken Sie an das Magnetfeld von Gefühlen, das Ihre Power-Antenne um Sie herum erzeugt. Wenn es ein Feld von Groll, Ärger, Enttäuschung ist, dann tritt es mit anderen Menschen in Resonanz, die auf der gleichen miserablen Frequenz schwingen. Und auf der Stelle vervielfältigen sich Ihre negativen Gefühle. Wenn Ihre Power-Antenne aber ein Magnetfeld erzeugt, das vor Freude, Begeisterung, Hoffnung, Liebe und Zufriedenheit nur so vibriert, dann tritt es gleichsam mit Menschen in Resonanz, die auf dieser Frequenz sind. Und selbstverständlich vervielfältigen sich auch all diese positiven Dinge – und Sie werden folglich immer mehr davon in Ihr Leben ziehen!

Wie Sie Ihre Power-Antenne optimal ausrichten

Nehmen Sie als Beispiel einen Menschen, den Sie kürzlich kennengelernt haben. Denken Sie nach, was dieser Liebenswertes an sich hat. Schreiben Sie in Ihr Tagebuch, welche netten Seiten Sie an dieser Person entdeckt haben. Machen Sie sich bewusst: Das Leben präsentiert Ihnen Menschen, damit Sie sich für die Liebe entscheiden können. Andere zu verurteilen, schlecht über sie zu reden oder gar voller Hass und Groll gegen sie zu sein, bedeutet, keine Liebe auszusenden.

Grundsätzlich gilt: Wenn Sie in einem Menschen (oder auch in einer Situation) wenig Gutes und Liebenswertes entdecken, sollten Sie sich möglichst emotionslos einfach abwenden. Eine ganz elementare Botschaft dieses Buches ist: Konzentrieren Sie sich am besten nur noch auf Dinge, die Sie lieben. Oder zumindest mögen. Und sollten Sie zu der Erkenntnis gelangen, dass Ihr momentaner Lebenspartner im Grunde gar nicht Ihnen entspricht: Trennen Sie sich! Das trifft übrigens auf jede Lebenssituation zu: Wo etwas nicht so gut ist, wie es sein sollte – führen Sie das entscheidende Gespräch, ziehen Sie Konsequenzen, selbst wenn das Mut erfordert.

Und auch in der Liebe gilt: Das Leben folgt Ihren Anweisungen! Es bringt exakt hervor, was Sie verursachen!

Dort, wo die größte Liebe weilt, dort gibt es immer Wunder.
Willa Cather, Schriftstellerin und Pulitzer-Preisträgerin

Tag 16
Das Gesetz der Anziehung und das liebe Geld

Ob Sie den richtigen Beruf haben, erfahren Sie, wenn Sie sich ehrlichen Herzens die Frage beantworten: »Würde ich das, was ich beruflich mache, auch tun, wenn ich kein Geld dafür bekäme?« Wenn Sie diese Frage mit einem herzhaften »Ja!« beantworten – Gratulation! Dann haben Sie nicht einfach nur einen Job, der Ihnen ermöglicht, Ihre Rechnungen zu bezahlen – Sie haben tatsächlich Ihre Berufung gefunden!

Wenn nicht, wird's Zeit, dass Sie daran etwas ändern! Und zwar zügig – innerhalb der nächsten Wochen und Monate. Schreiben Sie das Drehbuch Ihres Lebens um. Ändern Sie Ihr Selbstbild!

Ich gehöre zu einer Generation, der von den Eltern beigebracht wurde: »Arbeit ist anstrengend und macht keinen Spaß. Wenn man abends nicht völlig erledigt nach Hause kommt, hat man nichts geleistet. Und weil Arbeit etwas Unangenehmes ist, freut man sich aufs Wochenende und auf den Urlaub.« Als ich meinen Eltern offenbarte, dass ich Journalist werden und unterhaltsame Beiträge produzieren möchte – ich habe noch genau im Ohr, wie sie sagten: »Das ist doch keine richtige Arbeit!«

Mit dem letzten Satz hatten sie allerdings recht: Ich empfinde das, was ich tue, wirklich nicht als Arbeit. Auch dieses Buch zu schreiben, ist für mich keine. Ich bin voller gespannter Vorfreude auf jedes Interview, das ich führe. Und ich habe diebischen Spaß am Jonglieren mit Worten. Meine Triebfedern waren immer Lust und Freude. Erfolg und Geld sind lediglich ein Nebenprodukt von einem Schaffensprozess, der Freude macht.

Wer griesgrämig ans Werk geht, wer Arbeit als unangenehmes Übel empfindet, wer mittwochs »Bergfest« feiert, weil die Hälfte der Arbeitswoche geschafft ist, wird es nie zu etwas bringen. Und schon gar nicht zu Reichtum und Wohlstand. Das Ziel, dem Sie sich heute mit Haut und Haar verschreiben sollten, muss lauten: »Ich möchte einer Tätigkeit nachgehen, bei der ich mich am Freitagabend schon auf den Montagmorgen freue.« Und auch hier greift wieder das Gesetz der Anziehung: Wenn Sie Liebe aussenden, sprich sich präzise vorstellen, was Sie beruflich tun möchten, und sich heute schon so fühlen, als hätten Sie den Traumjob bereits, und entsprechend handeln, dann kann das Universum gar nicht anders, als Ihnen Türen zu öffnen: Es wird die richtigen Menschen und Umstände in Ihr Leben bringen, die dafür sorgen, dass Sie Ihre Traumposition bekommen.

Ein Freund von mir hat das perfekt praktiziert: Er hatte sich auf eine Stelle beworben, die exakt seinen Vorstellungen entsprach, war sich aber nicht sicher, ob ein anderer Bewerber vielleicht noch besser sei als er. Sein Trick: Er tat so, als hätte er den Job bereits. Kaufte sich feierlich einen neuen Aktenkoffer, kleidete sich jeden Morgen so, als machte er sich auf den Weg in sein neues Chef-büro. Dabei ging er nur an seinen kleinen Schreibtisch zu Hause und schrieb fingierte Angebote an Kunden der Firma, bei der er zu arbeiten hoffte. Auf diese Weise hatte er den Traumjob quasi schon für sich in Besitz genommen. So ging das gute zwei Wochen. Dann wurde er nochmals zu einem Gespräch eingeladen – und bekam den Job.

Ganz elementar ist aber auch hier wieder das zielgerichtete, entschlossene Handeln. Jeder Esoteriker kennt diesen Witz: Ein Mann beschwert sich beim lieben Gott, dass er nie im Lotto gewinnt. Ein ewiges Jammern und Klagen ist das: »Lieber Gott, alle möglichen Leute gewinnen im Lotto, nur ich nicht. Dabei hab ich doch alles richtig gemacht. Habe mir vorgestellt und gefühlt, wie das ist, so einen schönen Lottogewinn zu bekommen. Habe so oft meinen Wunsch an dich geschickt. Und trotzdem vergisst du mich stets und ständig bei der Gewinnausschüttung. Was ist bloß los?« So geht das Woche für Woche, Jahr für Jahr. Bis dem lieben Gott der Kragen platzt: »Seit zwanzig Jahren höre ich mir allwöchentlich dein blödes Gejammer an. Nun halt endlich die Klappe, hör auf zu winseln – und kauf dir jetzt endlich mal einen Lottoschein!«

Verstehen Sie die Philosophie, die dahintersteht? Eine Vision zu haben, ist eine Sache; – dafür, dass sie sich erfüllt, auch etwas zu tun, noch mal eine ganz andere.

Wir haben in den letzten Tagen einiges über das Prinzip von Ursache und Wirkung erfahren. Jeder bekommt vom Universum das, was er verursacht. Der einzige Mensch, der Sie erfolgreich, reich und glücklich machen kann, sind Sie selber!

Entscheidend dabei ist, dass Sie das Denkmodell, um das es in diesem Buch geht, vollkommen verinnerlichen. Ich weiß, das ist leichter gesagt als getan. Die allermeisten Menschen stehen sich

mit ihrer Negativität und ihren Ängsten selbst im Weg. Um Negativität und Ängste aufzulösen, empfehle ich Ihnen folgenden Gedankengang: Denken Sie in Ruhe darüber nach, was für Sie persönlich der Super-GAU wäre, der größte anzunehmende Unfall. Was wäre für Sie die schlimmste Katastrophe? Was ist es, wovor Sie Angst haben? Wenn Sie dieses ominöse Etwas definiert haben, stellen Sie sich zwei Fragen:
– Angenommen, der Super-GAU tritt ein: Werde ich dennoch überleben können?
– Hätte ich dann immer noch die Kraft für ein Comeback?

Sehr wahrscheinlich werden Sie beide Fragen mit einem eindeutigen Ja beantworten können. Also hören Sie jetzt endlich auf, sich Sorgen zu machen! Begraben Sie Ihre Ängste – und konzentrieren Sie sich darauf, an einer Zukunft voller Fülle und Reichtum zu arbeiten! Denn so, wie die Natur verschwenderisch ist, haben auch Sie ein naturgegebenes Recht auf Reichtum. Und wenn Sie alles, was wir in den letzten Tagen besprochen haben, zusammensetzen, wird klar: Die schöpferische Urkraft ist grenzenlos und kann alles manifestieren, was Sie denken, glauben und sich vorstellen können. Daraus folgt: Lassen Sie Ihren Tagträumen freien Lauf – und gestatten Sie dem Universum, hervorzubringen, was immer Sie wollen! Lassen Sie ganz bewusst nur noch Gedanken zu, die Ihren Erfolg und Ihr Glück unterstützen. Natürlich wird der berühmte innere Schweinehund Ihnen immer wieder eintrichtern: »Ich kann das nicht«, »das klappt sowieso nicht« oder meistens »dazu hab ich jetzt keine Lust.« Lassen Sie nicht zu, dass der innere Schweinehund Sie mit seinem Gelaber einlullt. Letztlich beruht das, was er sagt, nur auf Bedenkenträgerei und Bequemlichkeit. Gehen Sie also eine stärkere Verpflichtung sich selbst gegenüber ein: Wann immer der innere Schweinehund versucht, Sie von einer Handlung abzuhalten – tun Sie's trotzdem! Und sei es nur, um ihm zu zeigen, wer der Herr im Haus ist! Je öfter Sie Ihre Herrschaft demonstrieren, desto schweigsamer wird er werden, der innere Schweinehund – weil er erkennt, dass er seine Wirkung verliert. Also lassen Sie sich weder von ihm noch von anderen Menschen einreden, dass dies oder jenes angeblich nicht machbar sei. Tun Sie es einfach!

In der Physik – und auch in dem, was ich immer gern die »Physik des Lebens« nenne – gilt der Grundsatz: Von nix kommt nix. Deshalb sollen wir entschlossen handeln. Aber vor jede Handlung hat das Universum einen Gedanken gesetzt. Das Schöne daran ist: Sie können aus dem Nichts einen erschaffen. Und ein Gedanke ist, wie wir erfahren haben, eine aktive, lebendige Form einer dynamischen Energie, die wiederum auf andere Energien einwirkt und damit aus dem unbegrenzten Reich der Möglichkeiten materielle Dinge in Erscheinung treten lässt. Die Kraft, die Sie arm hält oder irgendwo im Mittelmaß vor sich hindümpeln lässt, ist die gleiche Kraft, die Sie reich machen kann. Sie müssen sie nur anders einsetzen, Tag für Tag Ihren Erfolg gedanklich verursachen und ihn damit unvermeidbar machen.

Es ist das »Spiel des Lebens«, und Sie sind geboren worden, dieses Spiel zu genießen. Ich erwähnte es schon: Es ist absolut sinnvoll, sich die Denkmuster reicher, erfolgreicher Menschen abzugucken. Und was Sie bei allen beobachten können: Erfolgreiche Menschen haben diebischen Spaß an dem, was sie tun. Sie genießen das, was sie tun – so wie ein Sänger jeden Auftritt genießt und natürlich auch den Applaus hinterher. Aber vorrangig geht es ihm darum, das zu tun, was ihm Freude bringt. Dass er auch noch Geld dafür bekommt, ist ein angenehmer Nebeneffekt.

Diese Menschen senden Liebe aus für das, was sie tun, und setzen damit die Ursache für ihren Erfolg. Entscheidend ist, dass Sie

Denken und Handeln, Absicht und Verhalten in Einklang bringen. Gedanken erzeugen Gefühle; ein Gefühl, das dauerhaft vorhanden ist, wächst sich zur Überzeugung aus; und eine Überzeugung manifestiert sich früher oder später in anfassbarer Realität. Sorgen Sie also dafür, dass das, was Sie mit Ihrem Denken, Ihren Gefühlen und Überzeugungen verursachen, mit dem übereinstimmt, was Sie beabsichtigen.

Es gibt aber auch hier wieder eine klitzekleine, heimtückische Falle: Je mehr ich mir Erfolg und Reichtum wünsche, desto mehr strahlt meine Power-Antenne ins Universum ab, dass ich exakt das *nicht* habe. Anders gesagt: Ich strahle Mangelgefühle aus und ziehe damit noch mehr Mangel an. Wie schon gesagt: Wollen trennt mich vom Gewollten.

Wie umgehe ich diese Falle? Dadurch, dass ich das, was ich anstrebe, im Geiste bereits jetzt für mich in Besitz nehme. Zum einen, indem ich mir darüber klar werde, welche Gefühle ich durch das Gewünschte erleben will, und schon »im Kleinen« möglichst viele Dinge tue, die mir jetzt schon einen Hauch des Lebensgefühls geben, das ich anstrebe (siehe Tag zwölf). Zum anderen nehme ich »im Großen« das Ersehnte für mich in Besitz, indem ich es in meiner Fantasie, in meiner emotionalen Visualisierung jetzt schon habe. Die Hauptursache dafür, dass diese »Masche« funktioniert, ist Ihre eigene Überzeugung, dass sie wirkt. In dem Moment, in dem Sie zweifeln, können Sie es gleich knicken. Und zu der Überzeugung, dass es funktioniert, gelangen Sie schlicht durch Ausprobieren. Ja, so einfach ist das: Probieren Sie's – und ich verspreche Ihnen, Sie werden Antworten bekommen!

Auf ganz ähnliche Weise können Sie übrigens auch Geld für sich in Besitz nehmen. Ist Ihnen eigentlich schon mal aufgefallen, dass auf einer Seite eines jeden Euro-Scheins eine Brücke zu sehen ist? Nehmen Sie jetzt gleich einen Euro-Schein in die Hand und schauen Sie sich die Brücke an. Senden Sie Liebe aus für das Geld. Zum einen senden Sie sie aus, indem Sie Dankbarkeit empfinden für diesen einen Geldschein, den Sie gerade in der Hand halten. Seien Sie dankbar dafür, dass Sie ihn bekommen haben. Je mehr Dankbarkeit Sie fühlen, desto mehr Liebe senden Sie aus. Zum anderen senden Sie Liebe für das Geld aus, indem Sie sich vorstellen und fühlen, wie das ist, wenn Sie noch viel mehr von diesen Euro-Scheinen haben werden. Fühlen Sie Dankbarkeit für das viele Geld, als ob Sie es jetzt schon hätten. Ich kenne einen reichen Amerikaner – der küsst jeden Dollar-Schein, den er einnimmt. Und ist im Laufe der Jahre immer reicher geworden. Also: Fühlen Sie ganz bewusst Dankbarkeit, Freude und Begeisterung für jeden Euro-Schein, der Ihnen in die Hände fällt. Ich verspreche Ihnen: Wenn Sie diese Haltung der Dankbarkeit für das Geld, diese Haltung der Liebe zum Geld konstant aufrecht erhalten, dann ist die Brücke auf dem Euro-Schein die Brücke zu noch mehr Geld!

Fühlen, von innen heraus empfinden – das ist der Zaubertrick, den Sie auf jeden Bereich Ihres Lebens anwenden können: Wenn Sie Erfolg haben möchten, verursachen Sie ihn einfach dadurch, dass Sie sich vorstellen und fühlen, wie das ist, in dem Bereich jetzt schon erfolgreich zu sein! Auch hier hilft wieder die Kraft der Visualisierung: Produzieren und **fühlen** Sie den Erfolg in Ihrer Fantasie! Noch einmal, weil es so grandios ist: Was immer Sie sich vor Ihrem geistigen Auge vorzustellen vermögen, das können Sie auch verwirklichen. Die Visualisierung, sprich Ihre Fantasie ist das Werkzeug dafür. Mit Hilfe der Visualisierung erzeugen Sie sozusagen die Backform, in die sich das Gewünschte am Ende einfügen wird. Mit Hilfe der Fantasie können Sie die Backform auch so lange verändern, bis das Ergebnis exakt Ihrer Vorstellung entspricht.

Viele Menschen visualisieren zwar den Erfolg, vergessen dabei allerdings das Fühlen. Es genügt nicht, sich nur in der Fantasie das Bild von einem Kontoauszug mit fettem Betrag im Saldo vorzustellen. Damit degradieren Sie sich quasi zum Zuschauer Ihres eigenen Lebens. Nein, das Geheimnis ist, den nächsten Schritt zu gehen: sich selbst in der ersehnten Situation zu erleben, in sie hineinzugehen: Wie wird Ihr Lebensstil aussehen, wenn der gewünschte Betrag auf dem Kontoauszug steht? Stellen Sie sich das so konkret wie möglich vor und betrachten Sie sich selber in diesem neuen Lebensstil. Erleben Sie sich in Ihrem Erfolg. Gewinnen Sie schon mal in der Fantasie. Damit nehmen Sie den Erfolg im Hier und Jetzt für sich in Besitz. Es mag für Sie paradox klingen, aber es ist nun mal das Gesetz des Universums: Ich kann erst etwas bekommen, wenn ich es schon habe. Ich kann erst Abteilungsleiter werden, wenn ich es in meinem Innersten schon bin. Wenn Sie sich den idealen Job »backen« wollen, erschaffen Sie im Geiste die Backform – mithilfe der Imagination. Sorgen Sie mithilfe Ihrer Vorstellungskraft jetzt schon dafür, dass Sie zum Erfolg kommen. Gewöhnen Sie sich an, in Ihrem Kopfkino den erwünschten Endzustand herzustellen – und auch zu testen, ob es wirklich das ist, was Sie wollen. Nehmen wir an, Sie wünschen sich nichts sehnlicher als einen Ferrari. Spätestens in der Visualisierung wird Ihnen auffallen, dass zu Ihrem Haus ein steiniger Feldweg voller Unebenheiten führt. Da werden Sie mit Ihrem Ferrari herzlich wenig Spaß haben. In solchen Fällen hilft Ihnen die Visualisierung, Ihre Ziele zu korrigieren.

Ich empfehle, solche Visualisierungsübungen täglich zu praktizieren. Allerdings ist dazu ein hohes Maß an Konzentration nötig. Deshalb ist eine Meditationsmusik hilfreich, die das Gehirn in den sogenannten Alpha-Zustand versetzt. Diesen kennen Sie bereits: Sie erleben ihn jeden Abend vor dem Einschlafen. Sie sind nicht mehr so ganz wach, aber Sie schlafen noch nicht wirklich. In dieser Phase befindet sich Ihr Gehirn im Alpha-Zustand. Dann verlangsamen sich die Gehirnströme, und der kritische Verstand mit seinem fortwährenden »Ja, aber . . .« – Genörgel ist ausgeschaltet. Wenn Sie also im Alpha-Zustand visualisieren, gelangen diese Bilder tief in Ihr Unterbewusstsein. Visualisieren müssen Sie dabei mit allen Sinnen. Je besser Sie sich Ihr Wunschziel vorstellen können, desto weniger kann das Gehirn unterscheiden, ob es ein Fantasiegebilde vor sich hat oder Realität erlebt. Es fängt an zu glauben, dass Ihre Vorstellung real ist. In dem Moment beginnt es, neue Synapsen zu erschaffen, und das Gesetz der Anziehung wird wirksam: Das Gehirn sendet als Teil Ihrer Power-Antenne unent-wegt alle erdenklichen Informationen ins Universum. Je besser Sie also in dieser Übung werden, desto deutlicher werden Sie Ihre Intention ins Universum senden – und das wird reagieren. Daher empfehle ich diese Übung täglich vor dem Einschlafen anzuwenden. Aber auch morgens gleich nach dem Aufwachen ist sie ideal.

Erinnern Sie sich zurück an Tag elf: In dem Kapitel »Die Sprache des Erfolgs« haben wir erörtert, dass Erfolg etwas ist, das auf eine Ursache hin buchstäblich er-folgt. Und die Ursache ist immer geistiger Natur. Das Fundament von allem, das Sie im Leben erreichen, ist Ihre Vorstellung des Erfolgs. Sicher können Sie sich ein Bild davon machen, welch großartiges Leben Sie als erfolgreicher Mensch führen wollen, also worauf warten? Sie können jetzt auf der Stelle damit beginnen, erfolgreich zu sein.

Das Glück ist ein Augenblick (erinnern Sie sich an Tag fünf). In diesem Moment sind Sie glücklich. Und zu den Umständen, die Sie in diesem Augenblick glücklich machen, gehört die Tatsache, dass Sie Ihr Leben in jeder Sekunde ändern können. Egal wie katastrophal und chaotisch oder trostlos Ihr Dasein momentan auch sein mag: Jeder einzelne Augenblick bietet Ihnen die Chance, alles ins Gegenteil zu verkehren. Dazu genügt es schon, genau jetzt zu beginnen, Ihr Wunschziel zu visualisieren. Das wäre schon mal ein erster Schritt! Gehen Sie ihn!

Eine kleine Hilfestellung dabei bietet Ihnen Ihr Tagebuch. Blättern Sie um auf eine noch leere Seite. Diese ist Ihr zukünftiges Leben. Schreiben Sie liebevoll auf, wie Sie sich Ihre Zukunft vorstellen. Lassen Sie die Vergangenheit dabei vollkommen aus dem Spiel. Vorbei ist vorbei und kann nicht mehr geändert werden. Lassen Sie das Gewesene bewusst los. Und denken Sie nur darüber nach, wie Ihr Lebensfilm demnächst aussehen soll. Wenn die eine Seite Ihres Tagebuchs nicht ausreicht – egal, beschreiben Sie so viele Seiten, wie Sie wollen. Lassen Sie's raus! Lassen Sie Ihre Wunschträume freiwerden! Bedenken Sie: Es hat schon eine Menge guter Dinge auf dieser Erde gegeben, ehe Sie geboren waren. Und es wird noch viele weitere wunderbare Dinge auf dieser Welt geben, nachdem Sie sie verlassen haben. Worauf es jetzt ankommt, ist, dass Sie zu Ihren Lebzeiten möglichst viele gute Dinge abbekommen!

Ich bleibe dabei, weil es meine feste Überzeugung ist: Sie können alles im Leben haben, wenn Sie die Regeln dieses Buches befolgen. Die unbegrenzten Kräfte Ihres bewussten schöpferischen Denkens sorgen dafür. Der einzige Gegner, den Sie dabei zu besiegen haben, sind – Sie! Ihre Zweifel Ihr sogenannter kritischer Verstand, der sagt: »Geht sowieso alles nicht!« – Klar, wenn Sie diesen Gedanken in sich tragen, dann funktioniert's auch nicht. Alles, wirklich alles hängt davon ab, dass Sie Vertrauen aufbauen. Schauen Sie sich zum Beispiel die Zen-Mönche an. Manche schaffen es, mit verbundenen Augen und der Kraft ihrer Gedanken einen Pfeil ins

Schwarze zu schießen. Fortgeschrittene sind sogar in der Lage, gleichsam mit verbundenen Augen einen zweiten Pfeil hinterher zu schießen und den ersten damit zu spalten. Mit verbundenen Augen! Allein mit der Kraft ihrer Gedanken!

Also unterstellen Sie einfach mal, dass es funktioniert. Geben Sie diesem Denkmodell eine Art Vertrauensvorschuss. Der Klassiker für diejenigen, die Bärbel Mohrs »Bestellungen beim Universum« gelesen haben: Man bestellt sich in der Großstadt einen Parkplatz. Wenn Sie nun allerdings mit dem Hintergedanken unterwegs sind: »Haha, jetzt wollen wir doch mal sehen, ob das wirklich funktioniert?«, dann wird's nix! Die Kunst liegt darin, die »Bestellung« aufzugeben und dann loszulassen. Sich keinen Kopf mehr darüber zu machen. Es nicht mehr so wichtig zu nehmen. Dann, genau dann funktioniert's!

Und wenn doch nicht? Auch in diesem Fall lohnt ein Blick hinüber zu den Erfolgreichen: Wie reagieren die in so einer Situation? Erfolgreiche betrachten etwas, das nicht geklappt hat, nur als Zwischenergebnis auf dem Weg zum endgültigen Erfolg. Wenn etwas nicht funktioniert, dann hat Ihnen das Universum lediglich einen Hinweis darauf geliefert, dass Ihre Absicht, Ihr Endziel und die Ursachen, die Sie gesetzt haben, nicht übereinstimmen. Das Universum schickt Ihnen in diesem Fall sozusagen ein Lernkapitel – und bietet Ihnen Gelegenheit, Ihre Power-Antenne feiner zu justieren. Seien Sie einfach überzeugt davon: Wenn Sie die Regeln dieses Buches befolgen, dann wissen Sie, was am Ende sein wird. Sie werden wieder einmal gewonnen haben. In diesem Bewusstsein, in dieser Gewissheit sollten Sie ab sofort Ihre Vorhaben angehen. Erinnern Sie sich noch an unsere »mentale Landwirtschaft« an Tag zehn: Halten Sie das für möglich, dass ein Bauer Raps aussät, und der Acker sagt zu ihm: »Denkste, diesen Raps bringe ich nicht hervor!« Prompt antworten Sie: »Nein, natürlich nicht. Die

Landwirtschaft folgt doch ganz stur den Naturgesetzen.« Richtig. Aber auch wir Menschen sind ein Produkt der Natur, mit einem naturgegebenen Gehirn, das denken kann, mit einer naturgegebenen Power-Antenne – da sollen diese Naturgesetze plötzlich *nicht* gelten? Nein, also wirklich: Wenn wir das Leben als Ihren ganz persönlichen Acker betrachten, dann kann dieser nur das hervorbringen, was Sie ausgesät haben. Mit konstanter Konsequenz. Simplen Naturgesetzen folgend. Und Sie säen nun mal mit Ihren Gedanken, Gefühlen und Überzeugungen.

Wenn Sie sicher sind, dass das angestrebte Ziel gut für Sie ist, dann verbinden Sie es in Ihrer Visualisierung mit dem Gefühl der Dankbarkeit. Das Geheimnis ist, dass Sie aus der Visualisierung einer von Ihnen begehrten Zukunft erlebte Gegenwart machen, sprich dass Sie Ihr Ziel, welches in der Zukunft liegt, in die Gegenwart holen, dass Sie *jetzt* erleben, wie sehr Ihr Herz hüpft, wenn Sie Ihr Ziel erreicht haben – und dass Sie dankbar dafür sind. Seien Sie heute schon dankbar für all das Schöne, das erst noch kommen wird.

Eines muss ich noch mal erwähnen – weil es so ungeheuer wichtig ist: Wenn es Ihnen an der Lebenserfahrung mangelt, die Ihnen sagt, dass all das, was ich hier darlege, wahr ist, und wenn Sie auch Ihre innere Stimme nicht hören (die gleichfalls sagt, dass dies alles hier wahr ist), dann halten Sie sich wenigstens fest an den wissenschaftlichen Fakten, die ich Ihnen dargelegt habe: Unsere Welt besteht aus Atomen. Ein Atom ist eine aktive, lebendige Form einer dynamischen Energie. Auch Denken ist eine aktive, lebendige Form einer dynamischen Energie. Also ist ein Atom dem Wesen nach ein Gedanke. Wenn ich also in dieses riesige Meer von Atomen einen Gedanken gebe, setze ich das gesamte Meer in Bewegung. Das Meer, die formlose Substanz, das Quantenfeld – wie auch immer Sie es nennen wollen – es formiert sich neu, arrangiert sich neu, ordnet die Umstände, die dazu führen, dass Sie bekommen, was Sie sich wünschen.

Es ist absolut elementar, dass Sie sich das, was ich die »Physik des Lebens« nenne, immer wieder vor Augen führen (siehe z. B. Tag zehn). Die wissenschaftlichen Fakten aus der modernen Forschung werden Ihnen helfen, in das Denkmodell Vertrauen zu gewinnen. Es ist unabdingbar, dass Sie in dieser Energie des Vertrauens bleiben. In dem Moment, in dem Sie es verlieren – indem Sie beispielsweise zweifelnd sagen: »Na, ob das wohl funktioniert?« – in dem Augenblick haben Sie sozusagen Ihre Bestellung beim Universum storniert.

Eine ganz wichtige Erkenntnis muss sich unumstößlich in Ihren Gehirnwindungen festsetzen: Nicht Ihre Kunden bezahlen Sie und auch nicht Ihr Chef. Oder wenn Sie Beamter sind: Nicht der Staat bezahlt Sie. Nein, es ist das Universum, das Ihnen zuschiebt, was Ihnen zusteht, sprich was Sie an Schwingungen über Ihre Power-Antenne ausgestrahlt und somit verursacht haben. In dem Moment, in dem Sie diese Tatsache in Ihrem Unterbewusstsein verankert haben, sind Sie einen wesentlichen Schritt vorwärts. Von da an muss es Ihnen nur noch gelingen, Ihre Vision beizubehalten, Ihre felsenfeste Absicht festzuhalten und Ihr Vertrauen und Ihre Dankbarkeit zu bewahren.

Viele Menschen verraten ihre Vision. Wenn es zum Beispiel Ihre Vision ist, einmal einen Ferrari zu fahren, sollten Sie sich jetzt nicht – weil das Geld für den Traumwagen (noch) nicht reicht – einen Golf kaufen. Damit sagen Sie Ihrem Unterbewusstsein: »Achtung, Mangel!« – und ziehen folgerichtig nur noch mehr davon an und werden es nie zum Ferrari bringen. Einzig richtige Verhaltensweise: Leisten Sie sich den Luxus, gar kein Auto zu haben! Die wenigsten Menschen brauchen nämlich tatsächlich ein Auto. Und wenn Sie doch mal gelegentlich eins nutzen möchten, mieten Sie sich einen

Luxusschlitten – und erleben damit heute schon das Gefühl, das Sie mit dem Ferrari verbinden. Damit nehmen Sie den Luxus bereits jetzt für sich in Besitz.

Der Witz ist: Liebe und Fülle sind unser natürlicher Zustand. Wir alle haben als Prinzen und Prinzessinnen begonnen – aber die meisten Menschen enden als Frosch. Zum Beispiel auch wegen falsch verstandener Sparsamkeit. Mit »falsch verstanden« meine ich: aus einem Gefühl des Mangels heraus sparen. Wenn Sie dagegen sparen, weil Sie später mal Fülle erleben wollen – okay, wunderbar. Ich verrate Ihnen, wie ich es mache: Ich gebe mein Geld sicherlich nicht wahllos aus, aber ich gönne mir nahezu jeden Luxus, der mir was bedeutet und für mich eine gewisse Wertigkeit hat, weil er meine Persönlichkeit unterstreicht. Denn meine Erfahrung ist: Geld, das ich ausgebe, das ich sozusagen in den Kreislauf des Universums gebe, kommt auf wundersamem Weg immer wieder zu mir zurück. Ich mache zum Beispiel recht feudale Urlaube – in der wunderbaren Gewissheit: Geld, das ich mit Liebe und Freude ausgebe, zieht neues an, das mit Liebe und Freude zu mir kommt. Wenn ich dagegen einen Frustkauf tätige und mich hinterher die Kaufreue überkommt, verletze ich mich selber und kann sicher sein, dass das Geld nicht zu mir zurückkommt. Auch hier gilt: Was Sie säen, ernten Sie. Ich grinse immer in mich hinein, wenn ich Menschen sagen höre: »Das Leben ist kein Wunschkonzert. Man kann nun mal nicht alles haben.« Das ist in etwa so, als würde ein Landwirt sagen: »Man kann nun mal nicht säen, was man will.« Absurd, oder?

Das Schöne und Beruhigende ist: Jeder Gedanke, den Sie denken, ist wie ein Samenkorn, das Sie aussäen. Wenn der Landwirt gesät hat, sieht der Acker zunächst noch genauso aus wie vorher. Aber der Bauer weiß, was er eingesät hat – und was demzufolge bald kommen wird.

Wie Sie Ihre Power-Antenne optimal ausrichten

Fragen Sie sich und geben Sie sich selber eine absolut ehrliche Antwort: Wohin führt der berufliche Weg, den Sie eingeschlagen haben? Sind Sie mit Ihrer beruflichen Situation zufrieden? Wird am Ende das Ergebnis stehen, das Sie sich wünschen? Wenn nicht: Welche Möglichkeiten der Änderung sehen Sie? Schreiben Sie all das in Ihr Tagebuch. Als nächstes überlegen Sie sich, welchen Geldbetrag Sie bei Ihrem Renteneintritt auf dem Konto haben wollen. Nehmen Sie einen Ihrer Kontoauszüge und schreiben Sie diesen Geldbetrag als Saldo unten hin! Rahmen Sie sich diesen fingierten Kontoauszug ein und hängen Sie ihn gut sichtbar auf. Auf diese Weise gelingt es Ihnen, sich diesen Betrag immer wieder innerlich vorzustellen und in sich wirken zu lassen. Stellen Sie sich vor und erleben Sie mit allen Sinnen, wie es ist, diese Summe tatsächlich zu haben: Was tun Sie dann? Wie leben Sie mit diesem Geld? Stellen Sie sich das alles so genau wie möglich vor, bis es sich ganz natürlich anfühlt, dieses Geld zu besitzen.

Sind Sie hingegen bereits Rentner und mit Ihrem Einkommen unzufrieden, auch dann nehmen Sie Ihr Tagebuch zur Hand und schreiben Sie hinein, was Sie sich wünschen. Dann überlegen Sie sich, welche Möglichkeiten der Änderung Sie haben. Stellen Sie sich die Endresultate bildlich vor und erleben Sie diese mit allen Sinnen. Halten Sie an der Vorstellung fest, damit sie sich verwirklichen können.

Erobern Sie sich das Gefühl, das mit Ihrem erfüllten Wunsch verbunden ist, und stellen Sie sich das Gefühl vor, das Sie hätten, wenn das Gewünschte schon in Ihrem Besitz wäre – und Ihr Wunsch wird sich materialisieren.

Neville Godard, Autor der Neugeistbewegung

Tag 17
Größer denken

Wenn Sie die bisherigen sechzehn Tage gut mitgearbeitet haben – und davon gehe ich aus! – dann dämmert Ihnen allmählich, worauf das alles hier hinausläuft:

> Die Quelle aller Kraft liegt in Ihnen selbst! Der universelle Geist ist IN uns und arbeitet DURCH uns!

Und je mehr wir uns dieser Tatsache bewusst werden, desto mehr werden wir im wahrsten Wortsinn *selbstbewusst*, und desto klarer wird uns, dass es keinen Grund gibt für jegliche Form von Mangeldenken. Es gibt keinerlei Beschränkungen – allerhöchstens diejenigen, die Sie selber sich setzen. Fakt ist: Über Ihr Unterbewusstsein sind Sie mit dem Universum verbunden, mit dem universellen Geist. Und können somit teilhaben an unendlicher Kraft, unendlicher Weisheit, unendlicher Fülle.

Machen wir ein Gedankenspiel: Nehmen wir an, Ihr Herzenswunsch ist, eines Tages so reich zu sein, dass Sie mit der größten Selbstverständlichkeit Rolls Royce fahren. Im Grunde ist der Rolls

Royce ja schon längst da – schließlich leben wir in einer Welt, in der genug für alle vorhanden ist. Noch mal zur Erinnerung: Das Universum schenkt alles im Überfluss. Der Rolls Royce steht nur noch nicht vor Ihrer Tür. Das können Sie aber ändern – indem Sie das klare, unverrückbare Abbild des Autos und der damit verbundenen Lebensumstände stets und ständig visualisieren. Schließen Sie die Augen, stellen Sie sich das Bild vor, nehmen Sie ganzheitlich wahr, wie sich das Leben dann anfühlt: Wie hüpft mein Herz? Wie glücklich bin ich? Wie dankbar bin ich? Das ist tatsächlich wie eine Bestellung beim Universum: Wenn Sie diese Vision dauerhaft aufrechterhalten, brauchen Sie sich nicht zu wundern, wenn plötzlich diverse Überraschungen in Ihrem Leben passieren. Die Möglichkeiten des Universums sind ebenso unergründlich wie unerschöpflich. Die All-Einheit wird garantiert Mittel und Wege finden, Ihnen den Wunsch nach einer Luxuskarosse zu erfüllen. Sie müssen nur felsenfest daran glauben.

Und größer denken! In Esoterikerkreisen kursiert seit Jahren ein Witz, der gut zu diesem Thema passt: Ein Mann bestellt sich mittels Visualisierung beim Universum einen VW Golf. Es dauert und dauert, und am Ende – nach zwanzig Jahren – ergeben sich Umstände, die diesem Herrn tatsächlich einen Golf zuführen. Er bedankt sich brav beim Universum, kann sich aber eine Frage nicht verkneifen:

»Warum hat das bloß so lange gedauert?« Das Universum antwortet prompt: »Eigentlich hatten wir einen Rolls Royce für dich vorgesehen. Der Umbau vom Rolls Royce zum Golf hat bedauerlicherweise etwas Zeit in Anspruch genommen . . .«

Jeder Mensch ist ein Kanal, durch den sich die ewige Energie manifestiert. Je mehr wir uns dieser unerschöpflichen Kraft bewusst werden, je bewusster wir sie anwenden, desto schöpferischer können wir mit ihr arbeiten. Unsere Fähigkeit zu denken ist zugleich unsere Fähigkeit, das Quantenfeld zu beeinflussen, auf die feinstoffliche Substanz einzuwirken und in der Außenwelt das zu manifestieren, was wir wünschen.

Wer sich mit diesem ganzen Mysterium befasst, wird nach wie vor vielfach belächelt. Die Frage ist nur: Wissen die Lächler wirklich so genau Bescheid? Jedes Zeitalter, jede Generation hatte ihre eigenen Annahmen. Erinnern Sie sich, es ist noch gar nicht lange her, da gab es Menschen die überzeugt waren, die Erde sei eine flache Scheibe. So kursieren auch heute Hunderte von Annahmen – Dinge, die wir als gegeben annehmen. Was aber noch lange nicht heißt, dass sie wahr sein müssen. Tatsächlich ist sogar die Mehrheit dieser Theorien aus der Vergangenheit *nicht* wahr. Wenn man sich die Historie anschaut, können wir daraus schließen, dass viele unserer derzeitigen Annahmen über die Welt gleichfalls *nicht* wahr sind. Wir halten oft unwissentlich nur an diesen Grundsätzen fest.

Irrtümlicherweise sehen sich die meisten Menschen als ein winziges Nichts im Vergleich zu dem riesigen Universum. Dieses Verständnis müssen wir unbedingt über den Haufen werfen und auf den Kopf stellen. Die Quantenphysik teilt uns unmissverständlich mit: Jeder Mensch ist ein in sich geschlossenes Bewusstseins-Universum, das auf das große Ganze einwirken und die Welt verändern kann. Vorausgesetzt, ich bin bereit, mich auch selber zu verändern – anstatt in dem gegenwärtigen kollektiven Bewusstseinszustand zu verharren, der besagt: »Die Welt und das Leben sind nun mal so; da kannste nix machen.« Schon der weise Buddha wusste:

> Wir erschaffen uns unsere Welt selber – durch unser Denken, durch unser Handeln.

195

Bisher wurde Buddhas Philosophie so ausgelegt, dass er eine intellektuelle Welt meinte, in der wir Glück und Unglück empfinden. Seit den Entdeckungen der modernen Quantenphysik wissen wir aber, dass wir mit unseren Gedanken auch Materie beeinflussen können.

Alles, was wir heute an Materie haben, entspringt unserer Gedankenwelt. Nehmen wir das einfache Beispiel unserer Fortbewegung. Lange Zeit war es eine Sehnsucht des Menschen, ein regelrechter Drang, sich schneller, bequemer und leichter fortzubewegen. Ein paar schlaue Leute hatten eine Vision davon vor Augen und sponnen die Sehnsucht weiter – bis sie sich in Materie manifestierte: das Auto! Heute für uns eine Selbstverständlichkeit. Aber aus der Sicht der Menschen vor tausend Jahren ist das Auto ein Wunderding. Auf ganz ähnliche Weise ist das Internet entstanden. Im weitesten Sinne eine primitive Nachbildung des Quantenfelds, über das alles mit allem verbunden ist und alles mit allem kommunizieren kann.

Wenn man sich diese Beispiele vor Augen führt, ist das Grund genug, uns gelegentlich als Beobachter neben sich selbst zu stellen und die Welt und uns selber mit offenen Augen zu betrachten. Was passiert hier eigentlich? Ich als Mensch bin schon ein Wunderwerk, ein Auto ist ein Wunderwerk, ach, eigentlich ist alles in unserem Leben wundervoll. Schade nur, wir sehen es nicht mehr, weil es Normalität geworden ist. Nur wenn wir genauer und bewusster hinschauen, entdecken wir ganz viele Belege dafür, dass Gedanken sich in Materie manifestieren.

Wenn ich Menschen, die mich als Coach engagieren, nach ihren Wünschen und Visionen frage, höre ich meist Dinge, die relativ leicht zu erreichen sind. Wenn ich dann sage: »Das ist mir zu kleinkariert gedacht«, höre ich als Antwort: »Ja, aber man soll sich doch erst mal kleine Ziele setzen auf dem Weg zu einem großen.« Ganz ehrlich: Ich halte das für die falsche Strategie. Deutlich Erfolg versprechender ist, sich voll und ganz auf ein großes Ziel zu konzentrieren: Was für eine Vision habe ich für mein Leben? Wo sehe ich mich in zwanzig, dreißig Jahren? Wie möchte ich dann leben? Was halten Sie zum Beispiel von folgender Idee: Verankern Sie in Ihrem Unterbewusstsein per stetiger Affirmation den Gedanken:

»Ich lebe in Wohlstand und Überfluss.«

Gehen Sie hinein in diese Energie, führen Sie sich das immer wieder bildlich vor Augen, wie das Leben dann sein wird. Immer wieder! Spüren Sie in sich hinein, wie Sie sich fühlen werden, wenn Sie dieses Ziel erreicht haben. Und: Machen Sie sich keinerlei Gedanken darüber, wie Sie es erreichen. Darum kümmert sich das Universum. Sie müssen lediglich davon überzeugt zu sein,
• dass es den universellen Geist gibt,
• dass er für Sie arbeitet,
• dass er exakt das ausliefern wird, was Sie in Ihrem Denken als Vision, als vorherrschende Geisteshaltung, als Überzeugung aufrechterhalten.
Das ist wie in dem Märchen mit dem Geist aus der Flasche: »Dein Wunsch ist mir Befehl!«

Wenn Sie diese Überzeugung in Ihrem Unterbewusstsein aufbauen können, verspreche ich Ihnen, dass all dies eintreten wird! Dann wird sich das Quantenfeld verändern. Sie bekommen Intuitionen, Ideen, Anregungen, Gelegenheiten, Kontakte. Die richtigen Menschen und Umstände werden zu Ihnen geführt; Türen werden Ihnen geöffnet. Wenn es nicht so schwer wäre, wäre es im Grunde

ganz einfach (letztlich ist es Trainingssache!): Sie funken Ihre Überzeugung, Ihre Wünsche ins Universum. Und ich verspreche Ihnen:
Sie bekommen Antwort!

Dann müssen Sie aber auch handeln! Wenn Sie sich aufs Sofa setzen, eine Flasche Bier aufmachen und auf den Sechser im Lotto
warten, dann dauert es bis zum Sankt-Nimmerleins-Tag! Wie der
Volksmund schon sagt:

Von nichts kommt nichts.

Und auch das gehört zur Physik des Lebens:

Nur wo ich Energie hineinpumpe, kann ich auch wieder Energie gewinnen.

Deshalb können Sie in Ihrem Leben auch nur mit energievollem
Handeln etwas erreichen.

Wie Sie Ihre Power-Antenne optimal ausrichten

Kerze, Atem, Entspannung – Sie kennen das schon. Im Zustand der vollkommenen Entspannung ist es unmöglich, negativ zu denken. Jetzt sind Sie ganz Sie selbst. Und nun führen Sie sich das, was Sie heute hier gelesen haben, noch mal in aller Ruhe vor Augen.

Ich weiß, für jemanden, der sich noch nie mit Quantenphysik und dem Bewusstseinsfeld beschäftigt hat, mag es nicht so einfach zu verstehen sein. Doch wenn Sie auch nur ein bisschen verstanden haben von dem, was ich Ihnen vermittle, dann werden Sie nun von einem unglaublichen Gefühl der Freiheit durchströmt. Spüren Sie diese Freiheit! Fühlen Sie diese Gelassenheit! Ich verspreche Ihnen: Je tiefer Sie in das Geheimnis, in die Physik des Lebens eintauchen, desto mehr Antworten werden Sie »von oben« bekommen. Desto mehr Möglichkeiten werden Ihnen eröffnet, desto mehr Türen werden Ihnen geöffnet. Und das alles nur, weil Sie Ihr Denken geändert haben. Fühlen Sie nun so intensiv, wie Sie nur können, die Magie dieser Lebenseinstellung!

Lasst unser Leben gut sein, und die Zeiten sind gut. Wir erschaffen uns unsere Zeit. So wie wir sind, so sind auch die Zeiten.

Augustinus von Hippo, Theologe und Bischof

Tag 18
Jede Sekunde eine Bestellung beim Universum

Der amerikanische Gehirnforscher Dr. Joe Dispenza bezeichnet das Universum gern als einen »Beobachter«. Es achtet auf alles, was in unserer Gedankenwelt vor sich geht und schickt uns die passenden Antworten.

Deshalb ist von entscheidender Bedeutung, dass ich mir in jeder Sekunde bewusst bin, was gerade bei mir über den Sender geht. Ich stelle mich häufig im Geiste neben mich und beobachte, was ich tue und – noch viel wichtiger – was ich denke. Warum verhalte ich mich so? Warum denke ich so? Nur wenn ich mir meiner selbst bewusst bin, kann ich die »Sendereinstellungen« justieren und das, was ich aussende, verändern.

Letzten Endes geht es dabei natürlich weniger um eine Sendereinstellung, sondern vielmehr um meine Lebenseinstellung. Wenn Sie das, was wir uns in diesem Buch bislang gemeinsam erarbeitet haben, nämlich

- den Zustand der Dankbarkeit erreichen,
- den Zustand vollkommener Entspannung herstellen,
- negative Glaubenssätze durch positive ersetzen –,
  wenn Sie das verinnerlicht haben, dann werden Sie sehr schnell feststellen, dass sich auch Ihre Körperhaltung, Ihre Ausstrahlung und Ihre gesamte Lebensauffassung nachhaltig verändern.

Machen Sie sich deshalb Tag für Tag bewusst:
- Ich bin ein Mikrokosmos des Universums und daher verbunden mit unendlicher Kraft, unendlicher Weisheit, unendlicher Fülle.
- Das Universum schenkt alles im Überfluss.
- Das Leben macht mir Spaß und Freude.
- Ich werde heute zu den richtigen Menschen und Situationen geführt und tue genau das Richtige.
- Ich bin glücklich und dankbar.

Es ist ganz elementar, dass Sie dies (und noch viel mehr; dazu kommen wir später noch) in Ihrem Unterbewusstsein affirmieren. Dann sind genau das nämlich die Gedanken, Ihre Grundüberzeugung, die Ihr Unterbewusstsein ans Universum, an den »Beobachter«, hinausfunkt. Seien Sie sich der Tatsache bewusst, dass Sie vierundzwanzig Stunden am Tag auf Sendung sind, jede Sekunde. In jeder Sekunde senden Sie eine Bestellung ans Universum aus – und bekommen exakt geliefert, was Sie senden! Also noch mal:

> Stellen Sie sich neben sich, beobachten Sie Ihre Gedanken – und überlegen Sie sich, ob Sie das wirklich haben wollen, was Sie gerade bestellen!

Die Tragik ist: Die meisten Menschen machen sich viele Gedanken über das, was sie NICHT wollen. Aber ich bitte Sie: Stellen Sie sich vor, Sie rufen bei einem Versandhaus an und sagen: »Ich möchte keinen gelben Pullover.« Man wird Sie dort für balla balla halten, und das Universum sieht das ganz ähnlich, tut mir leid. Also beantworten Sie zunächst für sich selber die Frage: Was will ich wirklich? Wenn Sie beim Italiener um die Ecke Pasta mit fetter Sahnesoße bestellen, wird der Kellner Ihnen bestimmt nicht sagen: »Hhhmmm, davon rate ich Ihnen ab; Sahnesoße ist ungesund.« Nein, er wird Ihnen das ungesunde Essen selbstverständlich servieren. Und nicht anders handelt der universelle Geist: Wenn Sie denken, dass Sie unbedingt ein großes Haus bewohnen wollen und felsenfest überzeugt sind, dass Sie es auch hinkriegen, ist die Wahrscheinlichkeit hoch, es auch zu bekommen. Gut möglich allerdings, dass Sie hinterher feststellen: »Na so was, jetzt muss ich ja Rückstellungen bilden, um in ein paar Jahren die Reparaturarbeiten am Haus bezahlen zu können. So ein Besitz ist im Unterhalt teurer, als ich dachte. Die Kosten erdrücken mich.« Dann hat Ihnen der universelle Geist geliefert, was Sie wollten – aber glücklicher sind Sie dennoch nicht. Also überlegen Sie sich vorher gut, was Sie wirklich bestellen möchten! Wobei sich vielleicht bei Ihnen jetzt zum ich weiß nicht wievielten Male die Frage stellt: Geht das wirklich, dass ich mir »erdenken« kann, was ich mir wünsche? Dass ich quasi von einer Lebenswirklichkeit in eine andere komme, zu Menschen und Situationen geführt werde, die mich meinen Zielen näherbringen? Kann man das wirklich glauben?

Na gut, dann wollen wir für die Skeptiker unter Ihnen noch etwas tiefer in die wissenschaftlichen Hintergründe eintauchen:

Aus der Hirnforschung wissen wir: Das menschliche Gehirn verarbeitet unglaubliche vierhundert Milliarden Bits pro Sekunde. Davon sind uns aber nur zweitausend Bits bewusst. Was ist mit dem großen »Rest«? Die zweitausend uns bewussten Bits beschränken sich auf unsere Umgebung, unseren Körper und die Zeit. Bewusst nehmen wir also nur die Spitze eines Eisbergs wahr. Die Spitze eines riesigen quantenmechanischen Eisbergs.

Das deckt sich in etwa mit den Erkenntnissen der Molekularbiologen, dass nur etwa fünf Prozent unserer DNA für die Vererbung zuständig sind und die restlichen fünfundneunzig Prozent wie eine Antenne fungieren – unsere Power-Antenne, siehe Tag zehn. Sowohl in unserem Gehirn als auch in unserer DNA läuft also pausenlos eine Realität ab, die wir nicht bewusst wahrnehmen. Der allergrößte Teil dieser Realität wird nicht in unser bewusstes Denken integriert. Setzt man diese Erkenntnis in den Kontext mit der quantenphysikalischen Tatsache, dass alles mit allem über das Quantenfeld verbunden ist, ergibt sich ein revolutionärer Sinn: Dann erklärt sich, warum sich Dinge neu ordnen, wenn wir uns konzentriert und voller Liebe vorstellen, was wir uns wünschen. Plötzlich werden die richtigen Menschen zu uns geführt, die uns beispielsweise zu unserem Traumjob verhelfen. Denn nicht nur ich verfüge über die Power-Antenne, die sendet und empfängt, sondern jeder andere Mensch auch. Und sobald meine ausgesandte Wunschenergie mit einem dazu passenden Menschen in Resonanz tritt, wird er auf wundersame Weise zu mir geführt.

All dies sind Prozesse, die unbemerkt und unbeobachtet in uns ablaufen. Unser Gehirn ist so verkabelt, dass wir nur sehen, was wir für möglich halten. Es gibt aber Belege dafür, dass es Realitäten gibt, die wir *nicht* sehen können.

Nehmen wir die Geschichte von den Eingeborenen der karibischen Inseln. Als die Schiffe von Kolumbus heransegelten, konnten die Eingeborenen sie nicht sehen – weil sie noch niemals Schiffe gesehen hatten. Diese fanden in ihrem Bewusstsein schlichtweg nicht statt. Im Gehirn der Menschen waren einfach kein Wissen, keine Erfahrung vorhanden, dass Schiffe überhaupt existierten. Der Schamane des Eingeborenenvölkchens bemerkte seltsame Wellen draußen auf dem Meer. Er machte sich Gedanken darüber, was den Effekt verursachte. Jeden Tag ging er an den Strand und schaute aufs Wasser. Nach einer Weile konnte er die Schiffe tatsächlich sehen. Und erzählte allen in seinem Stamm, dass dort draußen Schiffe existierten. Und weil ihm alle glaubten und vertrauten, sahen sie sie dann plötzlich auch.

Nun können Sie natürlich sagen: Diese Geschichte ist über fünfhundert Jahre her. Vermutlich ist sie im Laufe vieler Überlieferungen so lange verfälscht worden, dass an der heutigen Fassung kaum noch etwas wahr ist.

Gut, ein aktuelles Beispiel, das fast unglaublich klingt: Vor einigen Jahren entdeckten Hobbyfotografen auf ihren Bildern verschieden farbige kugelige Formen. Zunächst wurden diese farbigen Kugeln für Doppelbelichtungen oder Verschmutzungen auf der Linse gehalten. Doch immer mehr Leute fanden nun die Merkwürdigkeiten auf ihren Fotos vor, und bald war es ihnen möglich diese Kugeln bewusst und vor allem intuitiv im richtigen Moment mittels Digitalkamera einzufangen. Es stellte sich heraus, dass es sich um kosmische Energie – sogenannte Orbs – handelt. Jetzt können viele Menschen diese Energien auf ihre Bilder bannen und andere wenige sehen diese Orbs in entspanntem Zustand mit bloßem Auge. Allein durch das Wissen darum hat sich das Bewusstsein auf eine erweiterte Wirklichkeit der Realität eingestellt.

Wem das zu abgehoben ist, hier ein anderes Beispiel: Vor ein paar Jahren führte man Eingeborenen in Südamerika einen Dokumentarfilm über New York vor und fragte die Menschen unmittelbar im Anschluss, was sie gesehen hatten. Ihre ebenso einhellige wie überraschende Antwort war: Hühner. Ganz simpel: Hühner! Das Forscherteam war völlig verdattert und schaute sich den Film hinterher selber noch mal an. Und tatsächlich: In einer klitzekleinen Szene, die sich in irgendeinem Hinterhof abspielte, waren ein paar Hühner zu erkennen. Sie waren das Einzige, das die Eingeborenen sehen konnten. Womit belegt wäre: Das menschliche Gehirn sieht nur, was es kennt. Schon Goethe sagte: »Man sieht nur, was man weiß.« Erstaunlicher Satz von einem Mann, der vor über zweihundertfünfzig Jahren lebte. Wir haben einen eigenen Film, der ständig in unserem Gehirn abläuft. Der Film unseres Paradigmas, unserer eigenen Erkenntnisse. Wenn irgendetwas geschieht, das nicht mit dieser eigenen Wirklichkeit übereinstimmt, können wir es tatsächlich nicht erkennen – auch optisch nicht. Gut möglich, dass wir zum Beispiel Außerirdische, sollten wir ihnen jemals begegnen, gar nicht sehen können, weil wir nicht darauf vorbereitet sind. Möglicherweise sind wir längst umgeben von außerirdischer Intelligenz, können sie aber nicht ausmachen. Jedenfalls deutet alles darauf hin, dass es außerhalb dessen, was wir kennen, auch noch etwas anderes gibt.

Menschen, die sagen: »Ich glaube nur, was ich sehe«, befinden sich ziemlich auf dem Holzweg – um nicht zu sagen: in einer Sackgasse. Denn da ist viel mehr als wir alle ahnen!

Dass es mehrere parallel existierende Realitäten gibt, ist auch physikalisch belegt. Darüber spricht nur kaum jemand, weil viele glauben, man würde die Menschen damit überfordern. Vielleicht stimmt das auch. Ich möchte dennoch gern darauf eingehen: Nach dem klassischen Schulmodell stellen wir uns ein Atom als eine Art harter Ball vor. Ein kleiner Punkt vollkommen dichter Materie, umgeben von einer Wolke von Elektronen, die auftauchen und wieder verschwinden. Mittlerweile hat sich längst herausgestellt, dass dieses Modell nicht stimmt. Sogar der Atomkern, den wir uns als extrem dicht vorstellen, taucht genau wie die Elektronen in der Existenz auf und verschwindet wieder. Es ist eine buchstäblich substanzlose Materie, und das Sicherste, das die Physiker über sie sagen können, ist, dass sie im Grunde wie ein Gedanke ist. Ein konzentriertes Stück Information. Was uns zu der Erkenntnis führt: Dinge bestehen nicht aus noch mehr Dingen, sondern aus Gedanken, Konzepten, Informationen.

Dass Atome auftauchen und wieder verschwinden, ist für die Physiker von bahnbrechender Bedeutung. Es heißt nämlich, dass es Wellen von Möglichkeiten gibt. Sich ausbreitende Wellen möglicher Orte, an denen ein Atom sein kann. Sie sind überall gleichzeitig. Atome können hier und dort sein, und sobald wir hinsehen, rasten sie an einem dieser möglichen Orte ein. Quantenphysiker haben nachgewiesen, dass zum Beispiel ein Photon an mehreren Orten gleichzeitig sein kann. Das wurde sogar fotografisch festgehalten! Leute, die sich die Bilder anschauen, sagen häufig: »Okay, ich sehe zwei Photonen auf dem Bild.« Falsch – es ist tatsächlich ein einziges Photon an zwei Orten. Ein Phänomen, das uns vollkommen gaga vorkommt – und doch ist es unbestreitbar wahr! Ein Beleg dafür, dass es Dinge gibt, die wir uns nicht vorstellen können und folglich für Quatsch halten. Aber die Quantenmechanik hat damit unumstößlich nachgewiesen, dass wir in einer Welt mehrerer möglicher Realitäten leben und jeden Tag, jede Stunde, jede Sekunde die Wahl haben, für welche dieser Realitäten wir uns entscheiden. Wir haben uns angewöhnt, zu denken, dass alles um uns herum Dinge sind, die ohne unseren Input, ohne unsere Wahl existieren. Diese Denkweise werden wir uns nach den neuen quantenphysikalischen Erkenntnissen abgewöhnen müssen. Stattdessen müssen wir als Fakt erkennen, dass selbst die materielle Welt um uns – das Sofa, auf dem Sie gerade sitzen, der Teppich, Ihre Stereoanlage –

nichts anderes als mögliche Bewegungen des Bewusstseins sind. Und ich treffe in jedem Moment eine Auswahl aus diesen Bewegungen, um meine tatsächliche Erfahrung zu manifestieren. Das mag auf Sie jetzt verwirrend bis radikal wirken, aber die Quantenphysik hat es klar herausgestellt. Werner Heisenberg, der Begründer der Quantenphysik, sagte: »Atome sind keine Dinge, sondern nur Tendenzen.« Anstatt in Dingen müssen wir also in Möglichkeiten denken. Möglichkeiten des Bewusstseins.

Das alles ist sicherlich revolutionär und radikal – wirklich neu ist es indes nicht. Schon Einstein sprach von Paralleluniversen. Deshalb treffen wir manchmal auf Menschen, von denen wir sagen: »Der lebt in einem anderen Universum, auf einem anderen Stern« – weil wir von diesen Menschen einfach nicht verstanden werden. Oder ein weiteres Beispiel – wir alle kennen »Star Trek«: – »Beam mich hoch, Scotty!« Was unter der Marke »Science Fiction« ein Welterfolg war, ist physikalisch tatsächlich möglich: ein und dasselbe Objekt, das an zwei Orten gleichzeitig ist. Ein erstaunliches Wunder, das pausenlos direkt vor unseren Augen geschieht. Wir können es nur nicht sehen. Schade eigentlich . . .

Für die Tatsache, dass wir uns mit unseren Gedanken für eine von unzähligen Möglichkeiten entscheiden können, dass es sogar möglich ist, mit unseren Gedanken die Realität zu beeinflussen, gibt es erstaunliche Beweise. In Washington, der Mord-Hauptstadt der Welt, fand im Sommer 1993 ein erstaunliches Experiment statt. Viertausend Freiwillige aus aller Welt kamen zusammen, um gemeinsam tagelang zu meditieren. Vorausgesagt wurde, dass diese viertausend Menschen allein mithilfe ihrer konzentrierten Gedanken es schaffen, dass die Kriminalitätsrate in diesem Jahr um fünfundzwanzig Prozent sinkt. Der Polizeichef von Washington spottete dazu im Fernsehen: »Um die Kriminalitätsrate um fünfundzwanzig Prozent zu reduzieren, wäre erforderlich, dass den ganzen Sommer mindestens ein halber Meter Schnee liegt.« Da täuschte er sich allerdings gewaltig. Die Zahl der Fälle, die nach FBI-Definition in die Kategorie Kriminalität fallen, sank in der Tat um die prognostizierten 25 Prozent. Und stieg im Jahr darauf wieder auf »normales« Niveau.

Noch eine andere Geschichte, die ähnliches belegt: In New York bildeten Wissenschaftler zwei Gruppen von Menschen, die nach einer Herzkrankheit in Rekonvaleszenz waren. In den Medien wurde dazu aufgerufen, für die eine Gruppe zu beten. Tatsächlich hat sich, empirisch belegt herausgestellt, dass die Patienten, für die gebetet worden war, schneller gesund wurden. Es mag jetzt barbarisch klingen, aber in der Gruppe derer, für die nicht gebetet wurde, sind mehrere Patienten an ihrer Herzkrankheit gestorben.

Es ist einfach nicht wegzudiskutieren: Man kann zweifelsfrei mithilfe seiner Gedanken eine andere Realität erschaffen, in eine andere Wirklichkeit wechseln. Entscheidend ist, dass Sie lernen, sich selber auf eine höhere Schwingungsfrequenz, auf eine höhere Bewusstseinsschwingung zu erheben. Die Schwingungen der mentalen Kräfte sind die feinsten, die mächtigsten, die wirksamsten. Ich kann meinen Geist auf jede Schwingungsrate bringen und dadurch die vollkommene Kontrolle über meine geistige Verfassung und meine Stimmung erlangen. Die Schwingungen meiner Gedanken beeinflussen auch den Geist anderer Menschen. Dieses Phänomen heißt Telepathie. Ich kann die Schwingungen der Menschen in meiner Umgebung anheben, indem ich positive, liebevolle Gedanken denke und ausstrahle. Ich sende Liebe aus, indem ich mir voller Begierde vorstelle und fühle, was ich mir wünsche, indem ich inbrünstig schön finde, was ich mir wünsche. Wer das Prinzip der Schwingung begreift, hat das Zepter der Macht ergriffen.

Wie Sie Ihre Power-Antenne optimal ausrichten

Ich möchte, dass Sie sich heute einiger Ihrer Gedanken bewusst werden, nämlich der negativen. Überlegen Sie gut, wo Sie in Ihrem Leben noch negative Gedankenmuster haben – und ich bin sicher, Sie werden welche finden! Wie auf der Kassette in einem Diktiergerät können Sie die schlechten Gedanken aber einfach überspielen – mit denen, die Ihnen besser gefallen. Schreiben Sie Ihre negativen Gedanken, die Ihnen einfallen, in Ihr Tagebuch. Zum Beispiel: »Ich habe einfach immer zu wenig Geld.« Gleich daneben notieren Sie den passenden Gedanken, der Ihnen viel besser gefällt, das könnte so oder anders lauten: »Mein Vermögen wächst stetig wie ein kräftiger Baum.« – Vielleicht leiden Sie an Minderwertigkeitskomplexen, sind geplagt von dem Gedanken: »Ich schaffe es einfach nicht, den Ansprüchen meines Chefs gerecht zu werden.« Schreiben Sie diesen Gedanken auf und gleich daneben den passenden positiven: »Ich bin ganz, vollkommen, stark, mächtig, liebevoll, harmonisch und glücklich.« Wenn Sie fertig sind, notieren Sie die positiven Gedanken in fetter Schrift auf ein DIN-A4-Blatt und heften es neben Ihren Badezimmerspiegel. Jedes Mal, wenn Sie vor dem Spiegel stehen, lesen Sie sich laut und langsam die positiven Gedanken vor. Ich verspreche Ihnen: Irgendwann werden Sie fühlen, dass Sie die positiven Gedanken verinnerlicht haben. Sie werden in Ihrer Grundhaltung viel, viel gelassener. Gratulation – Sie sind auf dem besten Wege, ein glücklicher Mensch zu werden!

Wenn du begreifst, dass es an nichts mangelt, dann gehört dir die ganze Welt.

Lao Dse, Begründer des Daoismus

Tag 19
Innere Filme drehen

Ihr Unterbewusstsein reagiert am effizientesten auf Bilder, die Sie ihm präsentieren. Deshalb möchte ich Sie ermuntern: Gehen Sie jeden Tag ins Kino – in Ihr ganz persönliches Kopfkino. Manche nennen es auch Tagträume. Ich weiß, das hat so einen negativen Beigeschmack: Wenn jemand verträumt ist, nimmt man ihn nicht so ganz ernst. Aber ich sage Ihnen eines – und das können Sie ganz leicht nachprüfen: Immer waren es die Träumer, die die Welt gestaltet haben. Ob es der Erfinder des Telefons, des Flugzeugs, des Autos war, ob es Menschenrechtler waren wie Martin Luther King – egal, wen Sie nehmen: Es sind die Träumer, die die Welt gestalten!

Ich kenne auch Menschen, die sogar beten, dass ihre Träume in Erfüllung gehen. Beten heißt, mehr an meine Gedanken zu glauben als an meine gegenwärtige Lebenssituation. Beten bedeutet ja nicht unbedingt, einen imaginären Gott anzubeten, sondern in erster Linie eine Aktivierung von Gedanken. Indem ich bete, bin ich ganz bei mir. Und wenn Gedanken Energie sind und weitere Energie erzeugen, dann ist das mit dem Gebet durchaus möglich. Alle großen Gestalten der Geschichte wussten darum. Sie alle sagten: »Ich habe eine Vision, einen Traum, eine Idee! Und ich lebe so, als wäre sie schon Realität. Ich handle im Jetzt nicht anders als ich für das Morgen plane. Ich bin heute schon dankbar für all das Schöne, das erst noch kommen wird. Und Dankbarkeit ist der Multiplikator.« Wenn wir so denken und handeln, sind wir unangreifbar. Dann fangen die Mächte des Universums an, uns Türen zu öffnen.

Also fragen Sie sich jeden Morgen: »Was ist mein größtes Ideal, das ich heute sein will?« Lassen Sie diesen Film vor Ihrem geistigen Auge ablaufen! Sie müssen mit so viel Interesse und Engagement bei Ihren Gedanken sein, sich so sehr in Ihr Lebensthema, in Ihr Ziel vertiefen, dass Sie kaum noch etwas anderes bewusst wahrnehmen. Verfolgen Sie es unbeirrbar!

Je beharrlicher Sie am Drehbuch Ihres Lebens schreiben, je konsequenter und zielgerichteter Sie es stur nach Ihrem Drehbuch gestalten, desto klarer die Offenbarung, das Endergebnis. Jede geistige Entdeckung und Leistung ist das Ergebnis von Verlangen, gepaart mit Konzentration. Die Intensität eines einzigen Augenblicks ernsthafter Konzentration und das ständige Verlangen, etwas zu sein und zu erreichen, vermag Sie viel weiterzubringen als die üblichen langsamen Bemühungen oder erzwungene Anstrengungen.

Man kann es nicht oft genug betonen: Viele Menschen legen ihren persönlichen Lebensfilm als Horrorstreifen an. Häufig tun sie das unbewusst oder weil sie es nicht besser wissen. Nehmen Sie als Beispiel junge Leute, – zum Glück nicht die Mehrheit – die auf die Frage, was sie später werden wollen, antworten: »Hartz IV«. Woher sollen sie es besser wissen, wenn die Eltern ihnen das so vorgelebt haben? In ihrem Unterbewusstsein läuft exakt dieser Film ab. Und gemäß dem Gesetz der Anziehung werden diese jungen Menschen genau dieselben trostlosen Umstände in ihr Leben ziehen. Das erklärt, weshalb ärmlichen, weniger gebildeten Elternhäusern zumeist auch Kinder entspringen, die später nicht sonderlich erfolgreich sein werden. Aus »gehobenen« Familien, gebildet und mit gutem Finanzpolster ausgestattet, kommen zumeist Kinder, die es später mal zu was bringen werden. In ihrem Hinterkopf, in ihrem Kopfkino läuft ein ganz anderer Film ab – und gemäß dessen Drehbuch entwickelt sich später das Leben dieser Kinder.

Mit den Filmen in Ihrem Kopf ist es nicht anders als mit denen im »richtigen« Kino: Es geht um große Gefühle. Wer sich regelmäßig James Bond-Filme anschaut, fühlt sich hinterher wie 007. Wer sich »Casablanca« anschaut, sehnt sich hinterher nach der großen Liebe. Man geht ins Kino, weil man sich ein ganz bestimmtes Gefühlserlebnis davon verspricht.

Mit dem inneren Film Ihres Lebens verhält es sich ganz ähnlich. Auch hier geht es darum: Welche Gefühle möchten Sie erleben? Und welche *haben* Sie schon erfahren? Was immer Sie erlebt haben oder sich zu erleben wünschen, Ihre Sehnsüchte, Ideen, Ziele und inneren Entscheidungen – genau das ist Ihr ganz persönliches Drehbuch; es ist der Film, der über Ihre Power-Antenne ins Universum abgestrahlt wird. Und so, wie eine Liebesschnulze ein anderes Publikum anzieht als ein Kriegsfilm, so entscheiden Sie mithilfe Ihres inneren Films, welche Menschen Sie in Ihr Leben ziehen. Solche, die Sie Ihrem Lebensziel näherbringen und energetisch genau das zu bieten haben, was in Resonanz mit Ihren Wünschen steht.

Es ist übrigens möglich, wie am Fernsehapparat von einem Film auf den anderen umzuschalten. Ein Bekannter von mir, ein durchaus gut aussehender Mann, hatte lange Zeit Probleme, eine Frau zu finden, die sich nichts sehnlicher wünschte als eine Liebesbeziehung mit ihm zu haben. Er kam nie über kurzzeitige Techtelmechtel hinaus – obwohl er einen guten Charakter hat und sicherlich auch sehr viel Herz. Ich sprach mit Frauen, die ihn schnell wieder verlassen hatten, und unterm Strich sagten sie mir alle das Gleiche: »Der ist zu nett, zu lieb, zu unmännlich – zu langweilig.« Ich bat meinen Bekannten in einem Vier-Augen-Gespräch, das Drehbuch in seinem Kopf umzuschreiben. Bislang lief da der Film ab: »Mein Vater war immer brutal zu Frauen; ich möchte lieber das Gegenteil sein, der sanfte Frauenversteher.« Ich schlug ihm vor, dem Film in seinem Kopfkino einen neuen Titel zu geben: »Ich bin ein Mann!« Diesen Satz sollte er täglich affirmieren – verbunden mit den passenden Bildern, die ihm dazu einfielen. Mit jedem neuen Morgen sollte er ganz bewusst den Mann in sich spüren. Was nicht heißt, dass er sich vom einfühlsamen Frauenversteher zum knallharten Macho wandeln sollte. Nein, es gibt ja noch ganz andere Nuancen, in denen man sich als wahrer Mann fühlen kann. Also: Denke jeden Tag – vor allem im Umgang mit Frauen – ganz bewusst daran: »Ich bin ein Mann!« Tja, es dauerte nicht lange, da brauchte sich mein Freund keine Gedanken mehr zu machen. Frauen begannen sich zu ihm hingezogen zu fühlen, ohne dass er irgendetwas tat . . . Er hatte nur simpel die Ausstrahlung, das »Kino-Programm« seiner Power-Antenne geändert.

Man muss gar nicht lange suchen, um Menschen zu treffen, in deren Unterbewusstsein Filmbilder von Versagen ablaufen, von Existenz- und Verlustängsten, von Mangel jeglicher Art. Bilder von Nicht-Geliebtwerden, von Ablehnung, von Abgewiesenwerden. Ich bitte Sie inständig: Hören Sie auf damit! Wechseln Sie das Kino und gehen Sie in einen Saal, in dem ein positiver Streifen läuft: Wenn Sie im tatsächlichen Leben unter Geldmangel leiden, stellen

Sie sich jeden Tag vor, Sie haben drei Millionen Euro auf dem Konto, fahren einen Bentley, reisen mit dem Privatjet durch die Welt, werden mit dem Rolls-Royce am Flughafen abgeholt und in ein Hotel gebracht, in dem Sie selbstverständlich eine Suite bewohnen. Doch ich will Sie nicht dazu verleiten, das Leben eines Superreichen zu führen. Vielleicht wollen Sie es gar nicht. Mein Anliegen mit diesem einfachen Beispiel ist, Ihnen nur zu veranschaulichen, was möglich ist. Sie können alles, wirklich alles vom Leben haben. Wenn Sie eine Zeitlang (weise chinesische Philosophen sagen: Einhundert Tage lang) dieses Bild ganz konsequent in Ihrem Innersten aufrechterhalten, trägt Ihr Unterbewusstsein Sie dahin. Wenn Sie überwiegend solche guten Gedanken denken, zieht Ihre positive energetische Signatur auch diese positiven Dinge in Ihr Leben. Also verbringen Sie weniger Zeit mit Selbstvorwürfen, Ängsten, Mangelgedanken, nehmen Sie sich stattdessen mehr Zeit, Ihre Power-Antenne neu auszurichten. Das Wissen um ihre Funktionsweise macht Sie zu einem Menschen, der bewusst gestaltet und entscheidet, was zu ihm kommt.

Halten Sie es am besten so wie mein Freund mit den Frauen: Schalten Sie um auf einen anderen Film. Entwerfen Sie »innere Schalter« und stellen Sie bei Bedarf Ihre Zielausstrahlung um. Schreiben Sie Ihr Drehbuch neu. Probieren Sie es einfach mal. Die nachfolgende Übung wird Ihnen dabei helfen. Und dann achten Sie darauf, was sich im Außen tut. Da Sie in Ihrem Geist etwas verändern, wird sich auf alle Fälle auch im Außen etwas verändern; das folgt schlicht einem Naturgesetz. Also beobachten Sie einfach, was passiert. Das Schöne daran ist: Persönlich erlebtes Wissen ist das Allerbeste, um Urvertrauen in diese Methode zu gewinnen, und Sicherheit zu erlangen.

Wie Sie Ihre Power-Antenne optimal ausrichten

Wie gesagt, das mit den drei Millionen Euro, dem Privatjet etc. – dies waren nur Beispiele. Ich möchte Sie aber heute bitten, sich Gedanken über Ihr ganz persönliches Lebensziel zu machen. Wo wollen Sie hin? Und wird der Weg, den Sie bisher eingeschlagen haben, Sie tatsächlich an Ihr eigenes Ziel führen? Interessant finde ich: Viele Menschen, die ich nach Ihrem ganz persönlichen Ziel frage, zucken nur mit den Schultern. Sie haben sich darüber noch nie einen Kopf gemacht. Sie leben einfach so vor sich hin und wundern sich, dass nichts richtig vorwärts geht. Aber wenn Sie das Drehbuch für Ihren Lebensfilm schreiben wollen, müssen Sie sich schon über die groben Strukturen Gedanken machen. Also versetzen Sie sich mittels Kerze und Atem wieder einmal in den Ihnen schon bekannten Zustand vollkommener Entspanntheit. Wenn Sie ihn erreicht haben, lassen Sie ihre Gedanken bei Ihrem Lebensziel verweilen – bis Ihr Denken sich vollständig mit Ihrem Ziel identifiziert hat und Sie sich mit nichts anderem mehr bewusst befassen. Fokussieren Sie sich immer auf Ihr Lebensziel als ein Ideal, das Sie bereits erreicht haben. Das Ideal als bereits existierende Tatsache. Dies ist der Keim, die Saat, die nun in Ihrem Leben aufgehen wird. Ich kann Ihnen versprechen (weil ich es selbst mehrfach erlebt habe): Sie werden auf einmal die notwendigen Umstände, Ereignisse, Beziehungen und Begegnungen vorfinden, die Ihnen helfen, das Gewünschte in der realen Welt zu manifestieren!

Wenn dein Glaube erstarkt, wirst du feststellen, dass das Bedürfnis nach Kontrolle nicht nötig ist, dass die Dinge fließen, wie sie wollen, und dass du mit ihnen fließt – zu deiner größten Freude und deinem Wohl.

Wingate Paine, Fotograf und Autor

Tag 20
Die Kraft der Affirmationen

Stille Konzentration von Gedanken ist die wahre Methode, wie wir die Macht unseres Unterbewusstseins nutzen können. Mönche und Schamanen wussten das schon immer: Sie leben überwiegend in der Stille, in der Konzentration auf positive Gedanken. Sie tun im Grunde nichts anderes, als ihr Unterbewusstsein stets und ständig mit den Gedanken zu füttern, die sie für wichtig und richtig erachtet haben. Da das physikalische Gesetz der Resonanz besagt, dass Gleiches sich anzieht, müssen wir danach streben, unserem Unterbewusstsein die geistige Haltung »beizubiegen«, die dem entspricht, was wir erreichen wollen, damit unser Leben genau das wird, das wir uns vorstellen.

Erinnern wir uns mal an die Zen-Bogenschützen, die in der Lage sind, einen Pfeil mit verbundenen Augen exakt ins Schwarze zu schießen – allein mit der Kraft ihrer Gedanken. Ich habe Zen-Mönche gesehen, die – gleichfalls mit verbundenen Augen – sogar noch einen zweiten Pfeil hinterher geschossen haben, der den ersten gespalten hat. Wenn Sie das mal erlebt haben, zweifeln Sie keine Sekunde mehr daran, dass Sie mit der Kraft Ihrer Gedanken Realität erschaffen können . . .

Die Kunst liegt darin, dem Unterbewusstsein immer wieder die richtigen Gedanken einzutrichtern. Denken Sie noch mal an Ihre frühen Jahre zurück: Als Kind haben Sie womöglich häufig Sätze gehört wie »Du kannst nichts! Du bist zu nichts zu gebrauchen! Ständig machst du alles falsch!« Man hat Ihnen das so lange eingebläut, bis Sie es geglaubt haben. Und wie sagte mal ein schlauer Mensch:

> »Ob Sie glauben, dass Sie etwas *nicht* können, oder ob Sie glauben, dass Sie etwas *sehr wohl* können – Sie werden immer recht behalten.«

Es gibt aber glücklicherweise die Möglichkeit, alte Glaubenssätze zu überschreiben. Das erfordert Übung und Geduld. Am besten übt man etwas, indem man es ständig wiederholt – so lange, bis man es verinnerlicht hat.

Nehmen wir an, Sie sind selbstständig und finanziell in der Klemme. Wenn Sie sich fortwährend mit dem Gedanken befassen: »Auweia, mein Minus auf dem Konto wird immer größer« – dann können Sie sich darauf verlassen, dass es tatsächlich schlimmer wird. Noch mal: Gleiches erzeugt Gleiches! (»Gleich und gleich gesellt sich gern« – wieder so ein schlauer Satz aus dem Volksmund!)

Also drehen Sie den Denkprozess um. Schreiben Sie sich selber ein Gedicht mit positiven Gedanken. Zum Beispiel:

> »Es ist ein schönes meiner Ziele: lukrative Projekte – ganz, ganz viele. In meiner feinen Welt – da regnet's ganz viel Geld. Und reich wird man nur mit Geld, das man behält!«

Lassen Sie sich Bewegungen zu diesem Reim einfallen und tanzen Sie ihn – in der Frühe vor dem Spiegel. Muss ja keiner zugucken. Aber trauen Sie sich und praktizieren Sie diese Übung jeden Morgen. Der Effekt wird Sie überraschen! Bei einigen dauert es ein paar Wochen, bei anderen vielleicht drei Monate (die berühmten chinesischen einhundert Tage): Sie werden gelassener, fühlen Mut, Kraft, Tatendrang und gehen viel positiver gestimmt in den Tag. Ehrlich, ich verspreche es Ihnen: Das ständige Wiederholen derartiger Affirmationen bleibt nicht ohne Wirkung!

Einige dieser Affirmationen finden Sie in diesem Buch. Ein paar möchte ich am heutigen Tag noch mal für Sie zusammenfassen:

* Das Leben macht mir Spaß und Freude.
* Meine Aufgabe ist, glücklich zu sein.
* Das Leben bietet mir unendliche Chancen, Gelegenheiten und Möglichkeiten.
* Ich beschäftige mich mit dem, was ich möchte, und vermehre es.
* Ich erhöhe die Qualität meines Lebens. Dann erhöht das Leben die Quantität der Qualität.
* Mein Vermögen wächst gesund wie ein kräftiger Baum.
* Ich folge meinem Wohlgefühl.
* Ich erlebe heute die Schönheit des Lebens.
* Meine Intuition leitet mich zu Menschen und Umständen, die den Geldstrom in meinem Leben vergrößern.
* Ich mache aus meinem Leben das Paradies auf Erden.
* Ich bin ein gesunder Mensch,
  oder wenn Sie krank sind:
* Meine Genesung schreitet rasch voran
  oder
* Jeden Tag werde ich ein gesünderer Mensch.

- Das Leben macht mir alles nach: Ich lasse es mir gut gehen im Kleinen – dann sorgt das Leben dafür, dass es mir auch im Großen gut geht.
- Meine Gedanken sind Auslöser. Ich entscheide mich, heute nur Gutes auszulösen.
- Ich fühle mich heute besser als gestern, aber noch nicht so gut wie morgen.
- Ich erschaffe Realität durch Erwartung. Deshalb erwarte ich heute, dass die Dinge gut sind. Und sie *sind* gut und werden immer besser.
- Freude, Liebe und Fülle sind mein natürlicher Zustand.
- Ich kreiere mit Leichtigkeit mehr Geld als ich brauche.
- Ich bin so froh und glücklich, weil ich ein Premium-Leben habe – voller Reichtum und Wohlstand.
- Ich weiß genau, dass das, was ich mir wünsche, schon auf dem Weg zu mir ist. Ich stelle es mir voller Liebe vor und fühle mich jetzt schon so glücklich, wie ich mich fühlen werde, wenn es ankommt.
- Ich halte mir das Gewünschte im Geist vor Augen. Wenn ich mir voller Freude und Liebe und Dankbarkeit das Gewünschte vorstelle, verwirkliche ich es.
- Ich bin dankbar und glücklich.
- Ich habe die Macht, jedes Problem zu lösen, das sich mir stellt.
- Das Leben sorgt für mich.
- Das Universum schenkt alles im Überfluss.
- Ich bin ganz, vollkommen, stark, mächtig, liebevoll, harmonisch und glücklich.
- Ich kann sein, was immer ich sein will.

Wie Sie Ihre Power-Antenne optimal ausrichten

Suchen Sie sich eine entspannende Instrumentalmusik heraus, die Sie gern hören. Eine Musik, die in Ihren Augen Positives, Schönes und Wohlstand ausdrückt. Lassen Sie diese leise im Hintergrund laufen, während Sie sich laut und langsam die obigen Erfolgsgedanken vorlesen.

Wiederholen Sie diese Übung mehrere Minuten lang. Praktizieren Sie diese Übung täglich – möglichst immer mit derselben Musik. Die Wirkung wird nicht ausbleiben.

Hüten Sie sich, darüber nachzudenken, warum das funktioniert. Lassen Sie es einfach geschehen. Und freuen Sie sich über das positive Lebensgefühl, das Ihren Körper durchströmt, sobald Sie diese Lebensauffassung verinnerlicht haben.

Die Kraft für das Glück, das Wohl und für alles, was man im Leben braucht, liegt in jedem Menschen. Die Kraft ist vorhanden – unbegrenzt!

Robert Collier, Autor der Neugeistbewegung

Tag 21
Und was, wenn jetzt alles immer noch nicht klappt?

An Tag achtzehn waren wir gedanklich schon mal im Restaurant – Sie erinnern sich? Sie haben beim Kellner eine Bestellung aufgegeben. Nun stellen Sie sich mal vor, Sie wackeln nach ein paar Minuten dem Kellner hinterher in die Küche, um nachzusehen, a) ob Ihre Bestellung auch ausgeführt wird und b) wenn ja, ob die Jungs in der Küche auch ordentlich arbeiten. Natürlich würden Sie das niemals tun. Aber warum zweifeln Sie dann daran, dass das, was Sie sich mental vor Ihrem geistigen Auge von Ihrem künftigen Leben vorstellen, was Sie also quasi über Ihre Power-Antenne ausgesandt und bestellt haben, tatsächlich geliefert wird? An dem Punkt tun sich viele schwer. Wenn Sie im Restaurant die Köche kontrollieren wollen, werden die sich genervt und in ihrer Ehre verletzt fühlen; sie werden keinen Spaß mehr haben, Sie zu bedienen, bestimmt nicht so gut kochen wie sonst; und wahrscheinlich werden sie Sie auf Ihr bestelltes Futter noch ein bisschen warten lassen, um Sie sozusagen zurückzuärgern. Und so ähnlich handelt auch der universelle Geist: Sobald Sie nur leise anzweifeln, dass Sie das, was Sie visualisieren, auch bekommen (Esoteriker nennen dies eine Blockade), schieben Sie die Auslieferung nach hinten oder machen sie schlimmstenfalls gänzlich unmöglich. Mit Ihren Zweifeln haben Sie dem universellen Geist quasi Pfusch bei der Arbeit unterstellt, und dann vergeht ihm die Lust.

Zugegeben, das ist nun sehr naiv erklärt. Aber eine gewisse Naivität ist durchaus nützlich, wenn wir mit unserer Gedankenkraft etwas manifestieren wollen. Der felsenfeste Glaube daran, dass unsere Gedanken wahr werden und unsere inneren Zustände die äußeren Umstände formen, ist eine Methode, auf intelligente Weise naiv zu sein. Das oberste Ziel ist, den Zustand der Entspannung zu erreichen, den Verstand zur Ruhe zu bringen, damit er offen ist für die Stimme der Intuition. Sie können das selber an sich beobachten: In Stressphasen und vor allem auch in Zeiten, in denen Sie von Sorgen, Ängsten und Nöten geplagt sind, haben Sie keine Offenheit für Intuition. Sie überhören Ihre innere Stimme. Sie sind – und das haben Gehirn-Scans nachgewiesen – von Ihrem Unterbewusstsein abgeschnitten und somit nur noch bedingt handlungsfähig.

Es war – wie so oft – meine Frau, die mir dafür die Augen geöffnet hat. Es gab Zeiten, da habe auch ich mir Sorgen gemacht – um Berufliches, um Privates, um alles Mögliche. Sie schaute mich an und sagte schelmisch lächelnd: »Na, wieder zu sehr auf den Verstand gehört und zu wenig auf die innere Stimme?« Und sie hatte – wie so oft – natürlich recht. Wenn ich dann wieder entspannter war und mein Inneres befragte, fiel es mir wie Schuppen aus den Haaren. Die innere Stimme, mein Unterbewusstsein, meine Intuition hatten mir längst mitgeteilt: »Es ist alles gut.« Ich hatte es nur überhört.

222

Aber hier sind wir nun an einem heiklen Punkt, an dem sich viele schwertun, die bewusst beginnen, mit ihrer Power-Antenne zu arbeiten: das Thema »Loslassen.« Darauf vertrauen, dass das, was ich ausgesandt habe, auch wirklich »da oben« ankommt und »bearbeitet« wird. Meines Erachtens gibt es nur eine einzige Methode, diesen Knoten im Kopf aufzudröseln: Akzeptieren Sie, dass Sie die Power-Antenne in sich tragen. Akzeptieren Sie, dass Sie per Gehirn, Herz und DNA Ihre Gefühle, Überzeugungen und Wünsche über das Quantenfeld ins Universum abstrahlen. Akzeptieren Sie, dass Ihnen dann die richtigen Umstände und Menschen zugeführt werden, damit Sie Ihre Ziele erreichen und Wünsche sich erfüllen. Akzeptieren Sie, dass Sie kraft Ihrer Gedanken Schöpfer Ihrer eigenen Realität sind. Wenn Sie das einfach als gegeben hinnehmen, befinden Sie sich im Zustand des Vertrauens, und dann geht plötzlich alles mit spielerischer Leichtigkeit und traumwandlerischer Sicherheit.

»Loslassen« bedeutet, die Dinge nicht zu ernst zu nehmen. Manchmal ist es tatsächlich das Beste, *nichts* zu tun. Sich zu entspannen. Sich gelassen zurückzulehnen und auf das Universum zu vertrauen. Loslassen befreit. Entkrampft. Bringt Gelassenheit. Deshalb sollten Sie es auch ganz relaxt sehen, wenn Veränderung ausbleibt, obwohl Sie sich doch ganz intensiv etwas wünschen. Vielleicht liegt ein tieferer Sinn darin, dass Ihr Wunsch nicht erfüllt wird.

Möglicherweise verwehrt uns das Universum etwas, um uns nicht zu sehr zu verwöhnen. Oder uns zu schützen. So mancher, der seinen Flieger verpasste, entging dadurch einem Flugzeugabsturz. Manchmal handelt es sich auch nur um eine Verzögerung, die uns Zeit gibt, unsere Wünsche nochmals zu überdenken. Oder uns für die Erfüllung unserer Sehnsüchte überhaupt erst reif zu machen. Ich war Anfang zwanzig, als ich das erste Mal die Vision im Kopf hatte, mich selbstständig zu machen. Heute bin ich heilfroh, dass das Universum mich damals davon abgehalten hat. Garantiert wäre ich damals gründlich gescheitert. Als ich viele Jahre später tatsächlich in die berufliche Selbstständigkeit ging, hatte ich das nötige Wissen, das entsprechende Netzwerk und die erforderliche persönliche Reife, um tatsächlich erfolgreich zu sein, ohne Existenzängste haben zu müssen. Manchmal ist das einfach so, dass das Universum eine zeitliche Verzögerung einbaut. Das gibt Ihnen aber auch Luft, Dankbarkeit zu verspüren für das, was ohnehin schon in Ihrem Leben ist. Deshalb nehmen Sie sich die Zeit und erkennen Sie, dass Ihnen alles zur Verfügung steht, um ein kreatives und erfolgreiches Dasein zu führen. Nutzen Sie die Zeit, um dankbar und zufrieden zu sein.

Wenn Sie noch Schwierigkeiten haben, all das zu akzeptieren, empfehle ich: noch mal nachdenken. Mit Sicherheit gab es in Ihrer Vergangenheit Situationen, in denen sich wie von Geisterhand alles irgendwie doch wieder zum Guten gewendet hat. Führen Sie sich diese Lebenslagen wieder vor Augen und beschließen Sie, daraus Vertrauen – Urvertrauen – zu gewinnen.

> Das Leben sorgt für mich! Ich habe allen Grund zur Zuversicht! Alles wird gut!

Wenn Sie gerade an einem konkreten Problem zu knabbern haben – sagen wir: Miese auf dem Konto – dann gehen Sie ganz bewusst in die Energie des Vertrauens. Entspannen Sie sich. Machen Sie Ihren Frieden mit dem Ist-Zustand, sagen Sie sich: Okay, das ist jetzt halt mal so. Schließen Sie innerlich Frieden mit dem Konto. Machen Sie das Problem zu Ihrem Freund, sprich freunden Sie sich mit der Ist-Situation an. Umarmen Sie in Gedanken Ihr Konto! Hören Sie auf, das Problem zwanghaft und verbissen sofort lösen zu wollen. Bleiben Sie gelassen. Senden Sie über Ihre Power-Antenne Liebe für das Geld aus, indem Sie sich vorstellen und fühlen, wie es ist, *mehr* Geld zu haben. Wie klopft Ihr Herz? Hüpft es vor Freude? Wie froh sind Sie? Wie frohlocken Sie? Erzeugen Sie ganz bewusst in sich das Gefühl, von dem Sie erfüllt sein werden, wenn Sie mehr Geld haben und Ihr Konto ausgeglichen ist. Spüren Sie die Freiheit in sich! Geben Sie diesem Bild ganz viel Aufmerksamkeit und damit Kraft und Energie. Das Aussenden von Liebe zum Geld, das Aussenden Ihres Gefühls ist wie eine Bestellung beim Universum. Und wenn Sie die abgegeben haben, dann kümmern Sie sich nicht mehr darum. Belasten Sie sich nicht weiter damit. Fühlen Sie die Gelassenheit, die sich dann in Ihnen breitmacht.

Und jetzt – aus diesem Gefühl der Gelassenheit heraus – wenden Sie sich positiven Dingen zu. Natürlich ist es Quatsch, zu glauben, man gibt eine Bestellung ab, und schon regnet's Geld vom Himmel. Nein, Sie müssen schon etwas dafür tun. Machen Sie aus Ihrer neu gewonnenen Gelassenheit heraus Pläne, was Sie mit Spaß und Freude und Leichtigkeit tun können, um mehr Geld zu kreieren. Schmieden Sie Pläne, wie Sie künftig klüger mit Geld umgehen können, um nicht wieder in so eine missliche Lage zu geraten. Affirmieren Sie:

»Reich wird man nur mit Geld, das man behält.«

Hören Sie auf, müßig herumzusitzen und zu jammern. Halten Sie lieber nach Möglichkeiten und Gelegenheiten Ausschau. Das Leben bietet unendlich viele Chancen und Optionen, und wenn Sie mit einer gelassenen, positiven Grundstimmung an die Dinge herangehen, gebe ich Ihnen schriftlich: Der universelle Geist wird Ihnen via Intuition Mittel und Wege aufzeigen, wie Sie Ihre Aufgabe meistern. Er wird Ihnen die richtigen Kontakte, Menschen und Umstände zuführen, damit es mit Ihnen aufwärts geht!

Und hören Sie um Himmels willen auf, pausenlos Ihr Hirn zu zermartern. Nachdenken schadet häufig. Zum Beispiel beim Autofahren. Ja, ich meine das ganz ernst! Wenn Sie beim Autofahren in eine kritische Situation geraten, sagt Ihnen Ihr Unterbewusstsein binnen Sekundenbruchteilen, wie Sie reagieren sollen. Häufig schaltet sich dann noch der kritische Verstand ein und sagt mal wieder: »Ja, aber . . .«, und empfiehlt Ihnen eine andere Reaktion. Verkehrspsychologen haben dieses Phänomen natürlich längst erforscht und nachgewiesen:

> Die Reaktion, die Ihnen via Intuition als erstes in den Sinn kommt, ist in fast einhundert Prozent der Fälle die richtige.

Es gibt ganz viele solcher Gelegenheiten, die uns lehren: Intuition funktioniert in den wenigsten Fällen bei rationaler Nüchternheit. Sie funktioniert da, wo man spielerisch, fast kindlich, aber auf jeden Fall fröhlich an das Leben herangeht. Um bei dem Beispiel Autofahren zu bleiben: Ich habe einen Heidenrespekt vor Fahrern, die hochkonzentriert und entsprechend verkrampft am Steuer sitzen. Zeitgenossen, die sich am Lenkrad entspannt zurücklehnen und ihren Wagen mit einer gewissen Lässigkeit steuern, kommen souveräner durch den Verkehr. Es kann kein Zufall sein, dass diese Menschen auch sonst leichter durchs Leben kommen . . .

Oder ein anderes Beispiel, an dem Sie erkennen können, dass Sie das Loslassen im Grunde längst beherrschen – wir alle kennen das: Man fahndet in seinen Gehirnwindungen fieberhaft nach einem Namen. »Mensch, wie hieß der doch gleich?« Aber man kann grübeln, so sehr man sich auch anstrengt: Der Name will und will einem partout nicht einfallen. Kaum hat man sich mit der eigenen Vergesslichkeit abgefunden oder einer anderen Aufgabe zugewandt, klickt es plötzlich im Kopf, und der Name fällt einem wieder ein. Ich nutze die Technik des Loslassens für mich häufig ganz bewusst. Wenn ich zum Beispiel vor einer Aufgabe stehe, von der ich noch nicht so richtig weiß, wie ich sie lösen soll, gebe ich abends vor dem Einschlafen meinen Wunsch nach einer »Erleuchtung« ans Universum ab. Irgendwann habe ich aufgehört, die Fälle zu zählen, in denen ich dann morgens beim Aufwachen die Lösung tatsächlich glasklar vor Augen hatte. Häufig passiert das in dieser Grauzone zwischen Traum und Tag, wenn man noch nicht so ganz wach ist. Das Gehirn befindet sich dann im so genannten Alpha-Zustand – ein Zustand absoluter Entspannung und damit auch höchster Leistungsfähigkeit und Aufnahmebereitschaft.

Wenn Sie bei sich genau hinschauen, werden Ihnen ganz viele Gelegenheiten einfallen, an denen Sie ablesen können, wie das Leben funktioniert: Immer dann, wenn Sie etwas losgelassen haben, wenn Sie sich mit dem Ist-Zustand abgefunden haben, wenn Sie sich klargemacht haben: »Mein Leben wird auch ohne die Erfüllung meines Wunsches lebenswert weitergehen« – genau dann passierte es. Plötzlich kommt Ihnen eine Erleuchtung. Ihnen fliegt ein lukratives Projekt zu, ohne dass Sie sich darum bemüht hätten. Ihnen fällt Ihre Traumfrau quasi vor die Füße. Ganz egal, worum es sich dreht – es passiert. Und es kommt dann meist aus einer Ecke, aus der Sie am allerwenigsten damit gerechnet haben. Es geschieht zuverlässig dann, wenn Sie aufgehört haben, es erzwingen zu wollen. Nein, nicht dass Sie aufgegeben hätten, Sie waren auch nicht trotzig, beleidigt, waren nicht wütend oder was auch immer. Sie haben nur erkannt:

»Ich habe alles dafür getan, was ich tun konnte. Jetzt gebe ich es ab ans Universum. Sollen die sich drum kümmern.«

Sie sagten das in Liebe, nicht in Groll. Sie empfinden nach wie vor Hingabe für das, was Sie sich wünschen. Aber Sie haben Ihre Grenze erkannt, haben begriffen:

»Mehr kann ich nicht tun – aber das Universum ist auf meiner Seite.«

Wenn Sie so denken und handeln, *kann* das Universum gar nicht anders als Ihnen neue Türen zu öffnen.

In diesem Moment, da ich diese Zeilen in mein Notebook tippe, wird mir klar, dass mir allein letzte Woche fünf lukrative Projekte vor die Füße gefallen sind, mit denen ich im Leben nicht gerechnet habe. Fünf Projekte, die mir wie ein Wunder vorkommen. Und Wunder treten zuverlässig immer dann ein, wenn wir loslassen. Wenn wir aufhören, etwas unbedingt zu brauchen. Wenn wir Schluss damit machen, verkrampft zu sein. Dann, genau dann passiert meistens etwas vollkommen Unerwartetes. Das Universum liebt nun mal gelassene, freudvoll lebende Menschen. Der Mensch ist dazu gemacht, Spaß zu haben.

Nehmen Sie das Leben nicht zu ernst. Leben Sie jeden Tag so, als wäre es ihr letzter.

Vor allem wir Deutschen neigen zu einer Krankheit namens »Seriositis«: Wir sind schlichtweg zu ernst und legen alles auf die Goldwaage. Leuchtendes Beispiel: Mitte der Sechzigerjahre durfte im Bayerischen Rundfunk Drafi Deutschers Hit »Marmor, Stein und Eisen bricht« nicht gespielt werden. Wissen Sie, warum nicht? Weil es grammatikalisch richtig hätte heißen müssen: »Marmor, Stein und Eisen *brechen*«. Wegen dieser Erbsenzählerei und Kaffeebohnenritzensägerei haben die bayerischen Spaßbremsen die Platte schlicht verboten. Erzählen Sie das mal einem Spanier, Franzosen oder Amerikaner. Alle miteinander verstehen die Welt nicht mehr und zeigen Ihnen den Vogel!

Meine Mission ist, Sie zum Lächeln zu bringen, Sie an den Spaß im Leben zu erinnern und Sie dazu zu bewegen, das volle Potenzial Ihres Daseins zu entfalten. Damit wir freudvoll leben, ist von zentraler Bedeutung, mit der Vergangenheit abzuschließen. Den Frieden mit dem, was war, zu machen. Deshalb verzeihen Sie allen Menschen, von denen Sie mal verletzt wurden. Bitten Sie auch um Vergebung für Ihre eigenen falschen Handlungen und Fehlleistungen. Lösen Sie Konflikte, Traumata und überhaupt jegliche Knoten in Ihrem Kopf. Denn um Ihre Power-Antenne gezielt auf Neues auszurichten, ist es wichtig, dass Sie das ins Lot bringen, was schon da ist. Räumen Sie auf mit Konflikten, negativen Erlebnissen und Blockaden. Drehen Sie es in Ihrem Kopf so hin, dass schlichtweg interessante Erfahrungen daraus werden.

Auf diese Weise stärken Sie die Ausstrahlung Ihrer Power-Antenne. Stärken Sie die Ursachen für positive Ereignisse in Ihrem Leben, sprich forcieren Sie Ihre positiven Gedanken und Gefühle, Überzeugungen und Wünsche. Die Ursachen für negative Ereignisse lösen Sie gezielt auf, indem Sie sie einfach annehmen. Wie sagt man so schön: Liebe deine Feinde!

Auch hier gilt wieder: Beobachten Sie! Schauen Sie sich erfolgreiche Menschen an: Wie gehen die mit negativen Erlebnissen und

Erfahrungen um? Sie werden feststellen, dass diese sehr oft in der Lage sind, in jeder noch so misslichen Situation das Positive zu sehen. Oder zumindest eine Lehre daraus zu ziehen und es bei nächster Gelegenheit besser zu machen. Erfolgreiche Menschen geben wenig Energie in Ablehnung. Sie grübeln auch nur selten. Lieber konzentrieren sie sich auf das, was sie tatsächlich wollen, was sie eigentlich interessiert. Sie konzentrieren sich auf das, wo sie wirklich hinwollen. Sie haben eine klare Vision darüber, wie sie sich fühlen möchten. Diese Klarheit ist der Schlüssel zu ihrem Erfolg.

Gut möglich, dass in Ihrem Leben eine missliche Situation – z. B. Miese auf dem Konto – immer wiederkehrt. Und Sie jedes Mal wieder ins Grübeln kommen: »Verdammt noch mal, warum passiert das schon wieder? Warum immer ich?« Psychologen sprechen hier von Wiederholungsschleifen. Sie sind zwar lästig, aber absolut perfekt, um herauszufinden, in welcher Art und Weise Ihre Power-Antenne unterbewusst ein falsches Programm abstrahlt. Irgendwo muss sich in Ihnen ein »Undercover-Programm« selbstständig gemacht haben. Vermutlich – um bei den Miesen auf dem Konto zu bleiben – lehnen Sie diese Situation besonders stark ab. Was dazu führt, dass Sie sehr starke negative Gefühle in sich haben, die dann über Ihre Power-Antenne abgestrahlt werden. Da hilft nur eines: Üben Sie sich in der Königsdisziplin des Loslassens! Verkrampftheit reitet Sie nur noch tiefer in die missliche Lage.

Das mag jetzt widersinnig klingen, aber es ist einfach so: Loslassen bedeutet auch Annehmen. Wenn Sie so eine Wiederholungsschleife in Ihrem Leben ausgemacht haben, ist es wichtig, zu verstehen, wie sie entstanden ist und immer wieder entsteht. Erfassen hilft anzunehmen, und anzunehmen hilft zu lieben – und unterstützt

Sie Ihren Frieden mit dem Ist-Zustand zu machen. Aber es ist komplett sinnlos, zu grübeln und sich zu sorgen. Stattdessen freunden Sie sich am besten einfach mit der gegenwärtigen Situation an. Sagen Sie sich: »Das ist jetzt nun mal so, und auch in dieser misslichen Lage bin ich ein liebenswerter Mensch.« Einfach nur innerlich wahrnehmen, was ist – ohne es zu bekämpfen. Gucken Sie ruhig hin auf die Situation. Wegschauen führt zu nichts und verschlimmert die Lage. Nehmen Sie die Dinge an, denn annehmen bedeutet ganz einfach, die Wahrheit in diesem Augenblick zu sehen. Das führt zur Klarheit, und es macht Sie stark.

Wenn Sie das Hinschauen auf die missliche Lage nicht mehr vermeiden, sondern sie annehmen – was passiert dann? Sie ist plötzlich gar nicht mehr so schlimm! Sie fühlen sich gelassener dabei. Und genau dieses Empfinden von Gelassenheit strahlt Ihre Power-Antenne nun ab. Und das Ergebnis ist: Zunächst einmal werden die grüblerischen Gedanken, die wie ein Mühlstein schwer durch Ihren Kopf rollten, immer weniger und machtloser werden. Und jetzt haben Sie die innere Freiheit, sich zu überlegen, wie Sie Ihre Situation verbessern. Es wird nicht lange dauern, und Ihre missliche Lage hat sich einfach aufgelöst.

Kurz gesagt: Um aus Wiederholungsschleifen herauszukommen, müssen Sie beginnen, anders zu denken. Durch Denken verändere ich mein Gehirn. Jede Erfahrung, jeder Gedanke, alles was wir lernen, verändert es. Sobald ich andere Erfahrungen mache und neue Gedanken denke, baut es seine Hardware um, und zwar solange wir leben. Die Frage ist: Sind Sie an Veränderung und persönlichem Wachstum interessiert? Ich denke schon; sonst würden Sie dieses Buch nicht lesen.

Erst Veränderung erlaubt es Menschen, ihr wahres Potenzial zu erleben, ihre eigene Größe zu erfahren.

Sich wirklich zu ändern, bedeutet, innerhalb derselben Lebensumstände anders zu denken und zu handeln. Größer zu denken und zu handeln als unsere Umwelt. Größer zu denken, als die Gegebenheiten unseres Lebens es erlauben mögen. Insgeheim glauben wir alle, dass wir unser Leben besser führen können. Und in jedem Menschen gibt es einen göttlichen Aspekt, der uns erlaubt, unser Leben so zu gestalten, wie wir es führen wollen.

Ich wiederhole an dieser Stelle noch mal einen Satz, den ich vor ein paar Tagen schon benutzt habe:

Man bewältigt das Leben entweder spielerisch – oder gar nicht.

Wenn Sie sich also wundern, warum Ihre Wünsche nicht in Erfüllung gehen, kann das mit großer Wahrscheinlichkeit daran liegen, dass Sie zu verkrampft sind und an der Physik des Lebens immer wieder zweifeln. Also kaufen Sie sich jetzt endlich das Newtonsche Cradle, stellen es auf Ihren Schreibtisch oder auch Küchentisch und machen Sie sich anhand dieser simplen Mechanik bewusst: Das, was Sie vorne anstoßen, kommt hinten heraus. Überlegen Sie sich deshalb weise, was Sie anstoßen wollen!

Und wenn Sie sich entschieden haben, was Sie erreichen wollen, wenn Sie den Weg dorthin bereitet haben, indem Sie Ihre Wünsche imaginieren und visualisieren, wie wir es vor ein paar Tagen gelernt haben, dann erreichen Sie irgendwann den Punkt, an dem Ihnen Ihre Vision – na, sagen wir: langweilig wird. Dann wissen Sie: Ihr Unterbewusstsein hat diese Vision aufgenommen und akzeptiert. Dann können Sie sie getrost vergessen und sich dem nächsten Vorhaben zuwenden.

Ich erläutere Ihnen das an einem Beispiel: Ich habe eine spirituelle Lebensberaterin, die ich ab und zu konsultiere. Neulich habe ich sie mal wieder angerufen, weil ich eine Frage, aber noch keine Antwort hatte. Sie ist eine weise Frau, die mich immer wieder mit Wahrheiten über mein Leben verblüfft. Sie fragte mich: »Sag mal, kann es sein, dass du ein großes Haus am Meer visualisierst, in dem du leben möchtest?« Ich war im ersten Moment verblüfft und verneinte. Aber sie blieb dabei: »Ich bin überzeugt, dass du mit sechsundfünfzig Jahren in ein großes Haus am Meer einziehen wirst.« Den ganzen Tag ging ich mit diesem Gedanken schwanger – und plötzlich fiel es mir wieder ein: Vor einigen Jahren hatte ich die Vorstellung im Kopf, auf St. Barth in der Karibik zu leben. In meinem Kopfkino sah ich mich im leichten Hemd auf der Terrasse stehen – mit Blick aufs Meer, versteht sich. Irgendwann hatte ich diese Idee einfach wieder vergessen – und nun, nach einigen Jahren, konfrontiert mich meine spirituelle Lehrerin wieder damit. Nun kann ich mich darauf freuen; nur leider ist es bis zu meinem sechsundfünfzigsten Lebensjahr noch ein paar Tage hin . . .

Aber das genau ist es, wie das Leben funktioniert: Wenn Sie Ihre Wünsche hinreichend visualisiert haben, vergessen Sie sie einfach wieder. Lassen Sie die universellen Kräfte für sich arbeiten und kümmern Sie sich in der Zeit um andere Dinge. Ich könnte Ihnen abendfüllend Begebenheiten aus meinem Leben erzählen, die das bestätigen. Wenn Sie einmal verinnerlicht haben, dass Ihre Gedanken wahr werden, und Sie es schaffen, sich zumindest überwiegend auf Ihre positiven Gedanken zu fokussieren, dann werden Sie merken, dass Sie Ihr Leben mit immer mehr Leichtigkeit meistern.

Der Durchschnittsmensch, der sein Leben lebt und es als langweilig und nicht inspirierend empfindet, hat vermutlich keinen Versuch gemacht, inspirierendes Wissen und Informationen zu sammeln. Viele Menschen sind so hypnotisiert von ihrer Umgebung, von den Medien, durch das Fernsehen und die Promis, die Ideale schaffen, die manch einer nachzuahmen versucht. Aber die meisten scheitern daran, geben auf und verbringen ihr Leben in Mittelmäßigkeit. Überspitzt gesagt: Sie vegetieren vor sich hin, und die Brillanz ihrer Seele wird niemals ans Licht kommen. Andersherum: Menschen, bei denen die Schönheit ihrer Seele irgendwann doch ansatzweise zutage tritt, fragen sich dann: Gibt es noch mehr? Warum bin ich hier? Was ist der Sinn meines Lebens? Sie fangen an, nach Antworten zu suchen, und setzen sich mit ihrer Wahrnehmung vom Leben auseinander. Ihr altes Konzept über ihr Leben und Weltbild fällt auseinander. Was zu einem großartigen Wendepunkt in ihrem Dasein führt. Sie erkennen, dass ihr Geist etwas Fantastisches ist. Dass sie dieses unglaubliche Ding haben, welches ich die Power-Antenne nenne, die so viel für Sie tun kann. Die uns darin unterstützen kann zu lernen, dass wir unsere Lebenswirklichkeit ändern und zu etwas Besserem machen können. Die Power-Antenne vermag uns tatsächlich, zu helfen, uns selbst zu transzendieren, uns zu einer höheren Seins-Stufe zu bringen, auf der wir die Welt, die Menschen und Dinge in tieferer Weise verstehen.

Das Bewusstsein, in dem ich lebe, beeinflusst alles um mich herum. Es bewirkt meine materiellen Verhältnisse und meine Zukunft. Ja, ich gestalte meine Zukunft mit!

Halten Sie einen Augenblick inne und betrachten Sie sich selber durch die Augen des ultimativen Beobachters: Auf welcher Bewusstseinsstufe stehen Sie? Haben Sie dieses Denkkonzept verinnerlicht?

Glauben Sie, dass es jenes Quantenfeld gibt, über welches Sie Ihre Wünsche, Gefühle und Überzeugungen mittels Ihrer Power-Antenne ins Universum senden? Glauben Sie an dieses Quantenfeld von Potenzialen, welches besagt, dass wir unser Schicksal darauf basierend gestalten können, wie wir denken und handeln? Glauben Sie, dass es Ihnen möglich ist, auf solche Weise Ihre eigene Realität zu beeinflussen?

Ich bin mir ziemlich sicher, dass Sie trotz aller wissenschaftlichen Belege, die ich bis jetzt angeführt habe, immer noch den Hauch eines Zweifels in sich tragen. Aber vielleicht können Sie sich dazu durchringen, mal ganz naiv allein die Möglichkeit in Betracht zu ziehen, dass es so sein *könnte*. Ich bin sicher, Sie werden dann Erfahrungen machen, die Sie ermutigen, tiefer in dieses Mysterium einzutauchen.

> Jeder von uns – auch Sie – hat die Gabe, zu lernen, ein effektiver Schöpfer zu sein.

Genau das ist es, was ich für den Sinn des Lebens halte: Wir sind hier, um Schöpfer zu sein. Wir sind geboren, um den Raum mit Ideen und Gedankenpalästen zu durchsetzen. Wir sind hier, um etwas aus unserem Leben zu machen. Die Quantenmechanik trägt dem unfassbaren Phänomen der Freiheit Rechnung:

> Wir haben die Freiheit der Wahl. Denn das Leben ist sehr wohl ein Wunschkonzert!

Quantenmechanik ist die Physik der unendlich vielen Möglichkeiten. Wir brauchen nur auszuwählen. Sich dessen bewusst zu sein, ist die Basis allen Seins. Wenn Sie das verinnerlicht haben und Ihr Leben danach ausrichten, werden Sie Erfahrungen machen, die Ihre kühnsten Träume übersteigen! Nehmen Sie das nicht einfach für bare Münze – testen Sie, ob es wahr ist! Probieren Sie es selber aus!

Der Gedanke ist so faszinierend, dass ich noch einen Moment bei ihm verharren möchte: Die Realität, die uns umgibt, ist mit unendlich mehr Möglichkeiten angefüllt, als wir wahrnehmen. Unsere Aufgabe ist es, aus diesen unendlich vielen Möglichkeiten genau diejenigen herauszupicken, die zu unserem persönlichen Lebensplan passen. Aber dazu ist es wichtig, überhaupt einen solchen zu haben. Eine Vorstellung zu haben, wie mein Leben verlaufen soll. In welche Richtung möchte ich steuern? Wenn Sie in diesen einundzwanzig Tagen sorgfältig mitgearbeitet haben, dann haben Sie Klarheit darüber gewonnen, wie Ihr »innerer Film«, Ihre Lebensidee aussehen soll. Und dieses Gefühl für den Fluss des eigenen Lebens erzeugt eine ungemein starke Ausstrahlung Ihrer Power-Antenne.

Ich schlage Ihnen deshalb vor: Verlegen Sie Ihr Glück nicht in die Zukunft. Leben Sie **jetzt!** Nutzen Sie Ihre starken Sehnsüchte, um etwas Großartiges zu schöpfen. Fühlen Sie die Freude am Erschaffen! Für die Strahlkraft Ihrer Power-Antenne ist wichtig, dass Sie Ihre Sehnsüchte nicht einsperren. Denn was wird Ihre Power-Antenne ausstrahlen, wenn Sie immer wieder spüren, dass Ihnen etwas fehlt? – Unzufriedenheit. Und wohin eine solche Ausstrahlung führt, wussten Sie im Grunde schon, ehe Sie dieses Buch gelesen haben.

Unabhängig davon, ob Sie bis in die letzte Konsequenz glauben, was ich hier darlege, ist es Ihnen dennoch möglich, aufgrund dieser Ideen Ihr Verhalten zu ändern. Wenn Sie das Denkmodell auch nur ansatzweise annehmen, resultiert das in einem veränderten Verhalten. Was unstrittig zu einem qualitativ hochwertigeren Leben führen wird – für Sie selbst und für Ihre Gesundheit. Und es bewirkt ein liebevolles Miteinander. Folglich kann dieser Gedankenansatz gar nicht so schlecht sein. Wenn er sogar schon positive Wirkung zeigt, auch wenn er nicht bis zur letzten Konsequenz für Sie annehmbar ist, dann ist allein das schon ein Gewinn.

Zum Schluss noch ein Tipp, wie Sie Ihrer Power-Antenne eine Art Doping verpassen:

Lächeln Sie! Ja, ganz banal: Lächeln Sie. Auch wenn Ihnen gar nicht danach zumute ist. Lächeln Sie – so breit wie möglich.

Und dann spüren Sie in sich hinein, wie Ihr aufgesetztes Lächeln auf der Stelle Eigenleben bekommt und sich sogar aus tiefstem Herzen zu einem schallenden Lachen auswachsen kann. Was passiert, ist ganz simpel: Ihre Gesichtsmuskeln registrieren, dass sie in Lächelposition stehen, und signalisieren dem Gehirn:

»Hey, wir haben gute Laune!«

Das Gehirn seinerseits reagiert mit der Ausschüttung von Endorphinen – Sie wissen schon, das sind diese Gute-Laune-Hormone. Ihr Unterbewusstsein registriert dies und sendet Wohlgefühle ins Universum. Und dann? Es greift das Gesetz der Anziehung, der Resonanz: Gleiches zieht Gleiches an. Sprich: Sie ziehen Gutes in Ihr Leben.

Also machen Sie sich jetzt gefälligst ans Werk und setzen Sie Ihr schönstes Lächeln auf!

Wie Sie Ihre Power-Antenne optimal ausrichten

An unserem letzten Tag möchte ich mit Ihnen eine Übung praktizieren, die einfach nur Spaß machen soll. Für Leser, die immer noch zweifeln, hat sie allerdings einen durchaus ernsten Hintergrund: Schreiben Sie ein Bestellformular! Ihren Namen, Ihre Adresse – das ganze Programm, Sie wissen schon.

Nun notieren Sie vier Dinge, die Sie beim universellen Geist in Auftrag geben wollen. Listen Sie drei, von denen Sie **wissen,** dass sie auf jeden Fall kommen werden. Also etwa, dass es auch morgen in Ihrem Supermarkt wieder diese superleckeren Orangen gibt. Dass auch nächstes Jahr der Baum vor Ihrem Haus wieder blühen wird. Dass es auch nächsten Monat wieder ein paar Tage regnen wird. Als viertes mauscheln Sie etwas darunter, was Sie wirklich haben wollen – sagen wir: eine Gehaltserhöhung.

Dieser simple Trick bewirkt, dass Ihre Gefühle, die Sie bei den drei »Kommt auf jeden Fall«-Punkten haben – nämlich diese kindliche Sorglosigkeit und heitere Gelassenheit – sich auf Ihren tatsächlichen Wunsch übertragen. Sie überlassen ihn mit leichtfüßiger Zuversicht dem universellen Geist. Damit Sie in dieser Gelassenheit bleiben, tun Sie sich gleich anschließend etwas Gutes. Gönnen Sie sich eine Massage, kaufen Sie sich einen schicken neuen Anzug oder gehen Sie mit Ihrem Partner, Ihrer Partnerin etwas Leckeres essen. Hauptsache, Sie bleiben in dieser positiven Energie – in Resonanz mit dem, was Sie sich wünschen.

Es ist von unsagbarer Wichtigkeit, dass Sie sich wohlfühlen, ganz bei sich selbst sind und sich einfach glücklich fühlen. Denn dann – und nur dann – ziehen Sie noch mehr Glück an. Sie müssen nur Ihrer Intuition folgen und zur richtigen Zeit am richtigen Ort sein, um die Lieferung entgegennehmen zu können. Wenn du Glück hast, Glück bist, Glück ausstrahlst, wirst du es immer wieder anziehen.

Genau dies wünsche ich Ihnen – für heute und für immer. Seien Sie nett zu sich selber und anderen – dann ist der universelle Geist auch nett zu Ihnen!

Damit es Ihnen leichter gelingt, in dieser Energie des Glücks zu bleiben, gebe ich Ihnen im Anhang noch zwei Meditationshilfen mit auf den Weg, in denen das, was wir in diesen einundzwanzig Tagen gelernt haben, noch mal griffig zusammengefasst ist.

Sei du selbst der Wandel, den du in der Welt sehen willst.

Mahatma Gandhi, indischer Politiker

Spickzettel

Der Fast Track, um Sie in Krisensituationen schnell wieder auf Kurs zu bringen

- **Alles Negative, das in Ihrem Leben geschieht, ist eine Einladung an Sie, sich das Positive anzusehen.**
  Wenn Sie etwas sehen oder erleben, was Sie *nicht* wollen, denken Sie sofort an etwas Positives, *das* Sie sich wünschen. Egal, was Ihnen an »Bösem« widerfährt – fragen Sie sich sofort: Was will ich? Konzentrieren Sie sich dann darauf. Bleiben Sie mit Ihrer Aufmerksamkeit immer beim Positiven. Alles, wirklich alles, das Ihnen negativ erscheint, ist eine Einladung, sofort auf das Positive umzuschwenken. Wenn Sie das konsequent immer weiter tun, werden Sie die wahre Essenz positiven Denkens erlernen – und mit dieser Ausstrahlung Ihrer Power-Antenne das anziehen, was Sie wollen.

- **Seien Sie dankbar für die kleinen Dinge im Leben.**
  Natürlich auch für die großen Dinge, aber die Kleinigkeiten sind wichtiger. Nehmen Sie nichts einfach so als selbstverständlich hin. Es ist definitiv nicht gegeben, dass Sie auch heute Morgen wieder gesund aufgewacht sind. Es ist absolut nicht selbstverständlich,

dass Sie im Überfluss zu essen haben. Auch nicht ein Dach über dem Kopf und ein Auto zu haben. Seien Sie dankbar für all die schönen Dinge, die Sie in Ihrem Leben haben. Erzeugen Sie jeden Tag ein paar Minuten lang das Gefühl der Dankbarkeit in sich! Konzentrieren Sie sich auf sie. Jedes Mal, wenn Sie von Herzen »Danke!« sagen, kommt eine Welle der Dankbarkeit im Universum an. Mit dem Resultat, dass es Ihnen noch mehr schickt, wofür Sie dankbar sein können. Je mehr Sie sich hierauf ausrichten, desto mehr wird das Universum Ihnen geben. Das Cleverste ist, sich jeden Tag aufzuschreiben, wofür Sie dankbar sind. Finden Sie immer fünf bis zehn neue Dinge, für die Sie dankbar sein können. Und seien Sie versichert: Diese Haltung wird Ihr Leben verändern!

- **Die richtigen Worte werden Ihnen helfen, gute Dinge anzuziehen und schlechte abzuweisen.**
  Wichtig: Benutzen Sie nicht das Wort »versuchen«. Denn es bedeutet, dass Sie unbewusst schon vorher aufgeben und gar nicht erst bis an Ihre Grenzen gehen. Verwenden Sie stattdessen Worte, die aktiv sind: »Ich entscheide mich hier und jetzt, dies oder jenes zu tun/zu empfinden/das Licht und die Liebe in jeder Situation, in jedem Menschen zu sehen, zu erkennen und zu fühlen« oder »Ich verpflichte mich, dies oder jenes zu tun/zu erleben«. Alles, was Sie sagen, muss darauf ausgerichtet sein, das Entsprechende anzuziehen. Wenn Sie zum Beispiel ein Auto sehen, das Sie rasend gern haben möchten, sagen Sie sich: »Das ist mein Auto!« Indem Sie den Fokus auf das Positive lenken und positive Worte benutzen, wird es Ihnen immer leichter fallen, das Gewünschte in Ihr Leben zu ziehen. Benutzen Sie deshalb auch nie das Wort »Fehlschlag«, ersetzen Sie es durch »Er-

fahrung«. Fehlschläge gibt es für Sie nicht, Sie machen keine Fehler – sie kreieren nur neue Erfahrungen.

- **Lassen Sie den Tag Revue passieren, ehe Sie einschlafen.**
Kurz bevor Sie ins Land der Träume hinübergleiten, befindet sich Ihr Gehirn im Alpha-Zustand. Das ist der Zustand, in dem es am entspanntesten und folglich ungemein offen ist. Nutzen Sie diese Entspanntheit, um sich noch mal zu vergegenwärtigen: Was ist heute gut gelaufen, was weniger? An welcher Stelle habe ich mich von negativen Gefühlen überrollen lassen? Stellen Sie sich vor, Ihr Tag sei ein Film, der nach den Dreharbeiten nachbearbeitet wird. Blicken Sie zurück auf die Szenen, die noch nicht perfekt sind, und durchleben Sie diese mental noch einmal – und zwar genauso, wie Sie sie für ideal und perfekt halten. Jedes Mal, wenn Sie das tun, baut Ihr Gehirn seine Hardware um, sprich es erschafft neue Synapsen und Schaltkreise. Je konsequenter Sie sich diesem Prozess hingeben, desto eher werden Sie in der Lage sein, sich das nächste Mal, wenn eine vergleichbare Situation eintritt, auf ideale Weise zu verhalten. Diese mentale Transformation vor dem Einschlafen zu praktizieren, ist perfekt, weil Sie dann während des Schlafs allen Stress des Tages loslassen können.

- **Visualisieren Sie – ebenfalls vor dem Einschlafen – eine Minute lang Ihren achtzigsten oder wenn Sie mögen, Ihren hundersten Geburtstag.**
Sehen Sie die Zukunft vor sich – genau so, wie Sie sie haben wollen. Visualisieren Sie, dass Sie als Achtzigjähriger gesund, glücklich, erfolgreich sind. Sie haben tolle Freunde, fühlen Harmonie in Ihrem Leben, sind in Frieden mit sich selbst. Sehen Sie das jeden Abend vor dem Einschlafen vor sich – dann werden Sie

es genau so manifestieren. Übrigens ist durch Studien belegt: Menschen sterben zumeist, wie sie gelebt haben. Menschen, die ihr Leben lang von Angst, Zweifeln, Neid, Missgunst, Geiz zerfressen waren, werden mit hoher Wahrscheinlichkeit irgendwann von Krebs zerfressen oder von Herzkrankheiten heimgesucht sein und jämmerlich daran zugrunde gehen. Solche aber, die überwiegend in Harmonie mit sich und ihrer Umwelt gelebt haben, gleiten zumeist auch ganz harmonisch und friedvoll ins Jenseits.

- **Das Letzte, das Sie vor dem Einschlafen tun, ist, zu sehen, wie Sie am anderen Morgen aufwachen.**
  Sie sind gesund, vital, energiegeladen und bereit für einen neuen Tag. Sie können auch visualisieren, dass sich Ihr Körper während des Schlafs regeneriert und verjüngt. Morgens, gleich nach dem Aufwachen, stellen Sie sich vor, dass sie voller Vorfreude sind auf den Tag, glücklich, neugierig – und ein klein wenig jünger . . .

- **Stellen Sie sich jeden Morgen beim Aufwachen die Frage: Wofür bin ich jetzt gerade dankbar?**
  Und was werde ich heute tun, damit es ein toller Tag wird? Welche Menschen kann ich heute zum Lächeln bringen? Wem kann ich etwas Gutes tun? Wen kann ich ein wenig glücklicher machen? Legen Sie gleich nach dem Aufwachen die Intention für den Tag fest. Auf diese Weise erhält dieser sozusagen seine Blaupause: Sie erschaffen sich Ihren Tag – so, wie Sie ihn haben wollen. Das Ergebnis ist, dass Sie es immer aufregender finden werden, aufzuwachen und in einen neuen Morgen zu starten.

Bewusstseinsüberschreibung durch meditative Powertexte

Meine Empfehlung an Sie: Lesen Sie sich diese beiden suggestiv und meditativ gehaltenen Powertexte immer wieder laut vor. Nach Möglichkeit legen Sie sich dazu eine leise Entspannungsmusik auf – vielleicht die Musik, die Sie schon bei unseren Affirmationen an Tag zwanzig benutzt haben.

Besonders wirkungsvoll ist es, wenn Sie diese Powertexte gleich morgens nach dem Aufwachen lesen – oder abends vor dem Einschlafen; dann nehmen Sie die positiven Gedankenmuster mit in die Nacht, und sie können sich schnell in Ihrem Unterbewusstsein verankern. Benutzen Sie dreißig Tage lang erst den Powertext eins, dann weitere dreißig Tage lang den Powertext zwei. Nur durch stetige Wiederholung von Wissen und neuen positiven Gedanken können Sie die negativen in Ihrem Unterbewusstsein überschreiben.

Empfehlenswert ist auch, dass Sie nicht nur dieses Buch, sondern insbesondere die Powertexte und Affirmationen zu Hilfe nehmen, wenn Sie merken, dass Sie in alte Gedankenmuster abdriften. Es ist von entscheidender Wichtigkeit, dem sofort gegenzusteuern.

Powertext 1

Liebes Universum! Ich erschaffe meinen Tag! Ich gestalte ihn bewusst. Ich nehme bewusst die Idee an, dass meine Gedanken und Gefühle die Realität und mein Leben beeinflussen. Ich verwende meine Zeit, um meinen Tag bewusst zu erschaffen und das Quantenfeld zu beeinflussen. Deshalb, liebes Universum: Gib mir ein Zeichen, dass du auf etwas von mir Geschaffenes geachtet hast, und bringe es mir auf eine von mir unerwartete Weise, so dass ich selber überrascht bin von meiner Fähigkeit, diese Dinge zu erleben. Und mach es so, dass ich ganz sicher sein kann, dass es von dir kommt.

Denken ist eine aktive, lebendige Form einer dynamischen Energie. Und ein Atom ist auch eine aktive, lebendige Form einer dynamischen Energie. Das bedeutet für mich, das jedes Atom dem Wesen nach ein Gedanke – und zugleich Bewusstsein ist. Und da auch ich aus Atomen bestehe, schwimme ich mit in dem riesigen Meer von Gedanken, in dem riesigen Meer von Bewusstsein. Wenn ich einen Gedanken aussende, setze ich das gesamte Meer in Bewegung und bin dadurch mit allem verbunden. Damit bin ich Teil dieser »Solidargemeinschaft«, dieses all-einen Bewusstseins, das alles schöpft. Ich kann teilhaben an unendlicher Kraft, unendlicher Weisheit und unendlicher Fülle.

Ich bin viel mehr als ich bewusst denke. Durch meine bewussten und unterbewussten Gedanken und Gefühle beeinflusse ich meine Umgebung, die Menschen, die Zukunft. Daher bin ich verantwortlich für mein Denken und Handeln, denn meine Umgebung und ich sind nicht voneinander getrennt. Ich bin Teil eines Ganzen, ein

Mikrokosmos des Universums, der mit allem verbunden ist. Ich bin nicht allein, und das ist gut so. Und das, was mich als Mensch ausmacht, meine Gefühle der Liebe und des Glücks, das ist der Schlüssel zum Universum.

Ich akzeptiere, dass es einen universellen Geist gibt mit einer unendlichen To-do-Liste. Einen Geist, dessen Liebe unendlich ist und der auch mich liebt, so wie ich bin. Ich gebe ihm Anweisungen, einen Plan, dem er folgen soll.

Ich muss formulieren, was ich will – und so darauf konzentriert sein, so darauf fokussiert sein und mir dessen so bewusst sein, dass ich mich selber vergesse. Dann ist das mentale Abbild dessen, was ich mir wünsche, das einzig Reale. Jeder kennt diese Erfahrung, als er beschloss, dass er etwas wollte, so auch ich. Das ist Quantenphysik in Aktion, das ist Manifestation von Realität.

Meine Gedanken und Gefühle sind die Ursache hinter jeder Auswirkung in meinem Leben. Freude schaltet bestimmte Gene an; Sorgen, Ängste etc. schalten bestimmte Gene ab.

Deshalb muss ich mich neu erfinden. Mich verändern, damit ich freudvoller lebe. Schon während ich darüber nachdenke, wie ich das anstellen soll, fängt mein Gehirn an, in neuen Abläufen zu arbeiten. Durch Denken verändere ich mein Gehirn und damit mein Leben in die gewünschte Richtung.

Daher ziehe ich mich zurück, plaudere nichts mehr aus, damit die Umwelt nicht mehr meine Gedanken beeinflusst und mich in alte Muster zurückfallen lässt.

Der universelle Geist spendet Leben, Liebe und paradiesische Schönheit. Ich habe allen Grund, dafür **dankbar** zu sein!

Ich weiß, der Zustand der Dankbarkeit hat unmittelbare Auswirkungen auf meinen Gesundheitszustand. Bei dankbaren Menschen ist das gesamte unbewusste Hirn angeschaltet, das heißt, dass Geist und Körper zusammenarbeiten, und das rekonditioniert den Körper. Wer nur seine Probleme durchgeht, wird vom Unterbewussten, vom universellen Geist getrennt. Das bedeutet für mich: Nur über Dinge sprechen, über Dinge nachdenken, die ich mir wünsche, die ich liebe!

Aber das Beste ist: Jetzt schon dankbar sein für Dinge, die ich mir wünsche und die dank der Quantengesetze bald eintreffen werden. Wenn ich bereits jetzt für kommende Dinge dankbar sein kann, erhält mein Unterbewusstsein das Signal, dass es schon passiert ist und beeilt sich daher, schnellstmöglich zu liefern.

Tatsache ist: Wenn mein Geist und mein Körper zusammenarbeiten, wenn sie dasselbe wollen, und wenn mein Denken und Handeln, Absicht und Verhalten zusammenarbeiten, dann habe ich das gesamte Universum hinter mir.

Die Quantengesetze besagen, dass die Umwelt eine Erweiterung unseres Geistes ist. Wenn ich also etwas in meinem Geist verändere, wird sich auch in meiner Umwelt etwas verändern. Was in mir ist, produziert die externen Ereignisse in meiner Welt. Wenn ich an Dinge denke, mache ich die Realität konkreter als sie ist. Ich bin Gott! Ich bin hier, um Schöpfer zu sein! Ich schaffe im wahrsten Sinne des Wortes meine eigene Realität.

Denn primitive Überlebensinstinkte führen zu nichts. Es wäre zu trist, einfach nur zu überleben. Spannender und weitaus beglückender ist es, neues Leben zu schaffen! Sprich mich neu erfinden.

So komme ich vom Denken über das Tun zum Sein!

Beten heißt, mehr an meine Gedanken zu glauben als an meine gegenwärtige Lebenssituation. Alle großen Gestalten der Geschichte wussten das. Sie alle sagten: »Ich habe eine Vision, einen Traum, eine Idee! Und ich lebe so, als wäre sie schon Realität. Ich handle im Jetzt nicht anders, als ich für das Morgen plane. Ich bin heute schon dankbar für all das Schöne, das erst noch kommen wird. Und Dankbarkeit ist der Multiplikator.« Wenn ich auch so denke und handle, bin ich unangreifbar. Dann fangen die Mächte des Universums an, mir Türen zu öffnen, viele, kleine sowie große.

Also frag ich mich jeden Morgen: »Was ist mein größtes Ideal, das ich heute sein will?«

Powertext 2

Mir sind von Gott gegebene, magische Fähigkeiten angeboren. Ich erfahre in jedem Aspekt meines Lebens wundervolle Lösungen und Situationen.

Ich weiß, jeder Gedanke, jedes Gefühl und jeder Wunsch schwingt und zieht Erfahrungen an, die ähnlich schwingen. Wenn ich bessere Erfahrungen machen will, muss ich meine Gedanken und Gefühle anheben – auf die Frequenz der Liebe. Das ist ein Leichtes, denn ich kann meinen Geist auf jede Schwingungsebene erheben. Und dadurch die vollkommene Kontrolle über meine geistige Verfassung und meine Stimmung erlangen.

Die Schwingungen meiner Gedanken beeinflussen auch den Geist anderer Menschen. Das ist Telepathie und entsteht, wenn ein liebevoller Gedanke von einer Person ausgesendet und von einer anderen Person empfangen wird. Damit kann auch ich die Schwingungen der Menschen in meiner Umgebung anheben, indem ich positive, liebevolle Gedanken denke und ausstrahle. Ich sende Liebe aus, indem ich mir voller Begierde vorstelle und fühle, was ich mir wünsche, indem ich inbrünstig schön finde, was ich mir und anderen wünsche. Indem ich das Prinzip der Schwingung begriffen habe, habe ich das Zepter der Macht ergriffen und gehe verantwortungsvoll damit um.

Ich wähle jetzt für mich ein wundervolles Leben. Je mehr ich mir erlaube anzunehmen, desto mehr kann ich anderen weitergeben. Ich erhebe meine Gedanken und Gefühle zur höchsten Schwingung. Meine erhabenen Gedanken und Gefühle inspirieren, stärken und heilen mich und andere. Ich entscheide mich, das Licht und die Liebe in mir, in jedem Menschen und in jeder Situation zu sehen, zu erkennen, zu hören und zu spüren. Hier und jetzt bin ich stark, konzentriert und in gehobener Stimmung. Ich bin ganz, vollkommen, stark, mächtig, liebevoll, harmonisch und glücklich.

Das Prinzip der Polarität befähigt mich, eine unerwünschte Situation in ihr Gegenteil zu verwandeln und eine andere zu erschaffen. Wenn es in meinem Leben etwas Unangenehmes gibt, heißt das, dass auch das Gegenteil gegenwärtig ist. Dieses Prinzip bedeutet, dass ich durch das Anheben meiner geistigen Schwingung, durch das Aussenden von Liebe das Unerwünschte verbannen und das Angenehme anziehen kann. Ich bin der Meister meines geistigen Zustands – und nicht länger Diener oder Sklave.

Ich polarisiere mich auf das obere Ende der Skala. Ich verweigere mich dem Rückschlag des Pendels. Ich drücke alle Zeiger auf der Skala in die höchste Position, auf die höchste Schwingung, auf die Frequenz der Liebe. Diese Vorstellung hilft mir, die Idee zu vermeiden, dass dem Guten immer Schlechtes folgt und dass nach jedem Aufschwung mit dem Niedergang zu rechnen ist. Wenn ich mich verärgert, entmutigt oder sonst irgendwie schlecht fühle, überprüfe ich mein Mischpult, und lasse mich vom Auf und Ab des Lebens nicht weiter beeindrucken. Ich halte einfach meine Zeiger ganz oben, und stelle mir vor, dass sie festgeschlossen sind. Ich empfinde ganz bewusst Liebe, Dankbarkeit, Freude, Leidenschaft, Begeisterung, Hoffnung und Zufriedenheit. Die Kraft meiner Gedanken und Entscheidungen wird mir helfen, in einem ewigen Aufschwung zu leben. Ich kann mein Wissen und meinen Willen einsetzen, um das Absinken meiner Stimmung und meiner Energie zu vermeiden. Wenn meine Gedanken erhaben sind, manifestiere ich erhabene Ergebnisse. Ich behalte die wünschenswerte Polarität im Auge, damit alle Bereiche meines Lebens der oberen Polarität entgegenstreben. Das hilft mir, unerwünschte Situationen mühelos in wünschenswerte zu verwandeln.

Die gute Nachricht ist, dass ich all die Dinge haben kann, die ich mir wünsche. Ich erfahre jetzt die Freuden des Lebens in all ihren Spielarten. Ich stelle meine geistigen Skalen auf den höchsten Punkt ein, und heiße folgende Zustände jetzt und für immer voller Liebe in meinem Leben willkommen: finanziellen Wohlstand, romantische Seligkeit, vollkommene Gesundheit, spirituelle Verbundenheit, Frieden in mir und um mich herum, wundervolle Beziehungen mit meiner Familie, meinem Lebenspartner, meinen Freunden, meinen Kollegen, Nachbarn und allen, mit denen ich in Kontakt komme, Sicherheit und Freiheit, reichlich Zeit für Entspannung, Meditation, Freunde und Familie. Mir eröffnen sich die erstaunlichsten Möglichkeiten. Meine tiefsten Herzenswünsche manifestieren sich auf eine Weise, wie ich es mir nie hätte träumen lassen. Meine Freude bringt heilende Energie in diese Welt und beglückt die Herzen anderer Menschen. Ich bin kraftvoll im Geben und Nehmen. Wenn diese beiden Energien stark sind, dann sind es auch meine Fähigkeiten zu göttlicher Magie.

Ich erwarte jetzt, dass mein Leben eine einzige Reihe wundervoller Situationen sein wird. Und weil ich das erwarte, manifestiere ich in jeder Situation das höchstmögliche Ergebnis. Das Leben ist auf meiner Seite. Denn ich selbst bin Schöpfer meines Lebens. Ich erhebe mich über äußere Einflüsse. Dieses Bewusstsein hilft mir, Spieler zu werden, statt Figur zu sein. Ursache zu werden statt Wirkung.

Wenn ich im Laufe des Tages mehr oder minder negative Gefühle in mir beobachte, überprüfe ich sofort auf meinem Mischpult, ob die Zeiger nach unten gerutscht sind. Sie oben zu halten, ist der Schlüssel zu göttlicher Magie. Ich bringe mich in Kontakt mit den höheren Kräften der Natur: Über mein Unterbewusstsein stehe ich in Kontakt mit dem Quantenfeld, mit dem universellen Geist. Ich steuere meine Stimmungen, mein Energieniveau, meine Polaritäten – und damit auch meine Umgebung. Damit meistere ich die Umstände der niederen Ebene.

Ich fühle mich vollständig sicher in der unendlichen Weisheit des Göttlichen. Tief in meinem Herzen weiß ich, dass alles gut ist – in diesem Augenblick und in allen zukünftigen Augenblicken.

Meine Gedanken und Gefühle, Überzeugungen und Wünsche sind die Ursache hinter jeder Auswirkung in meinem Leben. Deshalb beschließe ich jetzt, meine geistige Polarität auf der höchsten Ebene zu halten. In allen Situationen, in denen ich ein positives Ergebnis wünsche, überprüfe ich innerlich meine Skalen, halte sie ständig oben, indem ich Gefühle der Liebe und des Glücks in mir erzeuge. Mir steht alles zur Verfügung, um ein kreatives und erfolgreiches Leben zu führen. Ich bin so glücklich, weil ich weiß, dass ich einen kontinuierlichen Strom von wundervollen Situationen erlebe. Mein Herz hüpft und singt vor Freude und Dankbarkeit.

So ist es – und so wird es immer sein.

Schlusswort

Wie fühlen Sie sich, wie denken Sie, hat sich Ihr Leben bereits in gewünschte Bahnen und geträumten Träumen verwirklicht? Wie nahe sind Sie Ihren Zielen gekommen? Vergessen Sie nicht, alles ist möglich! Aber manchmal kann es eine Weile dauern, bis alte Denkstrukturen ihre Wirkung verlieren und die neuen, schönen, großen Gedanken ihre volle Kraft im Alltag entfalten. Und genau das ist es doch, was wir uns alle wünschen: Ein Leben in der Fülle, in Gesundheit, Erfolg und Harmonie mit allen Menschen, Dingen und dem Universum.

Die Quantenphysik belegt es: Alles ist möglich, was der Mensch sich erdenken und erträumen kann. Leben auch Sie Ihren Traum, schenken Sie sich wundervolle Träume und kreiieren Sie sich Ihre Vision des Lebens. Denn Sie sind einmalig und einzigartig in Ihrem Sein.

In diesem Sinne wünsche ich Ihnen von Herzen all das, was Sie sich selber wünschen, und noch mehr des Guten.

Über den Autor

Torsten J. Schusters, Jahrgang 1962, Abitur 1980 erste Autorentätigkeit begann im Alter von sechzehn Jahren für die „Backnanger Kreiszeitung". Später wurde er Gerichtsreporter und Theaterkritiker dieser Zeitung. Danach folgte eine Ausbildung zum Bankkaufmann.

Seine vielfältigen Talente setzte er als Moderator, Reporter und Redakteur beim Süddeutschen Rundfunk, Saarländischen Rundfunk, Radio Luxemburg, RTL-Fernsehen, mehreren Blättern des Burda-Verlags (Themenschwerpunkte People, Reise, Lifestyle) und als Ressortchef »Reportagen« bei »BILD+FUNK« ein. Als Gründungsmitglied der Presseagentur STORY interviewte er zahlreiche Prominente aus Film, Fernsehen und Musik.

Dazu folgten mehrere Studienreisen durch Asien – Themen-Schwerpunkt Buddhismus und spirituelle Lehren alter Zivili-sationen –, die zu einem tiefen Welt- und Menschenverständnis führten. Seine Tätigkeit als Coach auf dem Gebiet Persönlichkeitsentwicklung und Krisenbewältigung gab letztendlich den Ausschlag, sein Wissen um das Glückspotenzial und die Vernetzung der menschlichen Gedanken und der kosmischen Intuition allen interessierten Lesern darzubieten.

Herfried Loose

NHE AUFBRUCH – *Neue Hoffnung Erde*

Markus Stettner, ein rationaler und gesellschaftskritischer Physiker erkennt, dass kleinste Teilchen der Materie nicht Ding, sondern Geist sind. Daraus folgert er: Materie kann auf menschliche Gedanken und Emotionen reagieren, ergo ein Bewusstsein haben. Während er seine Gedanken noch als Ungeheuerlichkeit betrachtet, fangen die Ereignisse an, sich zu überschlagen.

Nachdem er einige Vertraute in seine Geheimnisse und Überlegungen einweiht, beginnt für die Gruppe, die sich nun »Neue Hoffnung Erde« nennt, eine atemberaubende Vision Gestalt anzunehmen. Wie durch Zufall begegnen sie dem Oberhaupt des Schamanischen Netzwerkes, welcher sie initiiert und mit Werkzeugen und Kräften ausstattet, denen sie nicht gewachsen sind. Sie allerdings beschließen – zum Wohle der Menschheit –, die Menschen vor Manipulation und geistiger Versklavung zu retten. So beginnt ein Abenteuer, dessen Folgen die Menschheit zu einem Entwicklungssprung ohnegleichen führt.

368 Seiten, gebunden
ISBN 13: 978-3-942128-09-4

Halina Kamm
Die magische Matrix
Löse Deine Probleme – heile Dich selbst

Durch gezielte und gefühlte Neuausrichtung der Gedanken wird neue Lebensqualität gewonnen. Revolutionäres aus Physik und Quantenwelt belegen es – alles ist möglich, was sich ein/der Mensch erdenken kann. Daraus über zwei Jahrzehnte entwickelt, präsentieren wir die »magische Matrix«.

Damit lernen Sie wie auf einer tiefen verborgenen Ebene Ängste, Sorgen, Probleme, Krankheiten, berufliche Konflikte, emotional oder familiär Belastendes gelöst werden kann. Beseitigen Sie die oft tief versteckten Ursachen und heilen Sie sich selbst in allen Bereichen Ihres Lebens: Das Wie ist einfach und leicht erlernbar, auch ohne Vorkenntnisse.

Mit zahlreichen ausführlichen Fallbeispielen ist das vorliegende Werk ein guter Ratgeber und Lernbuch für den interessierten Laien sowie den psychotherapeutischen Fachkundigen.

240 Seiten, gebunden
ISBN 13: 978-3-942128-07-0

Erhältlich im Buch- und Fachhandel

Fordern Sie bitte unser Gesamtverzeichnis an!

CORONA • Postfach 76 02 65 • 22052 Hamburg
Tel: 040 - 642 210 22 Fax: 040 - 642 210 23
E-Mail: Corona-Hamburg@t-online.de
www.coronaverlag.de